Nikolaus Wecklein

Studien zu Aeschylus

Nikolaus Wecklein

Studien zu Aeschylus

ISBN/EAN: 9783744639880

Hergestellt in Europa, USA, Kanada, Australien, Japan

Cover: Foto ©ninafisch / pixelio.de

Weitere Bücher finden Sie auf **www.hansebooks.com**

STUDIEN

ZU

AESCHYLUS

VON

N. WECKLEIN.

οὐ καὶ λέγων εὔφραινε καὶ πράσσων φρένα.

BERLIN,
VERLAG VON W. WEBER.
1872.

HERRN

DIRECTOR

KARL HALM

GEWIDMET.

Vorwort.

Es ist vor einigen Jahren das lose Wort ausgesprochen worden, dass für die Erklärung des Aeschylus wenig mehr zu leisten sei. Zum Glück hat derjenige, der es gesprochen, sich durch eine Reihe trefflicher Erklärungen selbst Lügen gestraft. Ich behaupte, dass gerade die Interpretation des Aeschylus noch im argen liege, indem ich von den wenigen Stellen, die mir aufgefallen sind, auf die vielen schliesse, welche mir entgangen sein werden. Liest man z. B. die zahl- und umfangreichen Commentare zu dem dritten Stasimon des Agamemnon (s. unten S. 124) oder zu der Parodos der Choephoren (s. unten S. 149) und sieht, wie ein Erklärer den anderen befangen macht oder lange Auseinandersetzungen den einfachen und natürlichen Gedanken immer mehr verdunkeln und vergraben, dann kann man ahnen, wie viel eine gesunde und mit dem Gedankenkreise des Dichters vertraute Interpretation noch zu leisten vermöge.

Damit aber wollen wir nicht derjenigen Art der Interpretation das Wort reden, welche alles zu erklären und zu deuten weiss. Diese wird mehr schaden als nützen und wird dem Dichter den schlechtesten Dienst erweisen, wenn sie die offenbaren Sünden der Abschreiber und den Schaden schlimmer Einflüsse auf seine Rechnung bringt. Die Kritik hat hier viel gearbeitet und wird noch viel zu arbeiten haben. Freilich ist gerade die Kritik des Aeschylischen Textes etwas in Verruf gekommen: der eine Grund liegt darin, dass πολλοὶ μὲν ναρθηκοφόροι, βάκχοι δέ τε παῦροι,

der andere in der Unbescheidenheit, indem die Methode sich
dasjenige zutraut, was sie nicht vermag. Man thut aber
Unrecht, wenn man von vornherein jede blosse Vermuthung
abweist. Hat dieselbe einen guten, nicht bloss scheinbaren
Grund, so hat sie ihre wissenschaftliche Berechtigung und
ihren Nutzen für die wissenschaftliche Behandlung einer
Stelle. Ich will das an einem für die geschichtliche Entwicklung der Kritik und kritischen Methode eklatanten Beispiele zeigen. Die schönen Verse, welche das ungeduldige
Gebahren und kampflustige Wesen des Tydeus, dem der
Seher das Vorstürmen wehrt, schildern und mit dem unge-
berdigen Wesen eines Streitrosses vergleichen, Sept. 392 ff.

βοᾷ παρ' ὄχθαις ποταμίαις, μάχης ἐρῶν,
ἵππος χαλινῶν ὡς κατασθμαίνων μένει,
ὅστις βοὴν σάλπιγγος ὁρμαίνει μένων.

sind von den trefflichsten Kritikern des Aeschylus wett-
eifernd behandelt und verbessert worden. Zuerst haben
Tyrwhitt und Brunck aus dem Scholion σάλπιγγος
ἀκούων das am meisten anstössige Wort μένων in κλύων
emendiert. Man glaubte damit die Sache abgethan, bis
Hermann bemerkte, dass auch das Wort ὁρμαίνει unrichtig
sei. Sensu non aptum, usu non tragicum est, sagt Hermann; das letztere kann zweifelhaft sein, obwohl Ag. 1388
ὁρμαίνει richtig von Hermann in ὀργάνει emendiert worden,
das erstere ist sicher; denn das Vorstürmen und Anstürmen,
woran allein ὁρμαίνει denken lässt, ist ja gerade dem Pferde
wie dem Tydeus verwehrt. Hermann verwandelt ὁρμαίνει
in ὀργαίνει und beruft sich für die intransitive Bedeutung
von ὀργαίνειν auf Soph. Trach. 552, wo die Erklärer noch
auf Eur. Alc. 1106 verweisen. Aber die Bedeutung irasci
passt nicht für die Schilderung und würde nach dem vorhergehenden χαλινῶν κατασθμαίνων μένει ausserordentlich abfallen. Das von Stanley bekannt gemachte und von Schütz

in cod. Mosc. 1 wiedergefundene Scholion σφαδάζων ἐκδέχεται hätte Hermann nicht als Bestätigung seiner Emendation
betrachten sollen; denn auch Pers. 208 (207) wird ἐφορμαί-
νοντα von dem Schol. A. mit σφαδάζοντα wiedergegeben, so
dass sich σφαδάζων ἐκδέχεται als Erklärung von ὁρμαίνων
μένει, wie in geringeren Handschriften (auch im Mosc. 1)
steht, herausstellt — man konnte βοὴν σάλπιγγος μένει
nicht anders erklären —; auch hätte Hermann das vorausgehende μένει nicht mit Schütz in βρέμει ändern, sondern
bei seiner Meinung „μένει esse nomen ut in Agam. v. 238
χαλινῶν τ' ἀναύδῳ μένει" stehen bleiben sollen. Wenn man
aber κλύων an die Stelle von μένων setzte, so musste man
annehmen, dass μένων unter dem Einflusse des überstehen-
den μένει entstanden sei: damit hatte man nur die Hälfte
des richtigen entdeckt; die andere Hälfte ist durch eine Variante κατασθμαίνει μένων angedeutet: *auch die Vertau-
schung von κ λ ύ ω ν mit μ έ ν ω ν erklärt sich erst vollständig,*
wenn wir mit F r e y de Aesch. schol. Med. p. 9 annehmen,

dass κατασθ $\begin{cases} μαίνων\ μένει \\ μαίνει\ μένων \end{cases}$ die Lesart ὁρ— μαίνει μένων

hervorgebracht hat. Frey findet die ursprüngliche Lesart in dem
Medic. Schol. ἵππος χαλινῶν: οὕτως ἀσθμαίνει καὶ σπεύδει ὡς
καὶ ἵππος πολεμιστὴς σάλπιγγος ἀκούων καὶ ἐπιθυμῶν πολέμου εἴργεται πρὸς τοῦ ἐπιβάτου, indem er die Worte εἴργεται
πρὸς τοῦ ἐπιβάτου abtrennt und als eigenes Scholion mit dem
Lemma εἴργεται (εἴργεται: πρὸς τοῦ ἐπιβάτου) betrachtet:
ὅστις βοὴν σάλπιγγος εἴργεται κλύων. Diese Aenderung ist
von R i t s c h l (in den Fleckeisen'schen Jahrb. f. cl. Ph. 1859
S. 766) beifällig anerkannt worden. Ritschl fragt, woher
sonst das εἴργεται rühren solle; allein εἴργεται πρὸς τοῦ
ἐπιβάτου ist die richtige und einzig passende Erklärung des
handschriftlichen μένει; denn wenn man μένει als Verbum
betrachtete, musste man es im Sinne von „bleiben müssen"

nehmen, in welchem es sich auch sonst findet. In doppelter
Beziehung lässt uns ausserdem die Aenderung εἴργεται κλύων
unbefriedigt; das eine Bedenken ist von Heimsoeth (die
Wiederherstellung d. Dr. d. Aesch. S. 23) hervorgehoben worden: „wenn der Dichter beschreibt ‚sowie ein Ross von der
Gewalt der Zügel schäumend, was der Drommete Klang
vernehmend' — so fügt er nicht hinzu ein begriffliches
‚zurückgehalten wird', sondern ein bildliches ‚sich bäumt',"
was noch durch die Bemerkung von Weil verstärkt wird:
εἴργεται κλύων esset ‚inter audiendum prohibetur ne audiat'.
Das andere bedeutendere Bedenken liegt darin, dass die
handschriftliche Ueberlieferung nicht festgehalten ist; denn
gerade wenn man eine nur zufällige und unabsichtliche Ver-
schlimmerung des Textes vorfindet, müssen alle Spuren der
Ueberlieferung auf das sorgsamste und gewissenhafteste beachtet werden. Durch Heimsoeths willkürliche Aenderung
σάλπιγγος ἀκταίνει κλύων sind wir vollständig aus dem
Sattel geworfen. Besser thut Weil, wenn er ὀρ[θίαν κλύει]
ergänzt; nur hat auch diese Ergänzung keinen sicheren Anhaltspunkt. Ist ein solcher zu finden oder müssen wir scheu
von dem Rumpfe ὅστις βοὴν σάλπιγγος ορ— die Hand
zurückhalten? Ich finde den Anhaltspunkt in dem Medic.
Scholion, welches man gleichfalls nur zur Hälfte ausgebeutet
hat. Frey hat recht gesehen, dass die Worte εἴργεται πρὸς
τοῦ ἐπιβάτου von dem übrigen zu trennen sind; diese Trennung ist angezeigt durch das Schol. A., welches angibt τὸ
δὲ ἑξῆς οὕτως, ἀσθμαίνει δὲ καὶ σπεύδει ὡς ἵππος πολεμιστὴς σάλπιγγος ἀκούων, ἐπιθυμῶν πολέμου, ὅτε εἴργεται
παρὰ τοῦ ἐπιβάτου; also εἴργεται πρὸς τοῦ ἐπιβάτου ist ein
jüngerer Zusatz (vgl. unten S. 38 ff., S. 44 ff.), das ältere
Scholion heisst οὕτως ἀσθμαίνει καὶ σπεύδει ὡς καὶ ἵππος
πολεμιστὴς σάλπιγγος ἀκούων καὶ ἐπιθυμῶν πολέμου
und, wie ἀκούων uns die eine Emendation an die Hand gibt,

so bietet ἐπιθυμῶν πολέμου zusammengehalten mit dem Reste der Ueberlieferung οϱ— die andere; denn ὀϱγᾶν und ὀϱγᾶσθαι hat bei Hesychius, Photius, bei Suidas, im Etym. M., im Etym. Gudianum die stehende Erklärung ἐπιθυμεῖν (ὀϱγᾷ· ἐπιτεταμένως ἐπιθυμεῖ, ὀϱγῶν· ἐπιθυμῶν, ὀϱεκτικῶς ἔχων, ὀϱγῶσαν· ἐπιθυμοῦσαν, ὀϱγωμένοις· ἐπιθυμοῦσιν, ὀϱγῶ ἀντὶ τοῦ ἐπιθυμητικῶς ἔχω Ἀϱιστοφάνης ὀϱγῶ κτὲ. (Αν. 462), ὀϱγῶσα ἐπιθυμοῦσα, ὀϱγωμένοις· ἐντεταμένως ἐπιθυμοῦσιν u. s. w.). Aeschylus gebraucht das Wort Ag. 216, wo wahrscheinlich nach Dorat's Vermuthung ἐπιθυμεῖν Glossem zu ὀϱγᾷ oder vielmehr ὀϱγᾶν ist, und Cho. 454, wo ὀϱγᾷ im Schol Med. wieder mit ἐπιθυμεῖ erklärt wird — das andere Scholion ἀντὶ τοῦ μάθε τῷ τϱόπῳ σου hatte nicht etwa ὄϱγα μαθεῖν, wie Dindorf meint, zur Vorlage, sondern nahm ὀϱγᾷ wie das Scholion zu der angeführten Stelle des Agam. (ὀϱγᾷ: τῷ τϱόπῳ) als Dativ (τῷ τϱόπῳ σου) und μαθεῖν als Inf. mit imperativischer Bedeutung. — Gibt es aber ein geeigneteres Wort, um das σφαδάζειν des Pferdes zu bezeichnen und zugleich das tertium comparationis (μάχης ἐϱῶν) auszudrücken? Ich denke, wir können die dargelegte historische Entwicklung der Kritik dieser Stelle abschliessen mit

> βοᾷ παϱ' ὄχθαις ποταμίαις, μάχης ἐϱῶν,
> ἵππος χαλινῶν ὡς κατασθμαίνων μένει,
> ὅστις βοὴν σάλπιγγος ὀϱγᾶται κλύων.

Diese Betrachtung über eine gewisse Berechtigung von gegründeten Vermuthungen soll nicht etwa als captatio benevolentiae gelten. Ich habe alle blossen Conjekturen, die sich mir bei dem Studium des Aeschylus aufdrängten, bei Seite gelassen und nur dasjenige einer Veröffentlichung für werth erachtet, was mir als wissenschaftlich sicher und hinlänglich begründet erschien. Doch verhehle ich mir nicht, dass das eigene Urtheil über die eigenen Ansichten sich einer gewissen Befangenheit nicht entringen kann, und bitte in aller Bescheidenheit um eine zwar strenge aber doch wohlwollende Beurtheilung meiner aus freudigster Hingabe an das grosse Meisterwerk hervorgegangenen Beobachtungen.

München Ostern 1871.

Der Verfasser.

I. Das Gleichniss bei Aeschylus.

Der metaphorische Ausdruck und das Gleichniss sind bei Aeschylus das Erzeugniss reicher lyrischer Anlage und hoher Einbildungskraft. Das Verständniss derselben liegt darum nicht immer ganz nahe und eine Interpretation, welche von dem einen Gedanken nur zum zunächst liegenden übergeht und nicht den Sprung der dichterischen Phantasie zu machen versteht, wird der Vorstellung des Dichters oft ferne bleiben. Wir wollen dieses an einem Beispiele zeigen. Kasandra ruft in ihren Visionen Ag. 1125

> ἃ ἃ· ἰδοὺ ἰδού· ἄπεχε τᾶς βοὸς
> τὸν ταῦρον· ἐν πέπλοισιν
> μελαγκέρῳ λαβοῦσα μηχανήματι
> τύπτει.

Der Med. hat μελαγκέρῳ (prior accentus a m. recentiore). Darnach ist μελαγκέρῳ die bestbeglaubigte Lesart. Den Ursprung der andern Lesart μελάγκερων erkennt man aus dem Schol. des Med. τὸν μελάγκερων ταῦρον λαβοῦσα τῷ μηχανήματι τῷ διὰ τῶν πέπλων τύπτει· ἐὰν δὲ γράφηται μελαγκέρῳ μηχανήματι τύπτει, ἀντὶ τοῦ κεκρυμμένῳ und der am andern Rand stehenden Bemerkung τῆς μελαγκέρου βοός. Man wusste μελαγκέρῳ μηχανήματι nicht zu erklären und bezog das Epitheton bald auf τᾶς βοὸς bald auf τὸν ταῦρον. Hermann bemerkt: haeserunt in hoc epitheto interpretes, ut adeo Wellauerus μελάγκερων probaret, quod ad taurum referretur, quae videtur etiam Porsoni, Blomfieldii, Boissonadi, Scholefieldii sententia fuisse. At id neque·Graece dictum, et absurdum est. Restituendus erat dativus. Quoniam tauri et vaccae appellatione usa erat, transfert cornua ad id de quo proprie dici non potuerunt, non tamen ut solam vestem, qua obvolutus est Agamemno, sed ut universum occidendi modum designet: quare μηχανήματι dicit, quasi nigris cornubus, sic ictibus ferri peti illum indicans.

Neque enim de corneo manubrio mucronis, quod Schuetzio in mentem venit, cogitandum est. Warum aber sind bei der Beziehung auf ictus ferri die Hörner schwarz? Mit Recht sagt Schneidewin von dieser Erklärung, dass abgesehen von anderen Bedenken hier nur von dem ἄπειρον ἀμφίβλητρον die Rede sei. Andere haben ohne Rücksicht auf die dunkle und eigenthümliche Sprache der Seherin und ohne Rücksicht auf das Gleichniss von dem Stiere und der Kuh das ihnen unverständliche μελαγκέρῳ zu ändern gewagt: Schoemann in μελαγκότῳ, Bamberger, Hartung, Francken in μελαγκρόκῳ, Rauchenstein in μελιμπλόκῳ, Ahrens in μελαγκόρῳ. Auch diejenigen, welche μελάγκερων schreiben, wissen nichts rechtes damit anzufangen. Hartung hat dagegen eingewendet, dass es keine Stiere mit schwarzen Hörnern gebe. Keck, welcher ἄπεχε τᾶς βοός· τὸν ταῦρον ἐν πεπλώδει μελάγκερων λαβοῦσα μηχανήματι schreibt, findet, dass es Stiere mit dunklen Hörnern gebe und dass mit ταῦρον μελάγκερων der starke Held bezeichnet sei, weil die dunkelhornigen Rinder als die stärkeren gelten.

Λαβοῦσα μηχανήματι bedeutet offenbar die Umstrickung mit dem Netze, dem δίκτυον Ἄιδου (V. 1125 vgl. Cho. 980 ἴδεσθε — τὸ μηχάνημα, δεσμὸν ἀθλίῳ πατρὶ πέδας δὲ χειροῖν καὶ ποδοῖν ξυνωρίδα). Als δίκτυον Ἄιδου ist dieses Netz schwarz, μηχάνημα μέλαν. *Die Seherin aber hat die Vision, wie Klytämnestra das schwarze Gewand in den Händen auf Agamemnon losstürzt. Die beiden ausgestreckten Hände sind die schwarzen Hörner, so dass durch die Hände der Klytämnestra das Ding als ein schwarzgehörntes, Klytämnestra selbst aber als ein wildwüthender Stier erscheint, welcher mit seinen Hörnern auf eine wehrlose Kuh dreinfährt.* Nicht Klytämnestra ist der Stier, Agamemnon die Kuh; alle alten und neuen Erklärer haben es sich begreiflicher Weise umgekehrt gedacht, ohne sich daran zu stossen, dass es nicht ἄπεχε τοῦ ταύρου τὸν βοῦν, sondern τᾶς βοὸς τὸν ταῦρον heisst; nur van Heusde hat eine Vorstellung vom richtigen gehabt, aber auch nur eine Vorstellung. Vielmehr stürzt Klytämnestra (daher λαβοῦσα, nicht λαβὼν, nämlich ταῦρος) auf Agamemnon wie ein wilder Stier auf die zahme Kuh; ἄπεχε τᾶς βοὸς τὸν ταῦρον aber ist gleichsam der Ausruf eines Hir-

ten, welcher seinem Genossen zuruft: „halte den Stier dort ab von der Kuh, schütze die Kuh vor dem Stiere," in demselben Augenblicke gesprochen, wo Klytämnestra mit dem Netze über Agamemnon dreinfährt. — Man muss mit den Augen der Seherin sehen, um die ganze Vortrefflichkeit der Schilderung zu fassen. In der vierten Strophe beobachtet sie die Bereitung des Bades, in der vierten Antistrophe schaut sie, wie Agamemnon in die Badewanne steigt und gebadet wird, während im Hintergrunde ein geschäftiges Thun sich kundgibt, dessen Gegenstand endlich deutlich zu erkennen ist und in der fünften Strophe als Fanggarn des Hades beschrieben wird; in der fünften Antistrophe sieht sie endlich, wie Klytämnestra mit dem Netze den Angriff macht. —

1. Aeschylus setzt oft einfach und unvermittelt ein Gleichniss an die Stelle des eigentlichen Ausdruckes und überlässt es der Phantasie, sich die richtige Beziehung zu denken. Ein sprechendes Beispiel hiefür bietet die vielbehandelte Stelle Ag. 1327:

> ἰὼ βρότεια πράγματ'· εὐτυχοῦντα μὲν
> σκιά τις ἄν τρέψειεν· εἰ δὲ δυστυχοῖ,
> βολαῖς ὑγρώσσων σπόγγος ὤλεσεν γραφήν·
> καὶ ταῦτ' ἐκείνων μᾶλλον οἰκτείρω πολύ.

Seitdem Weil gesehen hat, dass V. 1313. 1314 an falscher Stelle stehen und die Schlussworte der Seherin bilden, wird man diese Betrachtung über die Armseligkeit des menschlichen Lebens, welche nur dem Chore gehört und in den folgenden Anapästen fortgesetzt wird, nicht mehr der Klytämnestra zutheilen. Was nun die Erklärung der Worte anbelangt, so hat Hermann nach Boissonade σκιά τις ἄν πρέψειεν geschrieben und die Erklärung gegeben: verum Butlerus vidit, ταῦτα ad utrumque illud, quod et felicitas hominum vanum simulacrum est et infortunii subito exstinguitur memoria, ἐκείνων autem ad ipsius Casandrae sortem pertinere. Andere schreiben mit Wieseler und Conington σκιᾷ τις ἄν πρέψειεν und Welcker (Rh. Mus. 10, 418) nimmt σκιά als σκιαγραφία „wenn der Glückliche ist wie ein Schattenriss, so gleicht der Unglückliche einem Gemälde, das ein feuchter Schwamm wegnimmt; der plötzliche Sturz des Unglücklichen stellt das menschliche Loos noch trauriger dar, als das schattengleiche Dasein des Glücklichen.

1*

Dem Glücklichen würde ein gezeichneter Schatten gleichen; gegen eine solche Skiagraphie ist das Auswischen mit dem Schwamm ein Leichtes und bald geschehn." An alles das hat der Dichter nicht gedacht. Naegelsbach schliesst sich der Erklärung von Schütz an und bemerkt: spongiae picturam aliquam delentis imago refertur ad miserorum cito ac facile intereuntem memoriam eamque recte Casandra dicit tristiorem etiam fortunam esse quam fieri miserum ex fortunato. Eher kann man sich noch die Erklärung von Blomfield gefallen lassen: res prosperas vel umbra everterit, ut mutationes facile admittant; in adversis vero rebus, sicut spongia tabulae lineas penitus delere solet, ita omnis spes meliorum prorsus aboletur h. e. res prosperae in adversas longe facilius mutantur quam in prosperas adversae; in „spes meliorum" aber liegt eine falsche Beziehung. Keck hat nach einer Bemerkung Stanleys μόλις für γραφήν gesetzt, als ob bei dem Gedanken „das Unglück schleppt sich oft unendlich lange hin" von einem nassen Schwamme die Rede sein könnte.

Der Gedanke ist einfach folgender: „*Das Glück kann ein Schatten wandeln; ist man aber unglücklich, so — hat ein nasser Schwamm das Gemälde weggewischt, d. h. so ist es gerade so, als ob ein Schwamm ein Gemälde in einem Nu forttilgte.*" Was aber dieses Bild „der Schwamm hat das Gemälde abgewischt" bei dem Uebergang von Glück in Unglück bedeuten solle, ist klar: „*Hat einer Unglück und Missgeschick, dann ist auf einmal alles dahin und vergessen; Glanz, Ruhm, Dank, Liebe, die man im Glücke für beständig hält, sind mit einem Schlage verschwunden, so dass man sich deren eigentlich niemals recht erfreuen kann; nicht blos die Gegenwart und Zukunft, sondern auch die Vergangenheit erscheint mit einem Male als vernichtet.*" —

Auf ähnliche Weise verhält es sich mit Cho. 375:

ἀλλὰ διπλῆς γὰρ τῆσδε μαράγνης
δοῦπος ἱκνεῖται· τῶν μὲν ἀρωγοὶ
κατὰ γῆς ἤδη, τῶν δὲ κρατούντων
χέρες οὐχ ὅσιαι κτέ.

Man bezieht διπλῆς entweder auf den doppelten Schmerz, von welchem der Chor durchdrungen sei (Schütz) oder auf die doppelte Klage des Orestes in der Elektra (Weil); διπλῇ μαράγνη *ist vielmehr ein Begriff* wie Prom. 691 ἀμφάκει κέντρῳ, Ag. 642 διπλῇ μάστιγι τὴν Ἄρης φιλεῖ, Soph. Ai. 242 παίει μάστιγι διπλῇ, O. R. 809 διπλοῖς κέντροισι, frgm. 137 μάσθλητα δίγονον; es ist der Treibstachel mit seinen beiden κέντρα gemeint. Das Bild des Treibstachels kann aber eine doppelte Bedeutung haben, entweder die von der Wirkung hergenommene schmerzlicher Qual (vgl. Prom. a. O. ἀμφάκει κέντρῳ ψύχειν ψυχὰν ἐμάν) oder die von dem Zwecke entlehnte nachdrücklichen Anspornens und Forttreibens. Nur die letztere Bedeutung passt an unserer Stelle zu den vorausgehenden Worten ταῦτα μὲν ὦ παῖ κρείσσονα χρυσοῦ, μεγάλης δὲ τύχης καὶ ὑπερβορέου μείζονα φωνεῖς· δύνασαι γάρ. Mit Recht bemerkt der Schol. zu δύνασαι γάρ: ῥᾴδιον γὰρ τὸ εὔχεσθαι. „Das sind schöne Wünsche; sagt der Chor, aber damit ist's nicht gethan; denn wie eines Treibstachels Klatschen treibt zur That der Gedanke, dass u. s. w." Das Weitere ist noch unklar. Zu Eum. 160, wo wir einen gleichen Fall haben

πάρεστι μαστίκτορος δαΐον δαμίου
βαρὺ τὸ περίβαρυ κρύος ἔχειν

bemerkt der Schol. λείπει τὸ ὡς. Ein solches ὡς ist an einer anderen Stelle in den Text gekommen, Suppl. 440

πᾶσ'. ἔστ' ἀνάγκη, καὶ γεγόμφωται σκάφος
στρέβλαισι ναυτικαῖσιν ὡς προσηγμένον

Zu γεγόμφωται ist σκάφος Subjekt; dies ist ein Zeichen, dass das Bild einfach an Stelle des eigentlichen Ausdrucks getreten ist; denn σκάφος γεγόμφωται nicht ὡς, sondern in Wirklichkeit στρέβλαισι ναυτικαῖσι vgl. V. 944 τῶνδ' ἐφήλωται τορῶς γόμφος διαμπὰξ ὡς μένειν ἀραρότα. Eine Bestätigung dessen liegt in dem unpassenden Wort προσηγμένον, wofür Hermann nach Scaligers Vermuthung προσηρμένον geschrieben hat. Durch Einfügung des übergeschriebenen ὡς ist das ursprüngliche προσπεπηγμένον in προσηγμένον verkürzt worden:

στρέβλαισι ναυτικαῖσι προσπεπηγμένον.

2. Am freiesten schaltet die Phantasie des Aeschylus bei der Verbindung und Vermengung von Gleichniss und eigentlichem Ausdruck, indem entweder der eigentliche Ausdruck Bestimmungen aus dem gedachten Gleichnisse aufnimmt oder das Gleichniss an die Stelle des eigentlichen Ausdruckes tritt, aber Ergänzun-

gen und nähere Bestimmungen von dem eigentlichen Gedanken
erhält.   Wenn es Suppl. 103 heisst:

> ἰδέσθω δ'εἰς ὕβριν
> βρότειον, οἵα νεάζει πυθμὴν
> δι' ἀμὸν γάμον τεθαλὼς
> δυσπαραβούλοισι φρεσίν,

so hat der Schol., welcher πυθμήν· ἡ ῥίζα τῶν πεντήκοντα
παίδων ὅ ἐστιν αὐτὸς ὁ Αἴγυπτος, die Verbindung von Gleichniss und eigentlichem Ausdruck nicht begriffen („wie er sprosst
ein Weidenstamm, aus dem in üppiger Fülle grüne Zweige
der Thorheit emporschiessen") und wegen δι' ἀμὸν γάμον δυσ-
παραβούλοισι φρεσίν an den Stamm der Aegyptiaden gedacht. —
Man muss sich hüten aus dem Gleichniss zuviel für den eigentlichen Ausdruck zu entnehmen.   So würde man fehlen, wenn
man aus Sept. 760 τρίχαλον (κῦμα), ὃ καὶ περὶ πρύμναν πόλεως
καχλάζει die unvermittelte Vorstellung von πρύμναν πόλεως her-
ausheben würde; vielmehr ist περὶ πρύμναν πόλεως soviel als
περὶ πόλιν ὡς περὶ πρύμναν ναός.   Diese Bemerkung wird uns
für die Erklärung einer anderen Stelle dienlich sein, Cho. 385:

> ἐφυμνῆσαι γένοιτό μοι πυκάεντ' ὀλολυγμὸν ἀνδρὸς
> θεινομένου γυναικός τ'
> ὀλλυμένας· τί γὰρ κεύθω, φρενὸς οἷον ἔμπας
> ποτᾶται, πάροιθεν δὲ πρῴρας
> δριμὺς ἄηται κραδίας
> θυμὸς ἔγκοτον στύγος;

Der Chor spricht seinen innersten Herzenswunsch, Aegisthus und
Klytämnestra todt zu sehen, offen und unverholen aus und setzt
hinzu: „denn wozu soll ich zurückhalten mit dem, was doch
immer sich Luft macht" (οἷον für θεῖον hat Hermann hergestellt).   Soweit ist der Gedanke klar, weniger klar ist das folgende.   Der Scholiast erklärt πάροιθεν πρῴρας mit τῆς ὄψεώς
μου.   Eine solche Erklärung hat weder in sich selbst einen Grund
(mit βλάστημα καλλίπρῳρον Sept. 533 vergl. Ag. 236 στόματος
καλλιπρῴρου, Prom. 424 ὀξυπρῴροισιν ἐν αἰχμαῖς) noch lässt
sie sich mit dem übrigen in Einklang bringen.   Wenigstens
begreift man nicht, wie ἄηται zu deuten sei.   Freilich hat man
ἄηται ändern wollen, Porson in ᾖται, H. L. Ahrens in
(δριμὺ) κάθηται, Weil in (δριμὺ) θεᾶται.   Hermann hat

aus der Lesart des Guelf. δριμὺ ἄκται und der Ausgabe von
Robort. δριμὺς ἄκται das Wort δριμυστάκτου gebildet (δριμυστάκτου κραδίας θύματος ἔγκοτον στύγος). Sehr nahe läge es
ἄηται in Rücksicht auf die Lesart ἄκται, welche freilich nur
die gewöhnliche Verwechslung von η und κ bekundet, in ἀκεῖται zu ändern und in den Worten πάροιθεν δὲ πρῴρας δριμὺς
ἀκεῖται κραδίας θυμὸς ἔγκοτον στύγος den Gedanken zu finden,
„der in scharfen Worten ausgesprochene Zorn heilt des Herzens
grollenden Ingrimm;" denn es ist eine Erleichterung des Herzens seinem Grolle in zornigen Worten Luft zu machen. Allein
durch solche Aenderungen wird ein schönes Bild des Dichters
verwischt. Klausen hat wegen ἄηται auf Hom. Φ 386 δίχα δέ
σφιν ἐνὶ φρεσὶ θυμὸς ἄητο verwiesen; damit ist nichts erklärt,
das richtige Verständniss vielmehr fast verdunkelt. Die Ausdrücke πάροιθεν πρῴρας, δριμὺς, ἄηται geben sich als zusammengehörig zu erkennen und weisen auf eine gemeinsame Metapher hin, welche wir uns klar machen müssen. *Die Worte
πάροιθεν πρῴρας δριμὺς ἄηται sind von dem scharfen,
schneidenden Luftzug zu verstehen, welcher dem fahrenden Schiffe vorausgeht;* der Ausdruck πάροιθεν πρῴρας ist nicht auf einen
eigentlichen Ausdruck „vor dem Gesichte," „vor dem Munde"
zurückzuführen; wohl ist πάροιθεν πρῴρας κραδίας zu verbinden; aber auch dieser Ausdruck ist nicht so zu nehmen, wie es
Hermann genommen hat, wenn er seine Aenderung ἐν πρύμνῃ
φρενός Suppl. 989 mit unserer Stelle belegt; es ist πάροιθεν
πρῴρας κραδίας wieder soviel wie πάροιθεν κραδίας ὡς πάροιθεν πρῴρας ναός und der Gedanke ist folgender: „*wie der Wind
scharf weht vor dem Vordertheile des Schiffes, so weht vor dem
Herzen her und von dem Herzen aus als scharfer Zorn der grollende Hass.*" —

Eine grosse Unklarheit herrscht noch über Ag. 1180:

λαμπρὸς δ' ἔοικεν ἡλίου πρὸς ἀντολὰς
πνέων ἐσᾴξειν, ὥστε κύματος δίκην
κλύζειν πρὸς αὐγὰς τοῦδε πήματος πολὺ
μεῖζον.

Ἐσᾴξειν hat Bothe hergestellt für ἐσήξειν, κλύζειν Auratus
für κλύειν. Ausserdem hat Auratus αὐγάς in ἀκτάς verändert
und Ahrens hat dafür ἀγάς vorgeschlagen. Diese Aenderung

$\varkappa\acute{v}\mu\alpha\tau o\varsigma$ $\delta\acute{\iota}\varkappa\eta\nu$ $\varkappa\lambda\acute{v}\zeta\epsilon\iota\nu$ $\pi\varrho\grave{o}\varsigma$ $\mathring{\alpha}\gamma\acute{\alpha}\varsigma$ ist gewiss sehr bestechend
und von Enger, Keck u. a. gebilligt worden. Allein sie ist
doch unhaltbar. Ahrens bemerkt: „will man sich deutlich machen,
was in dieser Metapher die $\mathring{\alpha}\gamma\alpha\acute{\iota}$ bedeuten, so versteht man am
natürlichsten die Ohren und den Geist der Hörer." Daran ist
nicht zu denken; $\varkappa\lambda\acute{v}\zeta\epsilon\iota\nu$ $\pi\varrho\grave{o}\varsigma$ $\mathring{\alpha}\gamma\acute{\alpha}\varsigma$ würde nur ganz dem Bilde
angehören, welches den Gedanken ausdrückte „wie eine Woge
mächtiger als die andere ans Ufer schlägt, so kommt ein Leid
schlimmer und grösser als das andere." Wir sehen, dass dann
gerade der hier nothwendige Begriff, welcher durch $\pi\varrho\grave{o}\varsigma$ $\alpha\mathring{v}\gamma\acute{\alpha}\varsigma$
gegeben ist, fehlt. Es ist vielmehr bei der Vermischung von
Gleichniss und eigentlichem Ausdruck an die Stelle von ($\varkappa\lambda\acute{v}\zeta\epsilon\iota\nu$)
$\pi\varrho\grave{o}\varsigma$ $\mathring{\alpha}\varkappa\tau\acute{\alpha}\varsigma$ eine dem eigentlichen Ausdruck angehörende Bestimmung $\pi\varrho\grave{o}\varsigma$ $\alpha\mathring{v}\gamma\acute{\alpha}\varsigma$ getreten. *Wie der Wind die Wogen nach der
Richtung treibt, nach welcher er weht, so treibt hier der Wind der
Prophezeiung, welcher* $\pi\varrho\grave{o}\varsigma$ $\mathring{\alpha}\nu\tau o\lambda\grave{\alpha}\varsigma$ $\mathring{\eta}\lambda\acute{\iota}o\nu$ *weht, die Wogen
des Unglücks* $\pi\varrho\grave{o}\varsigma$ $\alpha\mathring{v}\gamma\acute{\alpha}\varsigma$, *dem Tageslichte, d. h. der Offenbarung
oder Erfüllung, was hier gleichbedeutend ist, zu.* Die vorhergesag-
ten Leiden kommen nach einander eines grösser als das andere
an das Licht, wie Woge auf Woge sich ans Ufer drängt; so bildet sich im Geiste des Dichters das Bild von dem Sturme der
Weissagung, welcher dem Lichte der Bestätigung wie das Geweis-
sagte der Erfüllung zutreibt. —

     Wie hier das Gleichniss durch den eigentlichen Ausdruck
näher bestimmt ist, so ist es umgekehrt der Fall Prom. 885:

$\vartheta o\lambda\epsilon\varrho o\grave{\iota}$ $\delta\grave{\epsilon}$ $\lambda\acute{o}\gamma o\iota$ $\pi\alpha\acute{\iota}ov\sigma'$ $\epsilon\mathring{\iota}\varkappa\tilde{\eta}$
$\sigma\tau\upsilon\gamma\nu\tilde{\eta}\varsigma$ $\pi\varrho\grave{o}\varsigma$ $\varkappa\acute{\upsilon}\mu\alpha\sigma\iota\nu$ $\mathring{\alpha}\tau\eta\varsigma$.

Zu diesen Worten gibt Schütz folgende Erklärung: „Et verba
perturbata confusaque incassum ad fluctus acerbae calamitatis illi-
dunt. Meine gebrochenen Worte zerschlagen sich umsonst an
den Wellen des grausen Verderbens. Significat querelas, quas
vix ore proferre valeat, nihil adversus calamitatem proficere."
Hermann bemerkt: Hoc dicit „perturbata dicta mea illiduntur.
(h. e. luctantur) diri fluctibus fati," Weil lässt diese Erklärung
nicht ganz gelten: sie potius verterim „turbida dicta vagantur
inter diros malorum fluctus." Nam $\pi\alpha\acute{\iota}ov\sigma'$ $\epsilon\mathring{\iota}\varkappa\tilde{\eta}$ idem esse videtur quod $\pi\alpha\varrho\alpha\pi\alpha\acute{\iota}ov\sigma\iota$. Man wird den Gedanken des Dichters
erst dann richtig erfassen, wenn man die Verbindung von bild-

lichem und eigentlichem Ausdruck sich klar macht: ϑολερὸς
weist auf den Schlamm hin, welcher durch den Sturm vom Meeres-
grunde aufgewühlt wird, vgl. Soph. Ant. 586: ὅμοιον ὥστε πόν-
τιον οἶδμα, δυσπνόοις ὅταν ἔρεβος ἵγαλον ἐπιδράμῃ πνοαῖς,
κυλίνδει βυσσόϑεν κελαινὰν ϑῖνα. Wie die wogenden Wellen
des Meeres den aufgewühlten Schlamm bald dahin bald dorthin
(εἰκῇ) führen, so werden die an die Wogen des Verderbens schla-
genden Reden (vgl. Eur. Hec. 116 πολλῆς ἔριδος συνέπαισε κλύ-
δων) von denselben plan- und ordnungslos (εἰκῇ, vgl. das vorhergehende γλώσσης ἀκρατής) herumgetrieben. Der Sturm der
Raserei (λύσσης πνεῦμα μάργον) hat das Durcheinanderwogen
von Irrsinn (ἄτης) und Denken hervorgebracht. Das Denken
kann bei dem Irrsinn keine bestimmte Bahn und Ordnung finden
und gleicht desshalb in seiner Unklarheit und seinem trüben Wesen
dem zwischen den Wellen herumtreibenden Meerschlamm. —

3. Bemerkenswerth ist noch die Eigenheit den metaphorischen Ausdruck in die Wirklichkeit hereinzurücken und mit
einer Art Ironie die Illusion des Bildes aufzuheben. So ist
Prom. 880 οἶστρον δ᾽ ἄρδις χρίει μ᾽ ἄπυρος von Schütz richtig
erklärt „telum igni non admotum, sine igne factum.“ — Sept.
942 heisst der Stahl, der aus der Fremde dem Lande der Cha-
lyber kam, ὁ πόντιος ξεῖνος, erhält aber die nähere Bestimmung
ἐκ πυρὸς συϑείς. — Ebd. 64 heisst es κῦμα χερσαῖον στρατοῦ. — Auch Cho. 493 πέδαις ἀχαλκεύτοις und frgm. 298, 4
ἄπτεροι πελειάδες gehören in gewissem Sinne hieher. Auf gleiche
Weise ist Suppl. 635 μάχλον Ἄρη τὸν ἀρότοις ϑερίζοντα βροτοὺς ἐν ἄλλοις das unpassende und, wenn die Erklärung „ἄλλοις
ἢ εὔκτέον“ oder „aliis quam ubi meti solet“ richtig sein sollte,
jedenfalls in jener Schilderung des βροτολοιγὸς Ἄρης zumal wegen
des Objekts βροτοὺς matte und nicht mit μὴ τοῖον V. 400 zu
vergleichende ἐν ἄλλοις in ἐναίμοις zu verändern. — Noch
eine andere Stelle kann hier ihre Erklärung finden, Eum. 403:

> ἔνϑεν διώκουσ᾽ ἦλϑον ἄτρυτον πόδα,
> πτερῶν ἄτερ ῥοιβδοῦσα κόλπον αἰγίδος,
> πώλοις ἀκμαίοις τόνδ᾽ ἐπιζεύξας ὄχον.

Schütz bemerkt zu dieser Stelle: „Nihil defatigatam celeriter
se adesse ait, aigidis opera, non velis usam in traiciendo mari,
eoque traiecto curru vectam robustis generosisque equis iuncto.“

Hactenus Abreschius, cui assentior, sed ita, ut curru Minervam
etiam mare traiecisse, ex poetae mente, putem. Nempe currus
per aerem ferebatur, adiuvantibus ventis. Hermann und Dindorf haben die Conjektur von Wakefield κώλοις ἀκμαίοις
aufgenommen; Hermann bemerkt dazu: hinc schol. adnotavit ἐπὶ
ὀχήματος ἔρχεται. Exornavit hanc currus aerii fictionem O. Mül-
lerus. Ineptam eam esse rectissimeque Wakefieldium scripsisse
κώλοις, demonstravi in Opusc. VI. 2. p. 174 sqq. Per auras
advenit Minerva aegide tanquam alis utens eaque pedum gres-
sum accelerans. Weil, welcher sagt: ὄχον ἐπιζεῦξαι habet sig-
nificatum usu consecratum, a quo discedere non licebat poetae,
schreibt πνοαῖς ἀκμαίοις οὐδ’ ἐπιζεύξασ’ ὄχον. Aber es ist weder
eine Aenderung nöthig noch darf man an einen wirklichen Wagen
denken, an „einen mit Rossen bespannten Wagen, auf welchem
Athene hereinfährt“ (O. Müller Eum. S. 112). *Athene spricht
von* τόνδε ὄχον, *d. h. von einem Wagen, der kein Wagen oder vielmehr nur ein gedachtes Fahrzeug ist* (πτερῶν ἄτερ ῥοιβδοῦσα
κόλπον αἰγίδος; *die Aegis ist das fahrende, tragende,* ὀχοῦσα);
*diesem Wagen hat sie kräftige Rosse vorgespannt, d. h. ihre Aegis
hat ihr den Dienst kräftiger Rosse gethan.* —

II. Zum Sprachgebrauch des Aeschylus.

1. *Die Anwendung der Krasis und Synizesis zwischen zwei
Wörtern war, wie man schon aus dem ausgedehnteren Gebrauche
in der Komödie schliessen kann, in der Umgangssprache des attischen Dialekts häufig; darum stand sie der erhabenen Weise der
lyrischen Chöre im Drama ferne.* In den Chorliedern des
Aeschylus finden sich nur fünf Beispiele und auch diese sind
nicht alle sicher. Es sind folgende: Sept. 228 κἀκ χαλεπᾶς δύας, Suppl. 82 κἀκ πολέμου, 87 κἀν σκότῳ, Ag. 255
τἀπὶ τούτοισιν, Cho. 592 κἀνεμοέντων. An der ersten Stelle
hat Weil mit Recht aus Marcellinus (vit. Thucyd. § 5 Westerm.)
καὶ χαλεπᾶς δύας aufgenommen, um die Construction des Satzes
herzustellen, vgl. Hom. Ρ 591 τὸν δ’ ἄχεος νεφέλη ἐκάλυψε
μέλαινα. — An der zweiten Stelle hat der Med. κἀκ πτολέ-
μου: es ist wahrscheinlich auf gleiche Weise καὶ πολέμου

(πολέμου φυγάσιν und βωμὸς ἄρος mit E. A. J. Ahrens) oder
καὶ πολέμῳ τειρομένοις zu schreiben, wie es in einem Schol.
ὑπὸ πολέμου τειρομένοις heisst. — Auch κἂν σκότῳ scheint
unrichtig: πάντα τοι φλεγέθει καὶ σκότῳ μελαίνᾳ ξὺν τύχῃ
„auch die Finsterniss dient Zeus, um Licht zu verbreiten" gibt
einen passenderen Gedanken als wenn es heisst, dass Zeus auch
in Finsterniss alles mit Licht erfülle; denn wo Licht ist, kann
keine Finsterniss sein. — Ag. 255 sinkt mit πέλοιτο δ' οὖν
τἀπὶ τούτοισιν der Chorgesang aus der lyrischen Betrachtung
und Schilderung in den gewöhnlichen Ton der Ankündigung einer
Person herab. — Cho. 592 steht die Lesart wenigstens nicht
ganz sicher. — Nicht erwähnt ist oben Suppl. 834, wo der
Med. δύσφορα ναῖ κἂν γεαι γαι hat, wo aber die ganze Stelle
arg zerrüttet ist. — Auch Cho. 959 παρὰ τὸ μὴ ὑπουργεῖν
braucht nicht angeführt zu werden. — Noch zu bemerken sind
zwei Beispiele der Aphärese des ι von ἐπί: Sept. 698 μὴ 'ποτρύ-
νου, Cho. 161 βέλη 'πιπάλλων; Cho. 789 πρὸ δὲ δὴ 'χθρῶν
ist durchaus unsicher (vgl. Hermann's und Weil's Anmerkung).

Hiernach müssen verschiedene Conjecturen, welche eine
Krasis in die Chorgesänge bringen, als im höchsten Grade bedenklich erscheinen: Prom. 407 hat Heath μεγαλοσχήμονα κἀρχαιο-
πρεπῆ στένουσα geschrieben und durch Tilgung von λειβομένα
V. 399 die Responsion hergestellt. Dass vielmehr in V. 407 ein
Wort ausgefallen ist, hat Hermann, dass aus dem Med. στέ-
νουσι beibehalten werden muss und ein Nominativ fehlt, hat
Weil bemerkt. Das ausgefallene Wort kann man mit ziemlicher Bestimmtheit herstellen, wenn man bedenkt, dass der
Gedanke πρόπασα στονόεν λέλακε χώρα weiter ausgeführt wird,
und sich an Hom. ϑ 28 ξεῖνος ὅδ', οὐκ οἶδ' ὅστις, ἀλώμενος
ἵκετ' ἐμὸν δῶ ἠὲ πρὸς ἠοίων ἢ ἑσπερίων ἀνθρώπων erinnert;
denn ἑσπέριοι ὁπόσοι τ' ἔποικον ἁγνᾶς Ἀσίας ἕδος νέμονται ..
ϑνατοί ist soviel als ἑσπέριοι καὶ ἠοῖοι ἄνθρωποι. Verbessert
man noch V. 398 nicht durch unstatthafte Tilgung oder Versetzung von δέ (vgl. Burgard quaest. gramm. Aesc. p. 71),
sondern indem man entweder nach einer Vermuthung Hermanns
(El. d. metr. p. 494) und G. Wolff's (Rhein. Mus. 19, 464)
δακρυσιστακτί oder noch einfacher und dem Stile des Chorgesanges entsprechender δακρυσίστακτα für δακρυσίστακτον

schreibt (vgl. z. B. Eur. Phoen. 1739 ἀπαρθένευτ᾽ ἀλωμένη), so
ist die Responsion hergestellt:

> δακρυσίστακτα δ᾽ἀπ᾽ ὄσσων ῥαδινὸν λειβομένα ῥέος
>   παρειὰν ...
> μεγαλοσχήμονα τ᾽ ἀρχαιοπρεπῆ [ϑ᾽ ἑσπέριοι] στένουσι
>   τὰν σὺν ...

Ebd. 420 hat Hartung für Ἀραβίας τ᾽ entweder Ἀρίας τ᾽ oder
Κάρίας vorgeschlagen und letzteres hat Weil gebilligt; allerdings
ist von den zahlreichen Vorschlägen Ἀρίας das annehmbarste,
wofür dem Kundigen auch der Beisatz ἄρειον ἄνϑος eine Bestätigung sein kann; aber dann ist Ἀρίας τ᾽ trotz Cho. 423 beizu-
behalten, denn der Dichter konnte die Quantität eines solchen
Wortes willkürlich behandeln, gerade so wie er Pers. 318 Μάγος
gebraucht und ebd. 29, 302, 31, 957 die vorletzte Silbe in
Ἀρτεμβάρης und Φαρανδάκης bald lang bald kurz genommen
hat. — Zurückzuweisen ist ferner die Aenderung von Weil
ebd. 573 κἄξ ἑτέρων für ἐξ ἑτέρων, von Triclinius Ag. 379
ὥστε κἀπαρκεῖν, von Hermann Cho. 789 γελῶμαι πολίταις·
δύσοισϑ᾽ ἄπαϑον für γένωμαι δυσοίστα πολίταις ἔπαϑον, welche
auch Dindorf aufgenommen hat. — Wenn endlich Weil
daran gedacht hat (Jahrb. für Philol. Bd. 89 S. 314) Ag. 1450:

> μόλοι τὸν ἀεὶ φέρουσ᾽ ἐν ἡμῖν
>   Μοῖρ᾽ ἀτελεύτητον ὕπνον

das unpassende ἐν ἡμῖν durch die Besserung φέρουσα χἠμῖν zu
entfernen, so ist auch das ein Fehler gegen die Eleganz des
Aeschylus. Emporius hat ἂν ἡμῖν, Hermann ἐφ᾽ ἡμῖν,
Kock ἐνῇ ῇ vermuthet; ich finde nichts besseres und zugleich
den Buchstaben *ENHMIN* näher liegendes als φέρουσ᾽
ὄνησιν. —

*Nicht so selten ist die Krasis mit καί und dem Artikel
in den Anapästen:* Prom. 1052 τοὐμόν, 1069, 1077, 1080
κοὐκ; Sept. 825 κἀπολολύξω, 1060 κἀποτρέπομαι; Suppl. 18
κἄξ, Ag. 1497 τοὔργον, Cho. 310 τοὐφειλόμενον, 856 κἀπι-
ϑειάζουσ᾽, Eum. 968 τιμῇ, 1003 χἠμεῖς. Ausserdem findet sich
Prom. 1071 ἀγώ, Sept. 1076 μὴ ἀνατραπῆναι und ebd. 873
μὴ ᾽κ. —

*Auch bei Sophokles findet sich die Krasis in den Stasima und
eigentlich lyrischen Chorgesängen selten:* Ai. 715 κοὐδέν; El. 1390

τοὐμόν, 1397 κοὐκέτ'; O. R. 909 κοὐδαμοῦ, 1091 μὴ οὐ, (1209 αὐτός), 1222 τοὐμόν; O. C. 705 χἀ, 1084 τοὐμόν; Ant. 333 κοὐδέν, 986 κἀπ'; Trach. 529 κἀπό, 822 τοὔπος, 962 κοὐ — (προὔκλαιον); Phil. 395 κἀκεῖ, (835 τἀντεῦθεν). Daneben ist noch zu bemerken: El. 472 μὴ 'γώ, O. R. 215 πείκᾳ 'πί, 503 ἢ 'γώ, 875 μὴ 'πίκαιρα. O. C. 1089 σθένει 'πινικείῳ, wohl auch 1561 μὴ 'πιπόνῳ nach Bergk's Vermuthung (*Aphärese des ε von* ἐγώ *und* ἐπί). — In den Wechselgesängen von Chor und Schauspieler finden sich folgende Beispiele: Ai. 228 ἀνήρ (Chor), 391 καὐτός (Aias); El. 133 μὴ οὐ (Elektra), 850 κἀγώ (Elektra), (1285 προὐφάνης); O. R. 1351 κἀνέσωσεν (Oedipus), 1356 κἀμοί (Chor); O. C. 243 τοὐμοῦ zweifelhaft (Antigone), 520 κἀγώ (Chor), 534 σαί τἀρ' zweifelhaft (Chor), 1747 καὐτός (Chor); Ant. 810 κοὔποτ' (Antigone); Phil. (138 προὔχει, 203 προὐφάνη, 1192 προὐφαίνες, 853 ταὐτόν). Ausserdem Ai. 225 ἤδη 'στι, 681 τὸ μὴ 'νδικον. — In den Anapästen begegnet uns bei Sophokles die Krasis ziemlich häufig. —

Bei Euripides kommt merkwürdiger Weise in den selbstständigen Chorgesängen und überhaupt in allen strophisch gebauten Gesängen aller 19 Stücke nicht ein einziges Beispiel der Krasis oder Synizesis vor. Verschwindend klein ist die Anzahl der Beispiele (etwa 10), die sich in den andern nicht im Trimeter und Anapäst abgefassten Partieen findet: Hel. 371 κελάδησε κἀνοτότυξεν (wahrscheinlich κελάδησεν ἀνοτότυξεν, Paley ἐκελάδησ', ἀνοτότυξεν) (Helena); El. 1230 φίλαι δὲ κοὐ φίλαι (Elektra); Herc. fur. 911 τἀν δόμοισι (Bote), 1182 οὑμός (Amphitryon); Suppl. 1126 τἀμά (Kinder); Cycl. 514 ist χρόα χώς corrupt (aus χρόα καὶ und übergeschriebenem ώς? Dindorf schreibt χρώ'. ἄγ' ώς), 620 κἀγώ (Chor); Orest. 1420 κἀδόκει (Phrygier); Tro. 247 τοὐμόν und 285 τἀκεῖθεν (Hekabe), Phoen. 311 κἀδόκητα (Jokaste). — Alc. 1002 προὔθαν' und Tro. 1062 προὔδωκας braucht nicht beachtet zu werden. Nauck's Emendation Cycl. 49 σὺ τάδ' οἳ κοὐ τάδε muss hiernach sehr fraglich bleiben. — *Auch die Fälle der Aphärese sind ausserordentlich selten:* El. 187 ὃ 'μοῦ (L. Dindorf ἃ τοὐμοῦ, wahrscheinlich ἅτ' ἀμοῦ); dieses ist das einzige Beispiel, welches in den Handschriften steht; Hel. 344 hat Jacobs für ἢ νέκυσι ἢ 'ν νέκυσι, Paley ἢ μέτα νέκυσι (unrichtig Dindorf ἢ κἀν νέκυσι), 516 Badham ἐφάνη 'ν für ἐφάνην, ἐφάνη,

El. 185 Nauck κούρᾳ ˝σται, Herc. f. 436 Nauck ἐγὼ ˝σθενον, Hipp. 1272 Nauck ποτᾶται 'πὶ, Cycl. 618 Hermann μαινομένου ῾ξελέτω vermuthet. *Da diese sämmtlichen Verbesserungen zweifelhaft sind, so ist allem Anscheine nach die Aphärese von Euripides ausserhalb des Trimeters und des anapästischen Systems nicht gebraucht worden.* —

2. *Dorische Verbalformen* finden sich bei Aeschylus nur wenige: Suppl. 39 σφετεριξάμενοι; Ag. 785 σεβίζω. Zu Ag. 681 bemerkt Hermann „dubitari potest an ὠνόμαξεν scripserit Aeschylus. Infra v. 785 fortasse verum est σεβίζω, quod Flor. praebet;" σεβίζω ist ohne Zweifel gute Ueberlieferung und ist mit Recht von Keck in den Text gesetzt worden. — Zu diesen Formen kann noch eine weitere hinzugefügt werden aus Cho. 954. Der Med. gibt ἐπ' ὄχθει ἄξειν: Paley hat ἐπορθιάζων, Weil ἐπορθιᾷ ξὺν geschrieben; es ist offenbar ἐπορθιάξειν oder ἐπωρθιάξειν in der Ueberlieferung enthalten; ἐπορθιάζειν, nicht ἐπορθιᾶν ist die richtige Form, vgl. Weil's Note, Hesych. ὀρθιάζειν, μαντεύεσθαι, Cho. 271 κἀξορθιάζων πολλὰ καὶ δυσχειμέρους ἄτας ὑφ' ἧπαρ ἐξανθώμενος, Ag. 29, 1120, Pers. 687, 1050 ἐπορθιάζειν und ὀρθιάζειν. —

3. *Die Participialconstruction und der Gebrauch des Infinitivs* zeigt bei Aeschylus einige Eigenthümlichkeiten, die ebenso wie die bei Aeschylus weit mehr als bei Sophocles und Euripides verbreitete asyndetische Satzverbindung das Gepräge einer alterthümlichen Sprache an sich tragen, welche der cyklopischen Bauart vergleichbar den Bau der Sätze aus unverbundenen Gliedern zusammensetzt, den Gedanken ohne Vermittlung hinstellt und es ihm überlässt sich durch seine eigene Schwere zu halten. Hieher gehört vor allem der Fall, wo der Nominativ des Particips in absoluter Weise steht. Nicht alle Beispiele dieses Falles sind gleicher Art. *Es kann sich im übergeordneten Satze ein Begriff solches Gewicht und solche Bedeutung aneignen, dass ihm zu Liebe, damit er in voller Kraft und Selbstständigkeit erscheine, die Rücksicht auf das vorhergehende aufgegeben wird.* Solcher Gestalt sind:

Sept. 681 ἀνδροῖν δ' ὁμαίμοιν θάνατος ὧδ' αὐτοκτόνος,

       οὐκ ἔστι γῆρας τοῦδε τοῦ μιάσματος.

Cho. 520 τὰ πάντα γάρ τις ἐκχέας ἀνϑ' αἵματος
ἑνός, μάτην ὁ μόχϑος.

Eum. 100 παϑοῦσα δ' οὕτω δεινὰ πρὸς τῶν φιλτάτων,
οὐδεὶς ὑπέρ μου δαιμόνων μηνίεται.

Eum. 477 καὶ μὴ τυχοῦσαι πράγματος νικηφόρου,
χώρᾳ μεταῦϑις ἰὸς ἐκ φρονημάτων
πέδοι πεσὼν ἄφερτος αἰανῆς νόσος.

Suppl. 446 καὶ γλῶσσα τοξεύσασα μὴ τὰ καίρια,
γένοιτο μύϑου μῦϑος ἂν ϑελκτήριος.

Ag. 1008 καὶ τὸ μὲν πρὸ χρημάτων
κτησίων ὄκνος βαλὼν . .,
οὐκ ἔδυ πρόπας δόμος
πημονᾶς γέμων ἄγαν
οὐδ' ἐπόντισε σκάφος.

In der letzten Stelle will man durch Umstellung und Aenderung
(οὐκ ἐπόντισε σκάφος vor οὐκ ἔδυ . .) das grave dicendi genus
des Aeschylus in ein medium dicendi genus verwandeln. — Ein
anderes Motiv solcher absoluten Participialconstruction liegt darin,
*dass im Verlaufe des Gedankens die beabsichtigte Form des Ausdrucks
als unpassend erscheint und mit einer andern vertauscht wird.
Durch die äussere Unregelmässigkeit lässt der Dichter die Wahl
und Absicht der neuen Wendung hervortreten.* Recht klar zeigt
sich das an
Suppl. 762 ὡς καὶ ματαίων ἀνοσίων τε κνωδάλων
ἔχοντες ὀργάς, — χρὴ φυλάσσεσϑαι κράτος.
Voraus wird die Besorgniss der Jungfrauen beschwichtigt, indem
auf die Begründung ihrer Angst κυνοϑρασεῖς erwidert wird
ἀλλ' ἔστι φήμη τοὺς λύκους κρείσσους κυνῶν εἶναι. Dagegen
sagt der Chor: ὡς καὶ ματαίων ἀνοσίων τε κνωδάλων ἔχοντες
ὀργὰς — οὐ μόνον κυνῶν ὧν λύκοι κρείσσους εἰσί —
τάχα ἂν (τῶν λύκων) κρείσσους γένοιντο, τάχα ἂν κρατήσειαν.
Diesen Ausdruck τάχα ἂν κρατήσειαν *hält der Chor für
unschicklich und unwürdig und sagt dafür lieber* χρὴ φυλάσσεσϑαι
κράτος. Die Aenderungen von ὡς καί, von ἔχοντες, von κράτος
können also nicht als Verbesserungen betrachtet werden. —
Hieher gehört auch:
Cho. 1059 Λοξίου δὲ προσϑιγών,
ἐλεύϑερόν σε τῶνδε πημάτων κτίσει und

Cho. 791   ἐπεί νιν μέγαν ἄρας
     δίδυμα καὶ τριπλᾶ
     παλίμποινα θέλων ἀμείψει.

Die Aenderung von ἐλεύθερος γενήσει in ἐλεύθερόν σε κτίσει
gibt einen ähnlichen Gedanken, als wenn dazwischen stünde
„sei getrost." An der zweiten Stelle hört man den Gedanken
μέγαν αἱρέ νιν καί σοι δίδυμα καὶ τριπλᾶ παλίμποινα θέλων
ἀμείψει so auf das beste heraus. — Einen dritten, aber gewöhnlichen Fall gibt Prom. 567:

    χρίει τις αὖ με τὰν τάλαιναν οἶστρος,
    εἴδωλον Ἄργου γηγενοῖς
    ἄλευ' ἆ Δᾶ,
    τὸν μυριωπὸν εἰσορῶσα βούταν

und Prom. 199:

    ἐπεὶ τάχιστ' ἤρξαντο δαίμονες χόλου
    στάσις δ' ἐν ἀλλήλοισιν ὠροθύνετο,
    οἱ μὲν θέλοντες ἐκβαλεῖν ἕδρας Κρόνον ..

Vgl. Krüger I § 56, 9, 4, Eur. Hec. 970 αἰδώς μ' ἔχει ἐν
τῷδε πότμῳ τυγχάνουσ' ἵν' εἰμι νῦν, Cycl. 331 καὶ πῦρ ἀναί-
θων χιόνος οὐδέν μοι μέλει, Hipp. 22 τὰ πολλὰ δὲ πάλαι προ-
κόψασ' οὐ πόνου πολλοῦ με δεῖ, Iph. T. 947, 695; Soph.
Ant. 259, Eur. Phoen. 1462, Bacch. 1131. — Nicht als absolute Participialconstruction ist

Pers. 120 καὶ τὸ Κίσσιον πόλισμ' ἀντίδουπον ἄσεται
    ἰᾶ, τοῦτ' ἔπος γυναικοπληθὴς ὅμιλος ἀπύων

zu betrachten, ebensowenig als Eum. 141

    κἀπολακτίσασ' ὕπνον
    ἰδώμεθ' εἴ τι τοῦδε φροιμίου ματᾷ

vgl. Krüger ebd. Anm. 1. —

Eine absolute Participialconstruction gewinnt Weil durch
Textänderungen Eum. 360. Die handschriftlich beglaubigte Lesart (vgl. Dindorf's Note) ist σπενδομένα und diese wird durch
das folgende ἐμαῖσι bestätigt; σπενδομένα *aber wird gleichsam wiederholt durch* μάλα γὰρ οὖν ἁλομένα *und erhält sein
verb. finitum an* καταφέρω. —

Ein Versehen scheint es zu sein, wenn Burgard quaest.
gr. Aesch. p. 48 zu Ag. 1314 ἀλλ' εἰμι κἀν δόμοισι κωκύσουσ'

ἐμὴν Ἀγαμέμνονός τε μοῖραν. ἀρκείτω βίος bemerkt „cum
Hartzio interpunctio post μοῖραν delenda est, quo facto omnis
difficultas tollitur, quum nominativus absolutus apte locum habeat."
Natürlich kann κἀν δόμοισι κωκύσουσα nur heissen „um auch
im Hause zu beweinen"; dies sagt aber Kasandra in dem Sinne:
„*doch ich gehe, um — auch im Hause mein und Agamemnons Loos
zu beweinen"; sie wollte sagen „um im Hause zu sterben."* Die
Aenderung von κἀν δόμοισι ist also unnöthig. — Ag. 97

τούτων λέξασ' ὅ τι καὶ δύνατον
καὶ θέμις αἰνεῖν,
παιών τε γενοῦ τῆσδε μερίμνης,
ἣ νῦν τότε μὲν κακόφρων τελέθει,
τότε δ' ἐκ θυσιῶν ἀγανὴ φανθεῖσ'[1]
ἐλπὶς ἀμύνει φροντίδ' ἄπληστον

nimmt man allgemein die Aenderung von Hartung λέξαις auf;
nur Keck ändert dafür lieber mit J. H. Voss παιών τε γενοῦ
in παιών γίγνου. Freilich können die Erklärungen von Hermann ad Viger. n. 219 „maxime notabile est, quod ad Nubes
Aristophanis v. 180 observavi, ut εἶτα, ita etiam copulam τέ
usurpari" und Schoemann opusc. III p. 160, dass αἰνεῖν als
Imperativ zu nehmen sei (αἰνεῖν γενοῦ τε) unmöglich Beifall
finden und Geltung haben. *Vielmehr hat sich das zu παιὼν
τε γενοῦ τῆσδε μερίμνης gehörige zweite Glied καὶ κύ-
ρωσον τὴν ἐλπίδα τὴν ἐκ τῶν θυσιῶν φανθεῖσαν
in der Unterabtheilung ἣ νῦν τότε μὲν — τότε δ'... ἐλπίς
so zu sagen verloren. Diese Erklärung erhält ihre Bestätigung an
dem vollkommen gleichen Fall Pers. 482*

στρατὸς δ' ὁ λοιπὸς ἔν τε Βοιωτῶν χθονὶ
διώλλυθ', οἱ μὲν ἀμφὶ κρηναῖον γάνος
δίψῃ πονοῦντες, οἱ δ' ὑπ' ἄσθματος κενοὶ

---

1) Die Lesart des Med. φαίνεις, wofür die Lesart des Flor. φαίνουσ'
nur metrische Correktur ist, weist auf φανθεῖσ' hin, welches schon Wel-
cker- und Panzerbieter vorgeschlagen haben; φανθεῖσ' ging in φανεῖσ'
über *nach der Gewohnheit der Abschreiber den ersten Aor. Passiv in den
gebräuchlicheren zweiten Aorist zu verwandeln* (z. B. Ag. 736 προσεθρέφθη
in προσετράφη, Eur. Hec. 335 ῥιφθέντες in ῥιφέντες). Vgl. Soph. Ant.
100 ἀκτὶς ἀελίου τὸ κάλλιστον ἐπιαπύλῳ φανὲν Θήβᾳ — ἐφάνθης,
O. R. 848 φανέν γε τοὖπος, 525 τοῦπος δ' ἐφάνθη. —

διεκπερῶμεν ἔς τε Φωκέων χϑόνα
καὶ Δωρίδ᾽ αἶαν,

welche Stelle von Hermann, W. Teuffel und L. Schiller
richtig erklärt wird. —

4. *Der absolute Infinitiv zur Bezeichnung eines Wunsches* (vgl.
Krüger I § 55, 2, 4, welcher auf Sept. 253 verweist) findet sich
öfter bei Aeschylus:

Cho. 306 ἀλλ᾽ ὦ μεγάλαι Μοῖραι, Διόϑεν
τῇδε τελευτᾶν,
ᾗ τὸ δίκαιον μεταβαίνει.

Suppl. 141 σπέρμα σεμνᾶς μέγα ματρὸς
εὐνὰς ἀνδρῶν, ἐή,
ἄγαμον ἀδάματον ἐκφυγεῖν.

Sept. 253 ϑεοὶ πολῖται, μή με δουλίας τυχεῖν.

Sept. 74 ἐλευϑέραν δὲ γῆν τε καὶ Κάδμου πόλιν
ζυγοῖσι δουλίοισι μήποτε σχεϑεῖν *(intrans.)*.

Cho. 363 μηδ᾽ ὑπὸ Τρωΐας τείχεσι φϑίμενος,
πάτερ, μετ᾽ ἄλλων δουρικμῆτι λαῷ
παρὰ Σκαμάνδρου πόρον τεϑάφϑαι.

An der letzten Stelle ist τεϑάφϑαι von Ahrens hergestellt
nach dem Schol. λείπει τὸ ὤφελες. Aus dieser Stelle geht hervor, *dass bei dem absoluten Infinitiv auch der Nominativ stehen
kann* nach Analogie des im Sinne eines gewöhnlichen Imperativs
stehenden Infinitivs.   Darnach ist die dort folgende Stelle zu
beurtheilen:

Cho. 367 πύρος δ᾽ οἱ κτανόντες νιν οὕτως δαμῆναι,

wozu der Schol. bemerkt λείπει τὸ ὄφελον. — *Absolut ist auch
der Infinitiv in diesem Sinne gebraucht*

Cho. 613 ἄλλαν δή τιν᾽ ἐν λόγοις στυγεῖν,

wo Pauw δεῖ τιν᾽, Hermann δ᾽ ἔστιν, Weil στυγῶ corrigiert.   Der Infinitiv steht ebenso wie voraus V. 602 der Imperativ ἴστω δ᾽. ὅστις οὐχ ὑπόπτερος κτέ. —

Eine bemerkenswerthe Eigenthümlichkeit zeigt auch der Infinitiv mit τὸ μή bei Aeschylus.   Die Beispiele

Prom. 235 ἐξελυσάμην βροτοὺς
τὸ μὴ διαρραισϑέντας εἰς Ἅιδου μολεῖν,

Ag. 1170 ἄκος δ᾽ οὐδὲν ἐπήρκεσαν
τὸ μὴ πόλιν μὲν ὥσπερ οὖν ἔχει παϑεῖν,

Ag. 1588 μοῖραν ᾑρετ' ἀσφαλῆ,
τὸ μὴ θανὼν πατρῷον αἱμάξαι πέδον,

Eum. 219 εἰ τοῖσιν οὖν κτείνουσιν ἀλλήλους χαλᾷς,
τὸ μὴ τίνεσθαι μηδ' ἐποπτεύειν κότῳ,

Eum. 694 φόβος τε συγγενὴς τὸ μὴ ἀδικεῖν
σχήσει,

Eum. 940 φλογμός τ' ὀμματοστερὴς φυτῶν τὸ μὴ περᾶν ὅρον
τόπων

und Prom. 865 μίαν δὲ παίδων ἵμερος θέλξει τὸ μὴ
κτεῖναι σύνευνον,

Pers. 291 ὑπερβάλλει γὰρ ἥδε συμφορὰ
τὸ μήτε λέξαι μήτ' ἐρωτῆσαι πάθη

zeigen das Gemeinsame, *dass der Infinitiv mit τὸ μὴ nach einem Verbum oder Ausdruck steht, welcher eine der durch den Infinitiv angegebenen Folge entgegengesetzte, widerstrebende Thätigkeit oder Wirksamkeit bezeichnet.* Ist jener Ausdruck negativ oder steht er in Frageform mit negativer Bedeutung, so folgt ˙τὸ μὴ οὐ oder μὴ οὐ:

Prom. 627 τί δῆτα μέλλεις μὴ οὐ γεγωνίσκειν τὸ πᾶν,
Prom. 786 οὐκ ἐναντιώσομαι
τὸ μὴ οὐ γεγωνεῖν πᾶν ὅσον προσχρῄζετε,
Prom. 918 οὐδὲν γὰρ αὐτῷ τοῦτ' ἐπαρκέσει τὸ μὴ οὐ
πεσεῖν ἀτίμως πτώματ' οὐκ ἀνασχετά.

Von der oben angegebenen Stelle Ag. 1170, wo Blomfield μὴ οὐ für nöthig erachtet, bemerkt Hermann ad Viger. p. 800 in Vergleich mit Soph. Ai. 727 ὡς οὐκ ἀρκέσοι τὸ μὴ οὐ πέτροισι πᾶς καταξανθεὶς θανεῖν: Alter (Sophocles) ut in re futura μὴ οὐ, alter certo affirmans rem vere factam μὴ posuit. Man kann den Unterschied so bezeichnen: ἄκος οὐδὲν ἐπήρκεσαν τὸ μὴ οὐ πόλιν παθεῖν ist s. v. a. ut urbs non perpeteretur, τὸ μὴ πόλιν παθεῖν s. v. a. ut urbs non perpessa sit (historisches Faktum). Uebrigens hat der Dichter die Krasis μὴ οὐ im Chorgesange vermieden. Dagegen muss

Prom. 1056 τί γὰρ ἐλλείπει μὴ παραπαίειν
ἡ τοῦδ' εὐχή;

μὴ οὐ geschrieben werden, vgl. Eur. Iph. A. 41 τῶν ἀπόρων οὐδενὸς ἐνδεῖς μὴ οὐ μαίνεσθαι. Auch Prom. 627 hat erst die zweite Hand οὐ hinzugefügt (vgl. Soph. Ai. 540 τί δῆτα

2*

μέλλει μὴ οὐ παρουσίαν ἔχειν;). — *Als einfacher Nominativ*
und als Subject steht der Infinitiv

Ag. 586   παροίχεται δὲ τοῖσι μὲν τεθνηκόσιν
τὸ μήποτ' αὖθις μηδ' ἀναστῆναι μέλειν.

Es ist zu construieren παροίχεται τὸ μέλειν; die in παροίχεται (wie in παύειν) liegende Negation ist in gewöhnlicher
Weise mit μήποτ'-μηδ' wiederholt; demnach ist αὖθις nicht in
αὐτοῖς zu ändern, indem sich dieses weit besser aus τοῖσι μὲν
τεθνηκόσιν ergänzt. Ebenso steht als einfaches Objekt der
Infinitiv

Eum. 913   τῶν ἀρειφάτων δ' ἐγὼ
πρεπτῶν ἀγώνων οὐκ ἀνέξομαι τὸ μὴ οὐ
τήνδ' ἀστύνικον ἐν βροτοῖς τιμᾶν πόλιν:

οὐκ ἀνέξομαι τὸ μὴ οὐ τιμᾶν heisst „ich werde mir von ihnen
das nicht gefallen lassen, dass sie nicht berühmt machen."
Unpassend ist die Aenderung von Madvig Adv. Crit. p. 206
οὐκ ἀφέξομαι. — Als Apposition steht der Infinitiv

Eum. 299   πολλοὶ γὰρ εἰς ἓν συμπίπνουσιν ἵμεροι ...
τὸ μὴ πολίτας εὐκλεεστάτους βροτῶν ...
δυοῖν γυναικοῖν ὧδ' ὑπηκόους πέλειν.

Weil εἰς ἕν, wozu τὸ μὴ .. πέλειν gehört, den Begriff von
ἵμερος (εἰς ἵνα ἵμερον) enthält, so ist der Infinitiv von dem
gedachten Begriffe des Strebens und Verlangens abhängig (,,in
ein Verlangen, nämlich in das, dass die Bürger nicht unterthänig werden"). — Noch ist ein Beispiel übrig, welches eine
nicht gelöste Schwierigkeit bietet,

Ag. 14   ἐμίν· φόβος γὰρ ἀνθ' ὕπνου παρυστατεῖ
τὸ μὴ βεβαίως βλέφαρα συμβαλεῖν ὕπνῳ.

Karsten Agam. p. 121 bemerkt über diese Stelle: primum
male construitur παρυστατεῖ τὸ μὴ συμβαλεῖν. τὸ μὴ cum in-
finitivo adiungitur verbis impediendi vetandi aliisque eius generis,
ut latino „quominus;" interdum etiam absolute ponitur pro „qua-
tenus non" ut infra v. 1588 (diese Bemerkung ist unrichtig:
μοῖραν ἥρετ' ἀσφαλῆ ist ebenso zu betrachten wie ἐκλύεσθαι
u. dergl.). Sed παρυστατεῖ τὸ μὴ vereor ne graece haud melius
sonet quam latino sonaret „timor adstat quominus dormiam."
Ich kann dies nicht für richtig halten; man darf nicht blos an
παρυστατεῖ, sondern muss an φόβος ἀνθ' ὕπνου παρυστατεῖ

denken, worin eine Beraubung, Trennung vom Schlummer, also eine dem Einschlummern entgegengesetzte Wirksamkeit liegt. Nichts destoweniger muss ich das weitere Bedenken Karstens anerkennen: deinde iteratum illud ὕπνου — ὕπνῳ — ὕπνου (V. 17) mirifice langet, nisi potius inepte hoc dictum est „somni loco timor adstat, oculos somno claudere vetans." Unrichtig ist Karstens Aenderung τὸ μὲν βεβαίως βλέφαρα συμβαλεῖν ὀκνῶ. Ueberhaupt lässt Sept. 3 βλέφαρα μὴ κοιμῶν ὕπνῳ jede Aenderung des zweiten ὕπνῳ als unpassend erscheinen. Der Fehler liegt in dem' ersten ὕπνου, da sonst immer der unbeholfene Gedanke bleibt „Furcht steht statt des Schlafes zur Seite, dass ich nicht schlafe." Es ist zu schreiben

$$\text{ἐμήν· φόβος γὰρ ἀντίπνους παραστατεῖ,}$$
$$\text{τὸ μὴ βεβαίως βλέφαρα συμβαλεῖν ὕπνῳ.}$$

„Furcht steht entgegenhauchend, entgegenwirkend zur Seite." Die contrahierte Form wird geschützt durch Prom. 917 πύρπνουν, 1087 ἀντίπνουν, Soph. Ant. 224 δύσπνους. Man hat die beiden ersten Stellen desshalb beanstandet, „quum formam non contractam praetulerint tragici" (Hermann) und beide auf gewaltsame Weise zu bessern gesucht; das richtige ist, dass *die Tragiker (ähnlich wie die Krasis) die contrahierte Form in Chorgesängen nicht gebrauchten (Ag. 146 ἀντιπνόους, Soph. Ant. 587 δυσπνόοις), im Trimeter und in Anapästen aber die eine oder andere Form nach Versbedürfniss wählten.* Auf gleiche Weise verhält es sich z. B. mit den Composita von ῥόος, vergl. Prom. 852 πλατύρρους, frgm. 305 II. ἱππόρους, χειμάρρουν ebd. 303. —

5. *Aeschylus stellt gern einen untergeordneten Gedanken dem eigentlichen Thema selbstständig zur Seite.* So

Suppl. 646
    Δῖον ἐπιδόμενοι πράκτορα πάνσκοπον
    δυσπάλεμον, τὸν οὔτις ἂν δόμος ἔχων
    ἐπ' ὀρόφων ἰαίνοιτο· βαρὺς δ' ἐφίζει.

Ag. 1533
    δέδοικα δ' ὄμβρου κτύπον δομοσφαλῆ
    τὸν αἱματηρόν· ψακὰς δὲ λήγει.

Cho. 382
    Ζεῦ Ζεῦ κάτωθεν ἀμπέμπων
    ὑστερόποινον ἄταν
    βροτῶν τλάμονι καὶ πανούργῳ
    χειρί, τοκεῦσι δ' ὅμως τελεῖται.

Prom. 364 κεῖται στενωποῦ πλησίον θαλασσίου
ἱπούμενος ῥίζαισιν Αἰτναίαις ὕπο,
κορυφαῖς δ' ἐν ἄκραις ἥμενος μυδροκτυπεῖ Ἥφαιστος.

Suppl. 623 δημηγόροις δ' ἤκουσεν εὐπιθεῖς στροφὰς
δῆμος Πελασγῶν· Ζεὺς δ' ἐπέκρανεν τέλος.

Sept. 820 πόλις σέσωται· βασιλέοιν δ' ὁμοσπόροιν
πέπωκεν αἷμα γαῖ' ὑπ' ἀλλήλων φόνῳ.

Hermann bemerkt zu Suppl. 623 „mirum vero, auditis
oratoribus factoque decreto, rursus audiri disceptationes delibe-
rantium. Apertum est solvi contionem debuisse. Itaque ἔλυσεν
scribendum erat." Sept. 820. 821 werden gewöhnlich als
unecht betrachtet. An beiden Stellen wird die Rede mit einem
bedeutungsvollen Gedanken geschlossen (Ζεὺς — τέλος, βασιλέοιν — φόνῳ), dem ein untergeordneter Gedanke voraus-
geschickt ist. —

Ag. 429 κελαιναὶ δ' Ἐρινύες χρόνῳ
τυχηρὸν ὄντ' ἄνευ δίκας παλιντυχεῖ
τριβᾷ βίου τιθεῖσ' ἀμαυρόν, ἐν δ' ἀΐστοις τελέθοντος οὔτις ἀλκά.

Enger bemerkt hiezu: ἐν δ' ἀΐστοις τελέθοντος οὔτις
ἀλκά ad τιθεῖσ' ἀμαυρόν relata admodum languent. Sunt ea ad
proxima referenda hac sententia „ut obscuri hominis nullae sunt
opes, ita nimis esse potentem periculosum est, ideo mediocritatem
praefero." Kock meint, die Bemerkung „der im Unbedeutenden
verweilende ist ohnmächtig" enthalte eine Trivialität, die den
Eindruck des gewaltigen Ἐρινύες τιθεῖσ' ἀμαυρόν in unerträglicher Weise abschwächen würde, erklärt τελέθοντος als Genitiv
des neutr. und versteht unter τὸ ἐν ἀΐστοις τελέθον „die im
Dunkel des Hades lebende Macht des Ermordeten, gegen die
es keinen Schutz gibt." Aber ἄϊστος heisst weder obscurus in
dem Sinne wie Enger meint, noch kann ἐν ἀΐστοις das Dunkel
des Hades bezeichnen: ἄϊστος heisst entweder passivisch „in
einen Zustand gebracht, in welchem die Welt nichts mehr von
einem weiss, in welchem man für die Welt nicht mehr existiert,"
recht eigentlich also „*spurlos verschwunden, verschollen*" oder
aktivisch inscius wie Eur. Tro. 1314 ἄτας ἐμᾶς ἄϊστος εἶ. Vgl.
zu der ersten Bedeutung Hom. α 235 οἳ κεῖνον μὲν ἄϊστον
ἐποίησαν περὶ πάντων ἀνθρώπων, 242 οἴχετ' ἄϊστος ἄπυστος,

Ξ 258 *καί κέ μ' ἄιστον ἀπ' αἰθέρος ἔμβαλε πόντῳ* (so dass man nichts mehr von mir gewusst, „gehört und gesehen" hätte), Aesch. Eum. 565, Prom. 910, Ag. 527, Pers. 811, die Verba *ἀιστοῖν* (Prom. 151, 232), *ἐξαϊστοῖν* (Prom. 668). Demnach kann *ἄιστος* die Bedeutung „inglorius" nur im Gegensatz zu früherem Glanze haben und wenn Dindorf nach Karsten zu Ag. 412 f. die Lesart *πάρεστι σιγὰς ἀτίμως ἀλοιδόρως ἄιστους ἀφημένων ἰδεῖν* empfiehlt, welche den Sinn haben soll „desertas ab Helena Menelaus domi inglorius desidet," so liegt eine vollständige Verkennung der Bedeutung von *ἄιστος* zu Grunde. Allerdings ist *ἐν δ' ἀίστοις τελέθοντος οὔτις ἀλκά* matt, wenn es eine blosse Bemerkung zu *τιθεῖσ' ἀμαυρόν* sein soll „der in der Dunkelheit verweilende ist machtlos." *Man muss aber erkennen, dass ἐν δ' ἀίστοις τελέθοντος οὔτις ἀλκά eine dichterische Beiordnung ist und die vorausgehende Bestimmung erweitert und erhöht (ὥστε ἐν ἀίστοις τελέθειν ἄναλκιν ὄντα* im Gegensatz zu dem früheren Ansehen und Einfluss: „die Ewigen stürzen ihn von der Höhe seines Glückes in die Dunkelheit, wo er verschollen, vergessen und machtlos ist"); *τελέθοντος* ist nicht allgemein zu nehmen (*τελέθοντός τινος*), sondern auf den Gestraften zu beziehen (*τελέθοντος αὐτοῦ*). —

III. Zu *ΠΡΟΜΗΘΕΥΣ ΔΕΣΜΩΤΗΣ*.

1. Die Prometheussage bei Aeschylus.

Alle Combinationen über Inhalt und Gedankengang des *Προμηθεὺς λυόμενος* sowie über den inneren Zusammenhang dieses Stückes und des *Προμηθεὺς δεσμώτης* können zu keinem Ziele führen, wenn nicht noch weitere Theile oder Thatsachen des ersteren Stückes zu Tage gefördert werden. Im folgenden soll die Feststellung einer Thatsache versucht werden, welche auf die Motivierung der Handlung und den dichterischen Plan ein bedeutsames Licht zu werfen geeignet ist.

Bei Hesiod und in der ganzen nachfolgenden Ueberlieferung gilt Prometheus als Sohn des Japetos und der Klymene. Bei

Aeschylus ist Prometheus Sohn der Themis; des Vaters wird an keiner Stelle des erhaltenen Stückes gedacht. Wenn nun Apollodor, der abweichende Mythen zu berühren pflegt, von dieser Abweichung gänzlich schweigt und wenn das Scholion zu Prom. 18 sich so ausdrückt: *Θέμιδος δὲ τὸν Προμηθέα φησὶ καὶ οὐ Κλυμένης*, so sind wir berechtigt anzunehmen, dass Aeschylus zuerst und allein den Prometheus zum Sohne der Themis gemacht hat. Man hat die Bedeutung dieser Neuerung in der Idee des Stückes gesucht und sich dadurch theilweise zu unhaltbaren Hypothesen verleiten lassen: sie wird aus der ganzen Gestalt der Sage bei Aeschylus zu erklären sein.

Zum eigentlichen Hebel der fortgesetzten Feindschaft zwischen Prometheus und Zeus und der endlichen Versöhnung, also der ganzen dramatischen Handlung hat Aeschylus die Kunde des Prometheus von der geheimnissvollen Ehe, welche die Zukunft und Herrschaft des Zeus bedroht, gemacht:

V. 907   *ἦ μὴν ἔτι Ζεύς, καίπερ αὐθάδης φρενῶν,*
           ἔσται ταπεινός, οἷον ἐξαρτύεται
           γάμον γαμεῖν, ὃς αὐτὸν ἐκ τυραννίδος
           θρόνων τ' ἄιστον ἐκβαλεῖ.

913   *τοιῶνδε μόχθων ἐκτροπὴν οὐδεὶς θεῶν*
           δύναιτ' ἂν αὐτῷ πλὴν ἐμοῦ δεῖξαι σαφῶς.

947   *πατὴρ ἄνωγέ σ' οὕστινας κομπεῖς γάμους*
           αὐδᾶν, πρὸς ὧν ἐκεῖνος ἐκπίπτοι κράτους.

Es ist höchst interessant zu beobachten, wie der Fortgang der Handlung sich an den Andeutungen und Mittheilungen, welche über dieses Geheimniss gemacht werden, offenbart. Sowie aber die Wirkung und Bedeutung des Geheimnisses für die dramatische Behandlung der Sage eine Schöpfung des Aeschylus ist, so müssen wir auch die Uebertragung der Kunde von Themis auf Prometheus für ein Werk des Aeschylus halten. Weder bot der Prometheusmythus in seiner lauteren Ursprünglichkeit und natürlichen Entwicklung Anlass, Prometheus zum Sohne der Themis zu machen, noch passt die Kunde jenes Geheimnisses für den als Feuergott betrachteten Prometheus. Nach der Darstellung bei Hygin. poet. astr. II 15 hatte Prometheus non voluntate sed necessitudine vigilans den Ausspruch der Parcen vernommen; auf solche Weise konnte Aeschylus nicht verfahren.

Ja die Dichtung des Aeschylus zeigt noch in merkwürdiger Weise
Spuren der eigentlichen Ueberlieferung und verräth uns, dass
Aeschylus dieselbe Sage vor sich hatte, welche Pind. Isthm. VII
66 benutzte (vgl. Weil's Anm. zu V. 924). Wir könnten nicht
ohne einiges Verwundern an V. 924 f.

> *θαλασσίαν τε γῆς τινάκτειραν νόσον*
>
> *τρίαιναν, αἰχμὴν τὴν Ποσειδῶνος, σχεδᾷ*

vorübergehen, wenn wir nicht aus den Worten des Pindar *φέρτε-*
ρον γόνον ἄν ἄνακτα πατρὸς τεκεῖν ποντίαν θεὸν ὃς κεραυνοῦ
τε κρέσσον ἄλλο βέλος διώξει χερὶ τριόδοντός τ' ἀμαιμακέτου
Δί γε μισγομέναν ἢ Διὸς παρ' ἀδελφεοῖσιν erriethen, dass
Aeschylus trotz der Umänderung des Mythus und der Beschränkung auf Zeus den treffenden Ausdruck „eine Waffe schwingen
stärker als Donnerkeil und Dreizack“ nicht aufgeben wollte.
Das ist das sicherste Zeichen, dass Aeschylus es gewesen, welcher
der gewöhnlichen Sage, wie sie bei Pindar vorliegt und von
Apollodor III 13, 5 erzählt wird, diejenige Gestalt gegeben hat,
welche wir im Prom. vorfinden. Wenn darum Apollodor a. O.
hinzusetzt *ἔνιοι δέ φασι, Διὸς ὁρμῶντος ἐπὶ τὴν ταύτης συνου-*
σίαν εἰρηκέναι Προμηθέα τὸν ἐκ ταύτης αὐτῷ γεννηθέντα
οὐρανοῦ δυναστεύσειν, so ist unter *ἔνιοι* vor allem und vielleicht
allein Aeschylus zu verstehen, wenigstens insofern allein, als
ihm jedenfalls die Urheberschaft gehört. Demnach steht fest,
dass die veränderte Abstammung des Prometheus in innigster
Beziehung steht zu jener Umdichtung der Sage, durch welche
der Dichter die bewegende Idee der dramatischen Handlung
gewann. *Aeschylus erblickte, als er damit umging den Prometheus-*
mythus zu bearbeiten, in der Sage, dass Themis bei der Werbung
des Zeus und Poseidon um Thetis das Geheimniss der Moira geoffen-
bart habe, Thetis werde einen Sohn gebären, der mächtiger sein
werde als sein Vater, einen fruchtbaren Gedanken für die Entwick-
lung und Ausgleichung der Feindschaft zwischen Prometheus und
Zeus, für welche ihm die hesiodische Ueberlieferung nicht genügen
oder dienen konnte, und setzte darum Prometheus in die engste Ver-
bindung mit Themis, um berechtigt zu sein dem Prometheus die
Kunde jenes Geheimnisses beizulegen (vgl. V. 209. 273).

Wenn hiedurch die Dichtung, dass Prometheus Sohn der
Themis sei, in Bezug auf ihren Zweck in ein anderes Licht

gerückt wird, so ist damit zugleich erwiesen, *dass die Darstellung bei Hygin. fab. 54 ganz auf die Tragödie des Aeschylus zurückgeht.* Diese lautet: Thetidi Nereidi fatum fuit qui ex ea natus esset fortiorem fore quam patrem. Hoc *praeter Prometheum cum sciret nemo* (vgl. Prom. V. 913), *et Jovis* (nicht Jovis und Neptunus) vellet cum ea concumbere, Prometheus Jovi pollicetur, se eum prae-monitarum, si se vinculis liberasset. Itaque fide data monet Jovem, ne cum Thetide concumberet, ne si fortior nasceretur, Jovem de regno deiceret, quemadmodum et ipse Saturno fecerat (vgl. V. 956). Itaque datur Thetis in coniugium Peleo, Aeaci filio, et mittitur Hercules, ut aquilam interficiat quae eius cor exedebat; eaque interfecta Prometheus post triginta annos de monte Caucaso est solutus.

Die Beziehung dieser Darstellung auf die Tragödie des Aeschylus, welcher nach der alten Hypothesis zum Prom. allein von den drei grossen Tragikern die Prometheussage bearbeitet hat, wird durch zwei Umstände auf das vollkommenste bestätigt. Einmal erfahren wir nämlich aus der Schrift des Philodemus περὶ εὐσεβείας (Gomperz Hercul. Studien II. Heft S. 41), dass nach Aeschylus Prometheus gelöst wurde, weil er die Prophe-zeiung über Thetis offenbarte: καὶ τὸν Προμηθέα λύεσθαι [ποιεῖ] Αἰσχύλος ὅ[τι τὸ λ]όγιον ἐμή[νυσε]ν τὸ περὶ Θέ[τιδο]ς, ὡς χρεὼν εἴη τὸν ἐξ αὐτῆς γεννηθέντα κρείττω κατα[σκευάσ]-αι [ἀρχήν· κ]αὶ θνητ[ῷ διὰ τοῦτο εἰκά]ζουσιν [ἀποδοθῇ]ναι ἀνδρί. Hierüber können wir uns nur wundern; denn nach Prom. 175 und 769

— οὐδ' ἔστιν αὐτῷ τῆσδ' ἀποστροφὴ τύχης;
— οὐ δῆτα πλὴν ἔγωγ' ἂν ἐκ δεσμῶν λυθείς.

und nach der Scene zwischen Prometheus und Hermes, besonders nach den Worten V. 989

οὐκ ἔστιν αἴκισμ' οὐδὲ μηχάνημ' ὅτῳ
προτρέψεταί με Ζεὺς γεγωνῆσαι τάδε,
πρὶν ἂν χαλασθῇ δεσμὰ λυμαντήρια.

muss man unbedingt erwarten, dass Prometheus erst nach seiner Loslösung das Geheimniss verrathe; ja Prometheus müsste allen seinen Reden und seinem ganzen Charakter in einer durchaus unpoetischen nicht dramatischen Weise untreu werden und würde das sicherste Unterpfand seiner Befreiung (V. 524 τόνδε γάρ

σώζων ἐγὼ δεσμοὺς ἀεικεῖς καὶ δύας ἐκφυγγάνω) aus den Händen geben, wenn er die Weissagung vor seiner Lösung hingäbe.
*Dieser Widerspruch zwischen der bestimmten Angabe des Philodemus
und den ebenso bestimmten Kennzeichen des erhaltenen Stückes löst
sich durch die Worte bei Hygin. „fide data.“ Der Offenbarung des
Geheimnisses ging also ein Vertrag zwischen Zeus und Prometheus
voraus.* Zeus hat es aufgegeben, dem Prometheus durch Drohung
und Gewalt das Geheimniss abzutrotzen, wie es die Sendung des
Hermes in der letzten Scene des Prom. bezweckt; Prometheus
verlangt nicht mehr in einer für Zeus demüthigenden Weise
(vgl. V. 176 πρὶν ἂν ἐξ ἀγρίων δεσμῶν χαλάσῃ ποινάς τε τίνειν
τῆσδ' αἰκίας ἐθελήσῃ) Genugthuung für seine Leiden, er lässt
sich vielmehr darauf ein, die Befreiung als Lohn für seine Ge-
fälligkeit zu erwarten. *So enthält dieser Vertrag eine Nachgiebigkeit der beiden Streitenden und eine Annäherung beider entsprechend
den Worten V. 190*

> τὴν δ' ἀτέραμνον στορέσας ὀργὴν
> εἰς ἀρθμὸν ἐμοὶ καὶ φιλότητα
> σπεύδων σπεύδοντί ποθ' ἥξει.

Der zweite Punkt der Bestätigung liegt in den Worten
„eaque interfecta Prometheus post triginta annos de monte Caucaso est solutus.“ Es ist nicht denkbar, wie die Sage zu der
bestimmten Zeit von 30 Jahren gekommen sein soll, und muss
über jeden Zweifel erhaben sein, was schon längst vermuthet
worden ist, dass post triginta annos ein Gedächtnissfehler oder
vielmehr ein Schreibfehler für post XXX ann. d. i. post triginta
millia annorum ist. Dafür bürgt die Stelle bei Hygin. poet. astron.
II 15 Prometheum autem in monte Scythiao, nomine Caucaso
ferrea catena vinxit; quem alligatum ad triginta millia annorum
Aeschylus tragoediarum scriptor dixit, besonders aber das alte
Scholion zu Prom. 94 τὸν μυριετῆ: πολυετῆ· ἐν γὰρ τῷ πυρ-
φόρῳ γ΄ μυριάδας φησὶ δεδέσθαι αὐτόν. Aus diesem Scholion
lernen wir, wie sich die bestimmte Zahl 30000 gebildet hat,
s. Hermann z. d. St. und vgl. die Worte des Philodemus a. O.
ὅ[σα δ]ὲ Προμηθεὺς οὐ δ[εκ]ά[δα]ς ἀλλὰ μυριάδας [ἐτῶν
ἔλαθεν ὑπ]ὸ Διὸς εἰπὼν [εὐλαβεῖ]σθαι μή ποτε [κρείττω κ]α-
τασκευά[σῃ τις ὅ]πλα. —

Wenn die Loslösung des Promotheus eine vertragsmässige
Pflicht des Zeus ist, *so muss die That des Herakles von Zeus veranlasst sein*. Das Auftreten des Herakles kann also im *Προμη-
θεὶς λυόμενος* nur motiviert gewesen sein, wie es durch die
Worte des Hygin. „*et mittitur Hercules* ut aquilam interficiat quae
eius cor exedebat“ angedeutet ist. Man konnte bisher durch
V. 771

> *τίς οὖν ὁ λύσων ἐστὶν ἄκοντος Διὸς;*

zu der Annahme verleitet werden, dass Herakles gegen den
Willen des Zeus gehandelt habe. Dies lässt sich an und für
sich nicht erklären und es lässt sich nicht einsehen, wie diese
Art der Befreiung in der dramatischen Entwicklung ihre Stelle
gehabt haben soll. Wie konnte nachher Prometheus zur Verkündigung der Weissagung gebracht werden? Warum sollte der
so befreite Prometheus eine Versöhnung mit Zeus anstreben, dem
er nichts verdankte? Vgl. V. 985 *καὶ μὴν ὀφείλων γ' ἄν τίνοιμ'
αὐτῷ χάριν*. Dem ganzen dramatischen Plane geht so zu sagen
der Faden aus, wenn die Befreiung des Prometheus eine ein-
seitige, nicht eine von Zeus nicht nur zugestandene (*οὐκ ἀέκητι
Ζηνός* Hes. Theog. 529), sondern sogar veranlasste gewesen ist.
Aber die obige Stelle selbst fordert unbedingt eine andere Auffassung. Prometheus sagt voraus „nur meine Befreiung kann
Zeus von seinem Untergange erretten.“ Wenn aber Zeus den
Prometheus befreien muss, um selbst nicht vom Throne gestürzt
zu werden, so kann die Befreiung doch nicht gegen den Willen,
sondern nur auf Geheiss des Zeus erfolgen. Könnte demnach
ἄκοντος Διὸς nichts anderes heissen als „gegen den Willen des
Zeus,“ so würde der Gedankenzusammenhang eine Textänderung
nothwendig fordern. Nicht ganz willkürlich ist also die Vermuthung von Pauw *ἄρχοντος Διός*; näher läge *εἴκοντος Διός*;
aber *ἄκοντος Διὸς* bezeichnet ebenso gut dasjenige, was der
Sinn fordert, „*indem Zeus sich dazu gezwungen sieht und mit inne-
rem Widerstreben (β ί α φ ρ ε ν ῶ ν) sich darein fügen muss.*“
Wenn aber Prometheus nach der rettenden That des Herakles
seinen Befreier mit den Worten begrüsst frgm. 213 H. (Plut.
Pompeius c. 1):

> *ἐχθροῦ πατρός μοι τοῦτο φίλτατον τέκνον,*

so können wir daraus nichts anderes schliessen, was wir ohnedies annehmen müssen, dass eine innige und herzliche Aussöhnung noch nicht stattgefunden hat. Der Vertrag war durch das Bedürfniss äusserer Interessen zu Stande gekommen, nicht durch den Drang innerer Zuneigung; er hatte vorläufig nur das Hinderniss weggeräumt, welches einer vollen Versöhnung im Wege stand. —

Der Προμηθεὺς λυόμενος enthielt also den Vertrag zwischen Prometheus und Zeus, die Verkündigung des Geheimnisses, die Sendung des Herakles, die Erlegung des Adlers; er enthielt aber auch in Verbindung mit der Loslösung vom Felsen die volle Aussöhnung des Prometheus mit Zeus durch Vermittlung des Herakles. Dies stellt sich aus folgendem heraus. Nach Prom. 1026

$$\begin{aligned} &\text{τοιοῦδε μόχθου τέρμα μή τι προσδόκα,} \\ &\text{πρὶν ἂν θεῶν τις διάδοχος τῶν σῶν πόνων} \\ &\text{φανῇ θελήσῃ τ' εἰς ἀναύγητον μολεῖν} \\ &\text{Ἅιδην κνεφαῖά τ' ἀμφὶ Ταρτάρου βάθη} \end{aligned}$$

muss bei Aeschylus die Sage von dem stellvertretenden Tode des Chiron (Apollodor II 5, 4, 6 und 11, 10) verwendet gewesen sein. Da Herakles dabei den Vermittler machte, so war sie mit der Scene der Befreiung und zwar mit dem zweiten Theile derselben, der Lösung vom Felsen, verknüpft. Wie schon die Darstellung des Apollodor vermuthen lässt, bot Herakles von freien Stücken den Chiron, welcher sich nach dem Tode als dem Ende seiner Qualen sehnte, dem Zeus als Ersatz für Prometheus an. So waren die Drohungen des Hermes in Erfüllung gegangen; zugleich aber musste Prometheus, welcher immer darauf gepocht, dass er Zeus zwingen könne, und auf eine Befriedigung niederer Rachsucht gerechnet hatte (V. 177), durch seinen Befreier Herakles zu seiner Beschämung und inneren Demüthigung erfahren, dass seine Bestrafung eine gerechte gewesen sei und eine Sühne fordere. Hiedurch ist die Handhabe zu der weiteren Entwicklung der vollen Versöhnung gegeben und Niemand ist geeigneter als der Wohlthäter des Prometheus, dessen Sinn, nachdem er zum Bewusstsein seiner Schuld gebracht ist, vollends zur Anerkennung der höheren Leitung und Regierung des Zeus zu stimmen. Dass dieses wirklich das Ende der dramatischen Handlung gewesen ist, zeigt die Notiz bei Athen.

p. 674 D *Αἰσχύλος δ' ἐν τῷ λυομένῳ Προμηθεῖ σαφῶς, φησιν ὅτι ἐπὶ τῇ τιμῇ τοῦ Προμηθέως τὸν στέφανον περιτίθεμεν τῇ κεφαλῇ ἀντίποινα τοῦ ἐκείνου δεσμοῖ.* Wir erfahren genauer aus Hygin. poet. astr. II 15, was es mit diesem Kranz für eine Bewandtniss habe: memoriae causa ex utraque re h. e. lapide et ferro sibi digitum vincire iussit (Juppiter Prometheum). Qua consuetudine homines usi, quo satisfacere Promctheo viderentur, annulos lapide et ferro conclusos habere coeperunt. Nonnulli etiam coronam habuisse dixerunt ut se victorem impune ne (dieses vom Sinn geforderte ne hat Weil hinzugefügt) peccasse diceret. Die Stelle des Athenaeus beweist, dass mit nonnulli vornehmlich Aeschylus gemeint ist. Ja der durch *victorem* angedeutete Gedanke ist nur aus der Darstellung des Aeschylus erklärlich. Auf diese Weise ist die Aussöhnung vollendet: Prometheus konnte sich zuerst für den Sieger halten, da sich Zeus zu dem Vertrage bequemen musste. Aber die Nachgiebigkeit des Zeus ist nur eine äusserliche und da die übrigen Titanen bereits aus dem Tartarus entlassen sind (frgm. 201), eine nicht bloss erzwungene, sondern auch in dem mit der Zeit gemilderten System der Herrschaft begründete; dagegen ist der äusserliche Sieg des Prometheus mit einer innerlichen Demüthigung verbunden; wie er nach den Worten des ruhig und leidenschaftslos urtheilenden Hephästos V. 30 *βροτοῖσι τιμὰς ὤπασας πέρα δίκης* ein Unrecht begangen hat, so muss er die Gerechtigkeit seiner Bestrafung anerkennen und ein Symbol seiner Busse tragen. Je grösser der Trotz des Titanen gewesen, um so glänzender tritt dessen Demüthigung hervor, um so eindringlicher wird die Ehrfurcht, die religiöse Furcht vor der Macht des Zeus zu Herzen geführt. —

2. Ueber die Rolle der *Βία* und die Zahl der Schauspieler
im Prometheus.

Von grosser Bedeutung für die Abfassungszeit und die scenische Vorstellung des Prometheus ist die Frage, ob drei oder ob zwei Schauspieler zur Aktion der gegebenen Rollen nothwendig seien. Die Herausgeber und Erklärer entscheiden sich für das eine oder andere, ohne neue Gründe vorzubringen

oder den erhobenen Zweifeln triftige Beweise entgegenzustellen.
Die Betrachtung der stummen Rolle *Βία* wird einen entschei-
denden Beweisgrund an die Hand geben.

Welcker (Trilogie S. 30) hat die Bemerkung gemacht,
dass Prometheus am · Felsen nicht durch den Schauspieler selbst
habe vorgestellt werden können, welcher vielmehr hinter einem
Bilde versteckt gestanden haben müsse. Dieser Gedanke ist von
G. Hermann (opusc. II 146 vgl. Ausg. tom. II. p. 55) anerkannt und für den *Προμηθεὺς δεσμώτης* zur Geltung gebracht
worden. In der That genügt es auf V. 64 f.

$$\dot{α}δαμαντίνου \; νῦν \; σφηνὸς \; αὐθάδη \; γνάθον$$
$$στέρνων \; διαμπὰξ \; πασσάλευ' \; ἐρρωμένως$$

zu verweisen, um jede andere Annahme auszuschliessen. Alles
geht in der Scene der Fesselung wirklich vor sich, nicht blos
in fingirter Weise. Der Schall der Hammerschläge [1] wird weithin
gehört (V. 133); die Grundlage muss also dem Nachdruck der
Schläge entsprechen. Wenn Hephästos ausruft *ὁρᾷς θέαμα δυσ-
θέατον ὄμμασιν* (V. 69), so muss auch dem Auge des Zuschauers
die volle Wirklichkeit des durch die Brust getriebenen Keiles
geboten werden. Wohl begründet ist auch die Bemerkung Hermanns „qui homo pedibus, manibus, lateribus ad saxa alligatus
non solum immotus stare per totam fabulam, sed etiam vocem
integram et vigentem conservare potuisset?“ Wenn Schömann
(Ausg. S. 86) dem entgegensetzt: „Die Gestaltung des Felsens
auf der Bühne konnte von der Art sein, dass sie dem Prometheus, obgleich er aufrecht stand, doch für Leib, Arme und
Beine eine solche Haltung und Unterlage gewährte, dass der
Schauspieler nicht übermässig angestrengt wurde,“ so ist der
Ausdruck *αἰθέριον κίνυγμα*, womit Prometheus seine Lage
(V. 158) bezeichnet, einem solchen Einwand nicht günstig.

.[1]) Die in der Hypothesis zu den Persern erhaltene Bemerkung eines
Grammatikers *τῶν δὲ χορῶν τὰ μέν ἐστι παροδικά, ὅτε λέγει δι' ἣν
αἰτίαν πάρεστιν* hat darin ihre Bedeutung, dass der Dichter natürlicher
Weise bestrebt ist, bei der Parodos das Auftreten des Chors zu motivieren.
In der Parodos des Prometheus sucht der Dichter durch den Schall der
Hammerschläge den nöthigen Zusammenhang zu gewinnen. —

Das einzige Bedenken, welches sich dieser Annahme einer
bildlichen Darstellung des Prometheus entgegenstellt, ist das von
Schömann (ebd. S. 85) hervorgehobene, dass das Herbeiführen
des Prometheus durch Kratos und Bia dann schwerlich auf eine
schickliche und den Zuschauer täuschende Weise habe bewirkt
werden können.   Das andere Bedenken, dass im *Προμηθεὺς
λυόμενος* Prometheus bei der Lösung vom Felsen habe herab-
steigen müssen, ist nicht begründet: die Umstände waren dort
andere und wie es als gewiss gelten darf, dass die Scenerie im
gelösten Prometheus eine andere als im gefesselten gewesen ist,
so konnte dort auch die Darstellung des Prometheus geändert sein.

Die Lösung der Schwierigkeit ergibt sich aus der Berücksichtigung eines anderweitigen, von Hartung (Anm. zu V. 12)
angeregten Bedenkens.   Dieser findet es für unschicklich, dass
Bia müssig der Fesselung zusehe, ohne irgend etwas dabei zu
thun zu haben, und nimmt desshalb an, der Dichter habe das
„Packen mit Gewalt" *βίᾳ κρατεῖν* substantivisch nicht anders als
durch ein *ἓν διὰ δυοῖν* ausdrücken können, diese Person habe
das Amt, den Prometheus mit Gewalt zu arretieren und zu trans-
portieren und zum Transporte eines Delinquenten sei ein Scherge
auch vollkommen genügend.   Hartung will desshalb in V. 12 *σοὶ*
für *σφῷν* schreiben oder die eine Person Ehren halber dua-
listisch angeredet sein lassen.   So willkürlich und theilweise
absurd alle diese Dinge sind, der zu Grunde liegende Gedanke
ist beachtenswerth.   Nach Hesiod Theog. V. 382 ff. wurden die
Kinder des Pallas und der Styx, Zelos und Nike, Kratos und
Bia von Zeus als unzertrennliche Geführten angenommen. Mögen
nun auch Kratos und Bia als Diener des Machthabers zusammen-
gehören, der Dichter musste einen besondern Beweggrund haben,
wenn er nicht Kratos allein, sondern auch Bia und zwar als
stumme Rolle auf die Bühne brachte.   Bia ist für die Scene der
Fesselung vollkommen entbehrlich; die Bedeutung dieser Rolle
muss also im Auftreten liegen: diese Bedeutung besteht offenbar
darin, *dass Kratos und Bia den Prometheus nicht hereinführen* —
dazu würde Kratos genügen —, *sondern tragend hereinschaffen.
Dem Scheine, als werde der grosse Titane hereingetragen, muss dadurch gedient werden, dass zwei Personen an der Riesengestalt
schleppen. —*

Durch diese Auseinandersetzung wird nicht nur jedes Bedenken gegen die Annahme einer bildlichen Darstellung des Prometheus beseitigt, sondern diese auch neu bestätigt. Denn so charakteristisch immerhin das Tragen und Schleppen des Prometheus durch die Diener des Gewaltherrn ist, man erkennt doch leicht, dass der Dichter nur ein Mittel suchte, die Figur auf schickliche Weise an ihre Stelle zu bringen. Darin zeigt sich eben der erfinderische Geist des Dichters, dass er die äusserlichen und ökonomischen Mittel so trefflich innerlich zu begründen und inhaltlich zu verwerthen wusste. Wie charakteristisch ist nicht das Schweigen des Prometheus im Prologe? Die äusseren Umstände haben den Dichter hiezu veranlasst. Prometheus wird an allen Gliedern gefesselt, dass er sich nicht rühren und nicht regen kann. Was konnte mächtiger auf das Gemüth des Zuschauers wirken? Und doch war vielleicht für den Dichter der Gedanke, wie er dem unangenehmen und die Illusion störenden Eindruck der steifen und unbeweglichen Gestalt vorbeugen könne, der frühere. —

Es treten also nur zwei Schauspieler d. h. eingeschulte ὑποκριταί im Prometheus auf. Man nimmt desshalb nach V. 87 eine längere Pause an, während welcher der eine Schauspieler in seine neue Stellung hinter der Figur des Prometheus gelangen könne. Auch dabei ist ein Kunstmittel des Dichters nicht beachtet. *Hephaestos tritt mit V. 81 ab, während Kratos noch einige Augenblicke zurückbleibt und die V. 82—87 spricht.* Dieses Kunstmittel ist gleichfalls wohl motiviert: der widerwillige und trotzige Hephaestos geht, nachdem er den unangenehmen Auftrag erfüllt hat, seinen Worten gemäss ruhig seines Weges; die eifernde und schadenfrohe Dienerseele aber lässt ihrem Hohne noch einmal freien Lauf. Ausserdem ist nach V. 81 und 84 eine kleine Pause zu denken, während welcher Kratos dasteht und sein Werk mit Befriedigung betrachtet. So hat der Schauspieler, welcher den Hephaestos gegeben, einen Vorsprung; da bei ihm keine Umkleidung nöthig ist, genügt ihm die Zeit vollkommen, um in die gehörige Stellung zu kommen. — Es ergibt sich damit zugleich mit Bestimmtheit, dass der Protagonistes den Hephaestos und Prometheus, der Deuteragonistes die übrigen Rollen zu übernehmen hatte. —

3. Prom. 112.

τοιάσδε ποινὰς ἀμπλακημάτων τίνω
ὑπαιθρίοις δεσμοῖσι πασσαλευόμενος.

So bietet der Med., wenn anders ὑπαιθρίοις im Med. steht
und nicht erst von Blomfield herrührt, wie Dindorf angibt. Für
πασσαλευόμενος haben Guelf. Lips. Aug. u. a. Handschriften
πασσαλευτός; Robort. gibt δεσμοῖσι, πεπασσαλευμένος; Turnebus
hat zu πασσαλευτὸς noch ὢν hinzugefügt und πασσαλευτὸς ὢν
ist die Vulgata geworden, welche auch Hermann aufgenommen
hat. Nichts ist sicherer, als dass πασσαλευτός nur eine Correktur der fehlerhaften Form πασσαλευόμενος ist und dass die
Emendation der Stelle an πασσαλευόμενος als alter Ueberlieferung
festzuhalten hat. Die durch Robort. angezeigte Besserung ὑπαιθρίοις δεσμοῖς πεπασσαλευμένος müsste man damit rechtfertigen,
dass der Mangel der gewöhnlichen und dem Abschreiber ge-
läufigen Cäsur die Aenderung δεσμοῖσι πασσαλευμένος zur Folge
gehabt habe. Aber bevor wir dem Dichter einen solchen Vers,
wie sich nicht sehr viele bei Aeschylus finden, durch Aenderung
des Textes einbringen, müssen wir erst untersuchen, ob sich
nicht eine andere Weise der Emendation finden lasse. Dindorf, welcher zuerst die Lesart πασσαλευτός als Correktur byzantinischer Grammatiker erkannt hat (vergl. ed. Vmin. Lips. 1865
p. XIII), schreibt δεσμοῖσι προσπεπαρμένος und erklärt die
handschriftliche Lesart aus der Ueberschrift πασσαλευμένος über
(προσπε)παρμένος. Die Methode der Kritik, welche Verderb-
nisse aus über- und nebengeschriebenen Glossemen ableitet, hat
im Aeschylus mehrere sehr glückliche Resultate zu Tage gefördert. Das evidenteste Beispiel solcher Alterierung des Textes
bietet Ag. 677, wo Hesychius das ursprüngliche χλωρόν τε καὶ
βλέποντα erhalten hat, während die Handschriften καὶ ζῶντα καὶ
βλέποντα haben. Im Prom. geben die V. 6, 378, 543 die Einwirkung von Glossemen unzweifelhaft zu erkennen. [1] Von dieser

---

¹) Auch Suppl. 235 ist aus der von Spanheim (zu Aristoph. Nub.
53) zur Erklärung von πυκνώμασιν beigebrachten Glosse des Hesych.
σπάθημα· πύκνωμα ἀπὸ τῶν ταῖς σπάθαις κατακρουόντων τὰ ἔργη für
das zu allgemeine und unbestimmte πυκνώμασιν das bezeichnende σπα-

Seite also erfreut sich die ebenso geschmackvolle als scharfsinnige Emendation Dindorfs der besten Empfehlung. Allein
es erhebt sich ein anderes Bedenken, welches von Dindorf berührt, von Weil nachdrücklich geltend gemacht worden ist:
προσπεπαρμένος verlangt noch einen zweiten Dativ πέτρα,
πέτραις oder wie es V. 19 heisst δυσλύτρις χαλκεύμασι προσ-
πασσαλεύσω τῷδ' ἀπανθρώπῳ πάγῳ. Dindorf behauptet zwar,
dass dieser Dativ sich von selbst ergänze, und verweist dafür
auf V. 142 οἵῳ δεσμῷ προσπαρτὸς ἐγώ (wie Dindorf geschrieben
hat); allein an dieser Stelle folgt noch τῆσδε φάραγγος σκοπέ-
λοις ἐν ἄκροις, woraus der zu προσπαρτὸς gehörige Dativ
(αὐτοῖς) zu entnehmen ist. Mit dieser Verweisung wird also
nichts gerechtfertigt. Es ist aber nicht zu billigen, wenn Weil,
um diesen Dativ zu gewinnen, wieder von der Lesart des Med.
ab auf die byzantinische Correktur zurückgeht und προσπαρτὸς
πέτρᾳ schreibt. Eher dürfte man annehmen, dass auch δεσμοῖσι
Glossem sei, ähnlich wie in V. 6, und dass ὑπαιθρίοις πέτραισι
προσπεπαρμένος geschrieben werden müsse.

Zwei Punkte enthalten einestheils noch ein Bedenken gegen
die bisher vorgebrachten Vermuthungen, anderntheils einen deutlichen Fingerzeig für die Emendation. Einmal nämlich ist der
Accent von πασσαλεύμενος nicht unberücksichtigt zu lassen.
Pers. 553 z. B. geben die beiden Accente in βαρίδες τε πον-
τίαι, wie der Med. hat, einen Hinweis auf die ursprüngliche
Lesart βαρίδεσσι ποντίαις. Zweitens ist durch den Begriff ὑπαιθρίοις, dessen Bedeutung durch V. 158 νῦν δ' αἰθέριον κίνυγμ'
ὁ τάλας ἐχθροῖς ἐπίχαρτα πέπονθα erläutert wird, ein bezeichnenderes, in causalem Verhältnisse zu ὑπαιθρίοις stehendes Verbum wie αἰκιζόμενος, λυμαινόμενος, χειμαζόμενος angezeigt,
vgl. V. 167 κρατεραῖς ἐν γυιοπέδαις αἰκιζόμενον, 194 ποίῳ
λαβών σε Ζεὺς ἐπ' αἰτιάματι οὕτως ἀτίμως καὶ πικρῶς αἰκίζεται, 227 αἰτίαν καθ' ἥντινα αἰκίζεταί με, 255 τοιοῖσδε δή

θήμασιν *einzusetzen*, vgl. ebd. 431 ἀμπύκων πολυμίτων πέπλων τε
und Pollux VII 78 ὅτι μέντοι καὶ τρίμιτα εἰργάζοντο, Αἰσχύλος διδάσ-
κει φήσας· σὺ δὲ σπαθητοῖς τριμιτίνοις ὑφάσμασι, ebd. 36 σπάθη,
ὅταν καὶ τὸ σπαθᾶν καὶ τὸ ἀσπάθητος χλαῖνα παρὰ Σοφοκλεῖ καὶ
σπαθητοῖς ὑφάσμασι.

3*

σε Ζεὺς ἐπ' αἰτιάμασιν αἰκίζεται, 178 τῇσδ' αἰκίας, 525 δεσμοῖς ἀεικεῖς, 147 πέτρᾳ προσαυταινόμενον τῇδ' ἀδαμαντωδέτοισι
λύμαις, 562 χαλινοῖς ἐν πετρίνοισιν χειμαζόμενον u. a. Es
ergibt sich daraus, dass der Dichter wie V. 438 ὁρῶν ἐμαυτὸν
ὧδε προυσελοίμενον, so auch an unserer Stelle

ὑπαιθρίοις δεσμοῖσι π ρ ο υ σ ε λ ο ύ μ ε ν ο ς

geschrieben hat.

Wie in V. 438 das unbekannte Verbum im Med. von erster
Hand προσηλούμενον geschrieben ist, so ist es an unserer Stelle
unter Einwirkung von δεσμοῖσι und des voraus öfters vorkom-
menden πασσαλεύειν in πασσαλεύμενος übergegangen und hat
nur im Accent der Medic. Handschrift eine Spur von sich zurück-
gelassen. Ueber προυσελεῖν vergl. W. Clemm's lichtvolle Erörterung in Acta soc. Philol. Lips. ed. Fr. Ritschelius tom. I.
fasc. I. p. 77. —

4. Ueber die Scholien.

a. Für die voraus gegebene Emendation könnte man daran
denken Schol. B. und P. zu V. 438 ἐνταῦθα καρφούμενον und
γρ. προσηλούμενον. προσκεκαρφωμένον, ὑβριζόμενον im Vergleich mit Schol. B. und O. zu V. 113 πασσαλευόμενος, κεκαρφωμένος und προσκεκαρφωμένος als Bestätigung anzuführen;
aber auch zu προσπορπατός V. 141 gibt Schol. B. die Erklärung
κεκαρφωμένος, so dass Heimsoeth (die Wiederh. S. 20) mit
ebensoviel und ebensowenig Recht in diesen Scholien eine Bestätigung der Dindorf'schen Berichtigung προσπεπαρμένος findet.
Dagegen drängt sich uns bei dieser Gelegenheit eine andere
Frage auf. Wenn wir nämlich das Medic. Scholion zu V. 438
ὑβριζόμενον· ὅθεν καὶ Ἀρκάδες προσέλινοι· ὑβρισταὶ γάρ zu-
sammenhalten mit Et. M. p. 690, 12 προυσελεῖν λέγουσι τὸ
ὑβρίζειν. καὶ οἱ Ἀρκάδες, ἐπειδὴ λοιδορητικοί εἰσιν, [προσέλη-
νοι]. οὕτως ἐν ὑπομνήματι Προμηθέως δεσμώτου, so tritt uns
das Bedenken entgegen, warum die Erklärung des Scholiasten
nicht an der ersten Stelle, wo wir προυσελοίμενος hergestellt
haben, sondern an der zweiten stehe. Man könnte daraus einen
Zweifel an der vorgebrachten Emendation entnehmen, indem
man aus der Uebereinstimmung des Scholions mit der Stelle des

Etym. M. schlösse, dass das im Et. M. angeführte *ὑπόμνημα* die Erklärung von *προυσελεῖν* nur bei V. 438 gab, dass demnach in der Alexandrinischen Zeit, welcher jedenfalls jenes *ὑπόμνημα* angehört, *προυσελεῖν* nur an der zweiten Stelle vorkam. Allein dieser Schluss ist nicht richtig.

Die Annahme von L o b e c k (zu Soph. Ai. 411), dass die mannigfache Uebereinstimmung zwischen dem Lexikon des Hesychius und den Scholien folgern lasse, Hesychius habe die Scholien als Quelle benützt, ist von M. S c h m i d t (Didymi frg. p. 91) widerlegt worden. Man glaubt nun (vgl. F r e y de Aesch. schol. Medic. p. 36), jene Uebereinstimmung erkläre sich daraus, dass Didymus in seiner Schrift *τραγῳδουμένης λέξεως* (*Λέξις τρα-γική*) viele Artikel seines Commentars zu Aeschylus aufgenommen habe und dass so ein Theil des gleichen Inhalts einerseits durch das Lexikon des Diogenianus, welcher aus Didymus schöpfte, in das Lexikon des Hesychius, andrerseits durch den Commentar des Didymus in die Scholien überging. Aber von einem Commentar des Didymus zu Aeschylus ist nirgends die Rede (vgl. M. Schmidt p. 240). Dass nichts desto weniger ein grosser Theil auch der Scholien zu Aeschylus auf Didymus zurückgeht, sowie eine einfachere und natürlichere Erklärung ergibt sich aus folgendem: Macrob. Sat. V 18 (Schmidt p. 85) heisst es: Didymus grammaticus in his libris quos *τραγῳδουμένης λέξεως* scripsit, posuit his verbis *Ἀχελῷον πᾶν ὕδωρ Εὐριπίδης φησιν ἐν Ὑψιπύλῃ.* Diese Notiz, welche im Lexikon des Didymus stand, findet sich einerseits bei dem Schol. zu Aesch. Pers. 869 *Ἀχελωΐδες αἱ δίυγροι· Ἀχελῷον γὰρ πᾶν ὕδωρ λέγουσιν*, andrerseits bei Hesychius unter *Ἀχελῷος. ποταμὸς Ἀρκαδίας* (für *Ἀκαρνανίας*). *καὶ πᾶν ὕδωρ οὕτως λέγεται. Der Scholiast des Aeschylus hat augenscheinlich bei einem mindergewöhnlichen Worte das Lexikon des Didymus oder die daraus abgeleiteten lexikalischen Schriften nachgeschlagen, gerade sowie der Schol. zu Soph. Trach. 1161 die τραγικὴ λέξις* des Didymus zur Hand hatte (Schmidt p. 90). Ebenso stammt die Erklärung von *ἐπάργεμος*, welche der Schol. zu Prom. 499, Cho. 665, Ag. 1113 gibt (Frey p. 37), wie Eustath. 1431, 60 zeigt und die Wiederholung bei Hesychius unter *ἐπάργεμα* und *ἐπάργεμος* näher bestimmt, nicht aus einem Commentar, sondern aus dem Lexikon des Didymus. Vergleicht man das Schol.

zu Prom. 487 *ἐνοδίους συμβόλους. τοὺς ἐξ ὑπαντήσεως* mit Schol. zu Aristoph. Av. 719 *συμβόλους ἐποίουν τοὺς πρῶτα ξυναντῶντας καὶ ἐξ ἀπαντήσεώς τι προσημαίνοντας,* so wird man auf dieselbe Quelle zurückgeführt. Man sieht, wie aus dem grösseren Artikel des Lexikons das für die Stelle mehr oder weniger passende Wort herübergenommen wurde, vgl. Schol. zu Prom. 555 *τὸ διαμφίδιον: διαπαντὸς κεχωρισμένον, ἐναντίον τῷ νῦν,* Hesych. *διαμφίδιον μέλος· ἀλλοῖον, διαπαντὸς κεχωρισμένον· ἀμφὶς γὰρ χωρίς. Αἰσχύλος Προμηθεῖ δεσμώτῃ,* Schol. zu Prom. 928 *ἐπιγλωσσᾷ] τῇ γλώττῃ κατηγορεῖς. ἐποιωνίζῃ κατὰ τοῦ Διὸς ἃ βούλει γενέσθαι αὐτῷ,* Hesych. *ἐπιγλωσσῶ: ἐποιωνίζου διὰ γλώττης. Αἰσχύλος Ἡρακλείδαις.* —

Demnach ist es durchaus unwahrscheinlich, dass obiges Scholion zu *προυσελούμενος* direkt auf das im Et. M. angeführte *ὑπόμνημα Προμηθέως δεσμώτου* zurückgehe; wie vielmehr das Et. M. selbst seine Notiz aus einem lexikalischen Werke geschöpft hat, so ist dieselbe Quelle für das Scholion anzunehmen. Es folgt also aus jenem Scholion nichts anderes für unsere Stelle, als dass wahrscheinlich das Verbum *προυσελεῖν* sich länger an der zweiten Stelle behauptet hat, als an der ersteren, wo das vorausgehende *δεσμοῖσι* die Aenderung unwillkürlich nach sich zog. —

b. Man hat längst erkannt, dass das Scholion zu einer Stelle manchmal zwei verschiedene Lesarten behandelt (vgl. Frey p. 11). Gewöhnlich und natürlicher Weise gibt der Theil des Scholions, welcher die handschriftliche, aber augenscheinlich corrupte Lesart zu erklären sucht, sich als ein späteres, bedeutungsloses Scholion zu erkennen, während der andere Theil die Spur der ursprünglichen Lesart enthält. Zu den schon gegebenen Beispielen mögen hier drei weitere hinzugefügt werden: das eine betrifft Sept. 145

καὶ σύ, Λύκει' ἄναξ, Λύκειος γενοῦ
στρατῷ δαΐῳ στόνων ἀϋτᾶς.

Das Wort *ἀϋτᾶς* ist sinnlos. Die Besserung von Stanley und Seidler ist von Hermann zurückgewiesen worden: der Gedanke *γενοῦ τῶν ἡμετέρων στεναγμῶν ἀκροατής* passt nicht zu *στρατῷ δαΐῳ.* Auch Hermanns Aenderung *στόνων ἀπύα* gibt keinen passenden Sinn. Verständlich, aber durch nichts gerechtfertigt ist Dindorfs Besserung: *Λύκειος γενοῦ στρατῷ δαΐῳ, στόνων ἀλλύτας [δ' ἁμετέρᾳ πόλει].*

Die Weise des Flehens zu den einzelnen Göttern wird immer kurz motiviert sei es durch den Namen oder durch andere Beziehungen des Gottes. Die Erklärung des Schol. zu V. 139 *ἐπώνυμον Κάδμου πόλιν φύλαξον κήδεσαί τ' ἐναργῶς: κηδεστὴς ἐναργῶς γενοῦ* hat die Beziehung auf das verwandtschaftliche Verhältniss richtig hervorgehoben (vgl. Ag. 700 *Ἰλίῳ δὲ κῆδος ὀρθώνυμον* — hier Verwandtschaft und Todtentrauer — *τελεσσίφρων μῆνις ἤλασεν*); es liegt auch eine Anspielung auf den Namen *Κάδμος* darin. Denn auf etymologische Anspielungen und Deutungen[1] thut sich Aeschylus etwas zu Gute. — Die Präposition *ἐπὶ* in *ἐπιρρύου* V. 165 („zu deinem Thore hinzu") deutet an, dass im vorhergehenden Verse die verdorbenen Worte *πρὸ πόλεως* nach *μάχαιρ' ἄνασσ' Ὄγκα einen Hinweis auf das Ogkäische Thor von Theben enthielten.* Hermanns Emendation *ὑπὲρ πόλεως* passt nicht zu dem übrigen. Ich vermuthe

σύ τε μάχαιρ' ἄνασσ' Ὄγκα ἕδρις πυλῶν

vgl. Hesych. *ἕδρις· ἑδραῖος, ἕδος* im flg. V., *ἰὼ μάκαρες εὔεδροι* V. 97, *πύλας ἔχων Ὄγκας Ἀθάνας* V. 486, 501; über deren Altar an diesem Thore Paus. IX 12, 2. —

An unserer Stelle wird der Beiname des Apollo *Λύκειος, τοῦ λυκοκτόνου θεοῦ* (Soph. El. 6) in Anwendung gebracht; Apollo soll seinen Namen *Λύκειος* durch Vernichtung der Feinde bewähren. Nun finden wir im Med. das Scholion *ὥσπερ λύκος αὐτοῖς ἐφόρμησον ἀνθ' ὧν ἡμεῖς νῦν θρηνοῦμεν. οὕτως τινὲς τὸ Λύκειος. ἢ ἐπιβλαβὴς τοῖς πολεμίοις ἐπὶ τῆς ἀϋτῆς τῶν στόνων γενοῦ, οἷον ἐπὶ τοῦ πολέμου.* Die zweite Erklärung *ἢ ἐπιβλαβὴς — πολέμου* ist offenbar ein späterer Zusatz, welcher die Lesart *ἀϋτᾶς* wiedergeben soll, von welcher die erste Erklärung *ἀνθ' ὧν ἡμεῖς νῦν*

---

[1] Ag. 714 kann das Wort *πάμπροσθε* („von allem Anfang an") ein deutliches Zeichen sein, dass unter dem Glossem *πολύθρηνον* (vgl. Enger's Note) das Wort *αἰνόπαριν* verloren gegangen ist (*παμπρόσθ' αἰνόπαριν τὸν αἰῶν' ἀμφὶ πολιτᾶν* d. h. *ἀμφὶ τὸν αἰῶνα πολιτᾶν*), welches Euripides Hec. 945 wohl ebenso von Aeschylus entlehnt hat wie Iph. A. 1316 *δυστέλευταν*, 1476 *ἑλέπτολιν* (vgl. Hel. 1120 *Πάρις αἰνόγαμος* mit Ag. a. O. *Πάριν τὸν αἰνόλεκτρον*). —

ϑρηνοῦμεν nichts woiss. *In dieser weist der Ausdruck ἀν ϑ' ὧ ν in passendster Weise auf Vergeltung des Jammers und auf ἀντί hin* d. h. auf ἀντίτας. Man interpretierte ἀντίτας nach der vermeintlichen Präposition ἀντί, die man auch in ἄντιτος zu finden glaubte. Die Form τίτης als Aktivum zu τιτός ist, soviel wir wissen, vorzugsweiso Aeschyleisch, vgl. Cho. 67 τίτας φόνος, Ag. 72 ἡμεῖς δ' ἀτίται, Eum. 257 ματροφόνος ἀτίτας; ἀντίτης bezeichnet also nach dem homerischen Ausdruck ρ 51 (vgl. Ω 213) ἄντιτα ἔργα τελῶν. Demnach hat die Stelle geheissen:

καὶ σὺ, Λύκει' ἄναξ, Λύκειος γενοῦ
στρατῷ δαΐῳ στόνων ἀντίτας. —

Ein anderes Beispiel gibt uns das Scholion zu Sept. 427, wo folgendes die handschriftliche Lesart ist:

ϑεοῦ τε γὰρ ϑέλοντος ἐκπέρσειν πόλιν
καὶ μὴ ϑέλοντός φησιν, οὐδὲ τὴν Διὸς
Ἔριν πέδῳ σκήψασαν ἐμποδὼν σχεϑεῖν.
τάς τ' ἀστραπάς τε καὶ κεραυνίους βολὰς
μεσημβρινοῖσι ϑάλπεσιν προσήικασεν.

Man kann bei diesem Texte ἔριν nicht verstehen; auch vermisst man das Object zu σχεϑεῖν, wie Heimsooth (die indir. Ueberl. S. 64) bemerkt hat. Meinoke (Philol. 19 S. 233) hält auch ἄν für nothwendig, indem er Eur. Phoen. 1176 μηδ' ἄν τὸ σεμνὸν πῦρ νιν εἰργαϑεῖν Διός anführt (vgl. Sept. 469 ὡς οὐδ' ἄν Ἄρης σφ' ἐκβάλοι πυργωμάτων). Allein dass ἄν nicht unbedingt nothwendig sei, zeigt Prom. 667 κεὶ μὴ ϑέλοι, πυρωπὸν ἐκ Διὸς μολεῖν κεραυνόν, ὃς πᾶν ἐξαϊστώσαι γένος (vgl. Krüger I § 53, 1, 10 u. 6, 9); freilich bringt hier der Nebensatz das Futurum nach, wie wenn es hiesse κεραυνὸν μολόντα ἐξαϊστώσειν. Ein anderer Anstoss aber liegt noch in πέδῳ (πέδοι) σκήψασαν; denn nicht vom „zu Boden fahren," sondern vom „Einschlagen" des niederfahrenden Blitzes sollte die Rede sein. Etwas anderes ist der καταιβάτης κεραυνός (Prom. 359). Verschiedene Vorschläge suchen diese Uebelstände zu heben: Heimsoeth hat οὐδέ νιν Διὸς νέμεσιν, Meineke τὴν Διὸς — σφ' ἐχεῖν (vgl. ebd. S. 400) vorgebracht. In seinen Krit. Stud. S. 126 betrachtet Heimsoeth die Erklärung von Schol. A. ὀργήν als Vermittlung zwischen dem überlieferten ἔριν und dem ursprünglichen νέμεσιν und schreibt im übrigen mit Meineke τᾱν — σφ' ἔχειν. Das bedenklichste bei diesen Aenderungen ist die Entfernung der aoristischen Form σχεθεῖν; an und für sich ist der Uebergang von σφ' ἔχειν in σχεθεῖν durchaus unwahrscheinlich. Es bleibt also nichts übrig, als οὐδέ νιν zu schreiben, was auch Dindorf jetzt in den Text gesetzt hat. Auch ist οὐδέ τοι hier nicht am Platze und nicht mit Soph. Phil. 1252 zu belegen. — Die Emendation des anstössigen ἔριν aber gibt uns das Scholion an die Hand: οὐδὲ τὸν Διὸς σκη- πτὸν εἰς γῆν κατενεχθέντα, ἣ αὐτοῦ τοῦ Διὸς φιλονεικήσαντος, ἐμποδὼν γενέσθαι αὐτῷ λέγει. Nirgends verräth sich die Interpolation des älteren Scholions deutlicher als hier dadurch, dass die Worte ἣ αὐτοῦ τοῦ Διὸς φιλονεικήσαντος zusammenhangslos dazwischen gesetzt sind und den Gedanken οὐδὲ τὸν τοῦ Διὸς σκηπτὸν εἰς γῆν κατενεχθέντα ἐμποδὼν γενέσθαι αὐτῷ λέγει auseinanderreissen. Dieser jüngere Zusatz αὐτοῦ τοῦ Διὸς φιλο- νεικήσαντος gibt die Erklärung von ἔριν, welches dem älteren Scholion fremd ist. Die Worte dieses Scholions aber τὸν σκη- πτὸν εἰς γῆν κατενεχθέντα sind offenbar die Erklärung von κεραυνὸν ἐνσκήψαντα, indem εἰς γῆν die Präposition ἐν, σκηπτὸν κατενεχθέντα aber κεραυνὸν σκήψαντα wiedergibt. Darnach hat der Dichter geschrieben:

οὐδέ νιν Διὸς
κεραυνὸν ἐνσκήψαντ' ἂν ἐμποδὼν σχεθεῖν.

In ἔριν haben wir noch die Ueberbleibsel von (κ)εραυνόν; die Verkürzung aber wurde durch die Einfügung des über ἐν geschriebenen Glossems πέδῳ veranlasst (vgl. unten zu Ag. 1172). Mit Διὸς κεραυνὸν vgl. noch Prom. 372 κεραυνῷ Ζηνός, 667; mit ἐνσκήψαντα Plut. Aem. P. c. 24 κεραυνὸς ἐνσκήψας. Auf die behandelte Stelle bezieht sich die Entgegnung des Eteokles V. 444 πέποιθα δ' αὐτῷ ξὺν δίκῃ τὸν πυρφόρον ἥξειν κεραυ- νὸν οὐδὲν ἐξῃκασμένον μεσημβρινοῖσι θάλπεσιν τοῖς ἡλίου. —

Das dritte Scholion betrifft

Ag. 228 λιτὰς δὲ καὶ κληδόνας πατρῴους
παρ' οὐδὲν αἰῶνα παρθένειον
ἔθεντο φιλόμαχοι βραβῆς.

Um die Construction dieses Satzes in Ordnung zu bringen, setzte man früher gewöhnlich mit Pearson nach παρθένειον

noch τ' hinzu; man glaubte so zugleich durch Verlängerung der
letzten Silbe eine genauere Responsion mit dem strophischen
Worte τροπαίαν erzielt zu haben.   Seit O. Müller aber wendet
man auf diese Stelle die Bemerkung eines Grammatikers bei
Bekker. Anecd. p. 363, 17 αἰῶ τὸν αἰῶνα κατὰ ἀποκοπὴν Αἰσχύλος εἶπεν (vgl. Cho. 350, wo αἰῶ von Ahrens hergestellt
ist) und schreibt, da die Verlängerung der letzten Silbe unnöthig
ist (vgl. ἄγαλμα 208 = ἀηειδεῖς, ἔχουσα | ἔβαλλ᾽ ΄ 239 und
ἔχουσα = ἄκραντοι), αἰῶ τε παρθένειον.   Die Möglichkeit einer
Satzconstruction ist damit zu Stande gebracht; Schneidewin
entdeckt darin eine Schönheit: „durch die Einschiebung von
παρ' οὐδέν werden gerade diese Worte (κληδόνας πατρῴους)
stark betont, gleichwie αἰῶνα παρθένειον"; ich halte es geradezu
für unstatthaft, dem Stile des Aeschylus eine solche Verbindung
der Satzglieder aufzudrängen.   Aeschylus sagt λόγοι δὲ κώδων
τ' οὐ δάκνουσ' ἄνευ δορός (Sept. 399 oder οὐ δάκνουσι λόγοι
κώδων τε), nicht aber λόγοι δὲ οὐ κώδων τε δάκνουσι.   Zudem
mus man beachten, was für verschiedene Dinge (κληδόνες αἰών
τε παρθένειος) hier zusammengebracht werden. — Auch Weil
ist von dieser Textgestaltung nicht befriedigt, hat aber keinen
Versuch der Herstellung gemacht.   Die von Lowinski Philol.
21, 680 gegebene Besserung λιταὶ δὲ καὶ κληδόνες παρ' οὐδέν·
αἰῶνα παρθένειον ἔθεντο („setzten als Kampfpreis aus") ist nicht
brauchbar (vorzuziehen wäre λιτὰς δὲ καὶ κληδόνας παρ' οὐδέν,
αἰῶ δὲ π. ἔθεντο, d. h. λιτὰς μὲν παρ' οὐδέν, αἰῶ δὲ π. παρά
τι ἔθεντο).   Es kann kein Zweifel sein, dass παρ' οὐδὲν ἔθεντο
unmittelbar zusammengehört, vergl. Suid. παρ' οὐδέν· εἰς οὐδὲν
πλέον. παρ' οὐδὲν θέμενος τοῦτο· καταφρονήσας, παραλογισά-
μενος.   In dieser Verlegenheit kommt uns das Schol. der Med.
Handschrift zu Statten: κἂν διὰ τὰς λιτὰς (δι᾽) ἃς ἐποιεῖτο πρὸς
τὸν πατέρα, παρ' οὐδὲν ἡγήσαντο τὴν ζωὴν αὐτῆς.   *Der Scholiast hat* διὰ *gelesen; dann aber kann es nur*

λιτὰς διαὶ κληδόνας πατρῴους

geheissen haben und wir müssen diese Lesart als Ueberlieferung
näher zu erklären suchen: λιτάς ist natürlich das Adjectiv λιτός
und λιταὶ κληδόνες πατρῷοι sind „flehende Anrufungen des
Vaters"; über die Form διαί, welche Aeschylus auch ohne mo-

trischen Zwang und nicht blos in lyrischen Stellen gebraucht, handelt Sauppe Philol. 20, 172. Den Sinn gibt der Schol. mit $\varkappa\check{\alpha}\nu$ $\delta\iota\grave{\alpha}$ $\tau\grave{\alpha}\varsigma$ $\lambda\iota\tau\grave{\alpha}\varsigma$ (d. h. trotz des Flehens) an; wörtlich heisst es: „wegen des Rufens zum Vater" oder „soviel auf das flehende Anrufen des Vaters ankam" — man denke an die gewöhnliche elliptische Redensart $\epsilon\iota$ $\mu\grave{\eta}$ $\delta\iota\acute{\alpha}$ $\tau\iota\nu\alpha$ — „achteten die Richter das Leben der Jungfrau für nichts, liessen sich nicht zur Schonung des zarten Alters bewegen." —

c. Heimsoeth hat in seiner Abhandlung de ratione quae intercedat inter Aeschyli scholia Medicea et scholiastam A. Bonn 1868 gegen Dindorf nachgewiesen, dass die Scholien, welche der Scholiast A. gibt, in ihrer Grundlage und den mit den Medic. Scholien übereinstimmenden Elementen nicht aus dem codex Mediceus stammen, sondern unabhängig von diesem sind und blos die Quelle mit den Medic. Scholien gemeinsam haben. Nur geht Heimsoeth zu weit, wenn er zu dem Resultate kommt, scholia A. primarium emendationis Aeschyleae esse fontem. Eine unbefangene Vergleichung beider Scholiensammlungen ergibt vielmehr folgendes: Die Scholien der Mediceischen Handschrift geben zu erkennen, dass sie aus einer *Text-Handschrift des Dichters* stammen, in welcher kurze Erklärungen zu dem Texte durcheinander standen. Derjenige, welcher die Scholien im Med. nachgetragen hat, erkannte nicht immer die richtige Ordnung und Beziehung der Scholien; *je geringer aber sein Verständniss war, ein um so treueres Abbild hat er von dem Zustande der Scholien gegeben. Dagegen hat der Schol. A.*, welcher dieselben Scholien vor sich hatte, nur wahrscheinlich sie früher abschrieb und desshalb noch manches besser lesen konnte, *eine Redaktion der Scholien vorgenommen*, hat dasjenige, was er nicht verstand oder was ihm nicht zusagte, z. B. die wichtigen Scholien zu Prom. 128, 438, Sept. 145 weggelassen, die getrennten Bemerkungen aber mit Verständniss geordnet und gesichtet. Daraus, dass er nur weniges von Bedeutung bietet, was der Schol. Med. nicht hat, geht hervor, dass *die beiden gemeinsame Quelle nicht viel mehr enthielt als der Schol. Med. gibt.* Aus dem Umstande aber, dass diese Quelle eine Texthandschrift und beiden gemeinsam war, lässt sich mit ziemlicher Sicherheit schliessen, dass *die Quelle unserer Scholien dieselbe Handschrift gewesen, aus welcher der Med.*

wie andere Handschriften einzelner Stücke abgeschrieben sind (vgl. unten zu Sept. 512).

· Zum Beweise diene folgendes. Heimsoeth behandelt zuerst das Schol. zu Sept. 690

> ἴτω κατ᾽ οὖρον κῦμα Κωκυτοῦ λαχὸν
> Φοίβῳ στυγηθὲν πᾶν τὸ Λαΐου γένος.

Das Scholion der Medic. Handschrift lautet: ἴτω κατ᾽ οὖρον: ἀπίτω κατ᾽ εὐθεῖαν τοῦ Κωκυτοῦ κῦμα (οὗτος δὲ ποταμὸς εἰς Ἅιδου οὗ πορθμεὺς ὁ Χάρων). ἐπειδὴ πᾶν τὸ γένος τὸ Λαΐου κεκλήρωται τούτῳ, ὑπὸ τοῦ Ἀπόλλωνος μισηθέν. Ἀπόλλωνος δὲ εἶπεν, ἐπειδὴ αὐτὸς μέν ἐστι καθαρὸς καὶ ἀμίαντος καὶ μὴ κοινωνεῖν τῇ γυναικὶ παρήγγειλεν, οὗτοι δὲ παρήκουσαν καὶ ἐγένοντο ἀνόμως.

Dagegen hat der Schol. A. ἐλθέτω οὖν, φησὶ, κατ᾽ εὐθεῖαν τὸ τοῦ Κωκυτοῦ κῦμα (οὗτος δὲ ποταμὸς Ἅιδου, οὗ πορθμεὺς ὁ Χάρων), ἐπειδὴ πᾶν τὸ Λαΐου γένος κεκλήρωται τούτῳ, ὑπὸ τοῦ Ἀπόλλωνος μισηθέν. ἐπεὶ γὰρ ὁ θεὸς καθαρὸς καὶ ἀμίαντος ὢν παρήγγειλε τῷ Λαΐῳ μὴ κοινωνεῖν τῇ γυναικὶ, μηδὲ συνουσιάζειν αὐτῇ, οὗτος δὲ παρήκουσεν αὐτοῦ καὶ ἐγένετο ἀνόμως πατήρ, διὰ τοῦτο ἐμίσησεν ἅπαν τὸ γένος αὐτοῦ.

Die Worte οὗτος δὲ παρήκουσεν καὶ ἐγένετο ἀνόμως πατήρ hat Schol. A. genauer und richtiger gelesen. Abbreviaturen scheinen im Schol. Med. die falsche Lesung ἐγένοντο und das Fehlen des unleserlich gewordenen πατήρ veranlasst zu haben; denn dass das ursprüngliche Scholion so geheissen hat, bezeugen die Worte καὶ μὴ κοινωνεῖν τῇ γυναικὶ παρήγγειλεν. Im übrigen hat der Schol. Med. genau das wiedergegeben, was er vorfand (z. B. ἀνόμως, nicht ἐγένοντο ἄνομοι); dagegen *hat der Schol. A. durch seine Redaktion einen Fehler in das ursprüngliche Scholion gebracht*, welchen Heimsoeth auch in das Mediceische Scholion bringt, indem er nach Schol. A. schreibt: ἀπίτω κατ᾽ εὐθεῖαν (add. τὸ) τοῦ Κωκυτοῦ κῦμα. Demnach müsste der alte Schol. κῦμα Κωκυτοῦ für das Subject genommen haben ohne Rücksicht auf λαχόν; dass er aber diesen groben Fehler sich nicht hat zu Schulden kommen lassen, zeigt der Zusatz ἐπειδὴ πᾶν τὸ γένος τοῦ Λαΐου κεκλήρωται τούτῳ; denn in welcher Beziehung soll dieser Grund zu ἀπίτω κατ᾽ εὐθεῖαν τὸ

τοῦ *Κωκυτοῦ κῦμα* stehen?   Vielmehr ist, wie das von dem
Schol. A. und Heimsoeth entfernte *εἰς ῞Αιδου* und *κεκλήρωται
τούτῳ* (natürlich *τῷ ῞Αιδῃ*, nicht *τῷ Κωκυτῷ*) zeigt, folgendes
der Inhalt in ungefähr folgender Gestalt gewesen:

> *ἴτω κατ' οὖρον : ἀπίτω κατ' εὐθεῖαν.*
>
> <small>οὗτος δὲ ποταμὸς ῞Αιδου, οὐ πορθμεὺς ὁ Χάρων.</small>
>
> *τοῦ Κωκυτοῦ κῦμα : εἰς ῞Αιδου, ἐπειδὴ πᾶν τὸ
> γένος τοῦ Λαΐου κεκλήρωται τούτῳ, ὑπὸ τοῦ
> Ἀπόλλωνος μισηθέν· Ἀπόλλωνος δὲ εἶπεν κτέ.*

Wenn aber Heimsoeth von den Scholien zu Pers. 296

> *τίς οὐ τέθνηκε, τίνα δὲ καὶ πενθήσομεν*

das Schol. A. *καλῶς πρῶτον περὶ τῶν ζώντων ἐρωτᾷ ἡ Ἄτοσσα
τὸν ἄγγελον, ὡς ὄντων ὀλίγων· ὁ δὲ παρίστησι καὶ τὸ πλῆθος
τῶν ἀποθανόντων* für ursprünglicher hält als das Schol. Med.
*καλῶς πρῶτον περὶ τῶν ζώντων ἐρωτᾷ ὡς ὀλίγων ὄντων, παρ-
ίστησι δὲ καὶ τὸ πλῆθος τῶν ἀποθανόντων*, so macht er sich
desselben Irrthums schuldig wie der Schol. A., welcher nicht
bemerkte, dass der alte Scholiast nur die ungewöhnliche Stellung *τίς οὐ τέθνηκε, τίς δὲ τέθνηκε* (statt der gewöhnlichen
τίς τέθνηκε, τίς δὲ οὐ τέθνηκε) erklären wollte, wobei er an
die Erzählung des Boten gar nicht dachte. — Wieder sind zu
Pers. 864 *ὅσας δ' εἷλε πόλεις πόρον οὐ διαβὰς Ἅλυος ποτα-
μοῖο οὐδ' ἀφ' ἑστίας συθείς* im Schol. Med. zwei getrennte Erklärungen, die neben einander standen, verbunden: *τὸ ὅσας
θαυμαστικῶς τῇ ἀρετῇ Ἕλληνας ὑπέταξεν, οὐκ ἀνάγκη ὁ Δαρεῖος*: einmal wird erklärt, dass *ὅσας* nicht als Relativ, sondern
interrogativisch als Ausdruck der Bewunderung zu nehmen sei;
zweitens erklärt der Schol., wenn Darius Chios, Lesbos,
Samos erobert haben soll, ohne über den Halys zu gehen, das
als moralische, nicht als kriegerische Eroberungen.   Im Original
stand nur *θαυμαστικῶς*, was der Schol. Med. richtig auf *ὅσας*
bezogen hat, während der Schol. A. mit *τοῦτο θαυμαστικῶς
φησὶν, ὅτι τῇ ἀρετῇ — Δαρεῖος* die richtige Beziehung ver-
nachlässigt hat.   Recht deutlich zeigt sich das ebd. V. 852, wo
gleichfalls *θαυμαστικῶς*. — *σύγκρισιν ποιεῖται τῶν ἐπὶ Δαρείου
εὐτυχημάτων πρὸς τὰ νῦν κακά* zu schreiben und *θαυμαστικῶς*
auf *ὢ πόποι*, das übrige auf das folgende zu beziehen ist. —

5. Prom. 782 und 790 (Choeph. 931 Suppl. 298).

Τούτων σὺ τὴν μὲν τῇδε, τὴν δ' ἐμοὶ χάριν
θέσθαι θέλησον μηδ' ἀτιμάσῃς λόγου

Nachdem voraus (778, 779, 780) die Zweizahl so nachdrücklich hervorgehoben ist, kann es keinem Zweifel unterliegen, dass auch an unserer Stelle *τούτοιν* für *τούτων* geschrieben werden muss. Augenscheinlich änderte man *τούτοιν* in *τούτων*, weil man an die commune Form *τούτοιν* nicht gewöhnt war und zu *τὴν μὲν — τὴν δὲ χάριν ταύταιν* erwartete. Vgl. über diese Form und derartige Corruptelen meine Curae epigraphicae p. 13 (de dualis formis et usu). V. 350 haben die Handschriften *ὤμοις* für *ὤμοιν*. —

Auch Choeph. 931 *τῶνδε συμφορὰν διπλῆν* ist *τοῖνδε* für *τῶνδε* zu schreiben; vgl. Pers. 720 *διπλοῦν μέτωπον ἦν δυοῖν στρατευμάτοιν*. —

Ebenso muss Prom. 790

ὅταν περάσῃς ῥεῖθρον ἠπείρων ὅρον

ἠπείρων in *ἠπείροιν* verwandelt werden; denn nur so ist „die Grenze von Asien und Europa, die Grenze zweier Erdtheile" bestimmt bezeichnet (vgl. V. 734 *λιποῦσα δ' Εὐρώπης πέδον ἤπειρον ἥξεις Ἀσιάδα*, frgm. des Prom. sol. 191 Dind. *τῇ μὲν δίδυμον χθονὸς Εὐρώπης μέγαν ἠδ' Ἀσίας τέρμονα Φᾶσιν*). Diese Aenderung ist, wie ich eben bei Dindorf sehe, schon von Herworden gemacht und von Dindorf in den Text gesetzt worden. —

Endlich muss Suppl. 298

πῶς οὖν τελευτᾷ βασιλέων νείκη τάδε;

βασιλέων in *βασιλέοιν* geändert werden vgl. Schol. *τὰ νείκη Διὸς καὶ Ἥρας εἰς τί κατέληξαν*. —

6. Prom. 979. Ueber die Antilabe bei Aeschylus.

Ἑρμ.   *εἴης φορητὸς οὐκ ἄν, εἰ πράσσοις καλῶς.*
Προμ.   *ὤμοι.*
Ἑρμ.   *τόδε Ζεὺς τοὔπος οὐκ ἐπίσταται.*

Bei Aeschylus findet sich nur noch eine einzige derartige Theilung des Verses unter zwei Personen, nämlich Sept. 217. Diese Stelle der Sept. muss uns überraschen, da Eteo-

kles fünfmal dem Chorgesange jedesmal drei Verse entgegenstellt, während an dieser einen Stelle die drei Verse zwischen
Eteokles und dem Chore getheilt sind. Man vgl. die 5×5 Verse
des Königs Suppl. 354 ff., welche sich gleichfalls an Chorpartieen
anschliessen. Nichts desto weniger ist es unmöglich mit Lach-.
mann, Wellauer bei dem jetzigen Texte alle drei Verse dem
Eteokles zuzutheilen; mit Recht hat Hermann die Annahme einer
ὑπογορά als unpassend zurückgewiesen. Allein der Text kann
unmöglich gesund sein. Wenn man sich in V. 218 mit der Aenderung von *τοῖς τῆς* in *ναούς* begnügt, so ist damit die Wunde
nur verdeckt, nicht geheilt. Man muss vielmehr mit Dindorf
diese Corruptel als das deutlichste Merkzeichen eines tiefer liegenden Schadens betrachten. Ebenso richtig bemerkt Dindorf:
„porro mira est interrogatio chori *οἴκουν τάδ' ἔσται πρὸς θεῶν;*"
Haben wir aber auch keinen Anhaltspunkt den Text mit Bestimmtheit herzustellen, so darf doch diese Stelle nicht dazu
dienen, jene an und für sich sonderbare Theilung des Verses
im Prom. zu schützen; denn diese Art der Theilung würde auch
bei Sophocles auffallend sein (vgl. meine Abh. über symmetrische
Anordnung bei Soph. n. 9 in Festgruss der philolog. Gesellsch.
zu Würzburg u. s. w. S. 140). Darum finde ich es nicht für
gerechtfertigt, wenn Weil die Aenderung von Lachmann,
O. Schneider, Meineke:

> *Προ.* ὤμοι,
> *Ἑρμ.* ὤμοι; τόδε Ζεὺς κτέ.

ganz zurückweist; dagegen halte ich die Bemerkung Weils „in-
teriectionis repetitio, nisi fallor, prorsus inhumanam irrisionem
haberet" für sehr richtig und wohl begründet., Dindorf verweist
auf V. 972, wo das vorausgehende Wort des Hermes *χλιδᾶν* von
Prometheus mit *χλιδῶ;* wiederholt wird. Allein diese Stelle ist
ganz anderer Art und thut der von Weil gemachten Bemerkung
keinen Eintrag. Dieser grausame und hämische Hohn aber, der
in dem fragend wiederholten *ὤμοι;* liegt, fällt vollständig fort
bei einer anderen Auffassung des wiederholten *ὤμοι,* wenn
nämlich *ὤμοι, τόδε Ζεὺς τοῦπος οὐκ ἐπίσταται ebenso
genommen wird, wie Pers.* 123 *ὀᾶ, τοῦτ' ἔπος γυναικοπληθὴς
ὅμιλος ἀπίων* (wahrscheinlich auch ebd. V. 116 nach Weils sehr
ansprechender Besserung *ὀᾶ, Περσικοῦ στενάγματος τοῦδε);*

ὤμοι, τόδε Ζεὺς τοὔπος ist also nichts anderes als τόδε τοὔπος
ὤμοι. In

Προμ. ὤμοι.

'Ερμ. ὤμοι, τόδε Ζεὺς τοὔπος οὐκ ἐπίσταται
vertritt ὤμοι, wie öfters die Interjektion (z. B. Eur. Hec. *φεῖ*
nach V. 54), die Stelle eines ganzen Verses. Man fühlt die
ganze Wucht dieses ὤμοι, welche gerade dann zur Geltung
kommt, wenn die Interjektion ganz allein statt einer vollständigen Erwiderung steht. —

7. Prom. 1009 (V. 1030).

> δάκνων δὲ στόμιον ὡς νεοζυγὴς
> πῶλος βιάζει καὶ πρὸς ἡνίας μάχει.

Des Prometheus trotziges, störrisches, unbändiges Wesen
wird von Hermes mit dem widerspänstigen Gebaren eines noch
nicht an das Joch gewöhnten Rosses, welches in den Zaum beisst
und sich bäumt und wild um sich schlägt, verglichen. Zu diesem Bilde passt der Ausdruck βιάζει nicht; man kann von dem
Bändiger des Pferdes sagen: βιάζεται τὸν ἀπειθοῦντα πῶλον,
aber nicht vom Pferde, welches sich nur wehrt und sich dem
Zwange und der Gewalt nicht fügen will, aber nicht selbst Gewalt anthut und sich in *offensiver* Weise etwas *erzwingt*. Die
Besserung liegt sehr nahe. Dem Sinne würde nach Pers. 194
ἣ δ' ἐσφάδαζε und Soph. frg. 727 Dind. bei Plut. Moral. p. 280 F
σὺ δὲ σφαδάζεις πῶλος ὣς εὐφορβίᾳ durch σφαδάζεις genügt
(βιάζει müsste man dann als Erklärung von σφοδρύνει im flg.
V. betrachten), wenn nicht der Zusatz εὐφορβίᾳ bei Sophocles
und die der Anführung vorausgeschickten Worte des Plutarch
διὰ κόρον καὶ πλησμονὴν ἐξυβρίζουσι καὶ βόες καὶ ἵπποι καὶ
ὄνοι καὶ ἄνθρωποι dem σφαδάζειν eine andere Beziehung gäben.
Aber durchaus passend ist λιάζει; denn λιάζεσθαι „seitwärts
ausbeugen, nach der Seite ausspringen" (vgl. Buttmann Lexil. I
S. 73) bezeichnet die Weise ungezähmter Thiere, welche in den
Zaum beissen und mit dem Hinterleibe sich seitwärts biegen,
um der Gewalt der Zügel zu entweichen (πρὸς ἡνίας μάχεσθαι).
Vgl. Hesych. λιάζει· ῥίπτει, ταράσσει, λίαν σπουδάζει, besou-
ders aber λιαζόμενοι· σκιρτῶντες; auch schol. Plat. legg. II
p. 672 C ἀκταίνειν γαυριᾶν, ἀτάκτως πηδᾶν ἢ μετεωρίζειν

ἢ ὁρμᾶν ἢ ἐξάττειν, ἀπὸ τοῦ ἐξαΐειν καὶ ἰσχύειν. Darnach
ist zu lesen:

δάκνων δὲ στόμιον ὡς νεοζυγὴς
πῶλος λιάζει καὶ πρὸς ἡνίας μάχει.

In derselben Rede des Hermes V. 1030

ὡς ὅδ' οὐ πεπλασμένος
ὁ κόμπος, ἀλλὰ καὶ λίαν εἰρημένος

kann εἰρημένος unmöglich einen befriedigenden Gegensatz zu
πεπλασμένος geben. Wol wird εἰρημένος, ῥητός in der Bedeutung „bestimmt, festgesetzt" bei Verträgen und Versprechungen
gebraucht, aber dann bezeichnet es seinem eigentlichen Sinne
gemäss *etwas worauf man sein Wort gegeben oder was man nach
gegenseitigem Uebereinkommen mündlich ausgemacht hat*, so ὁ εἰρημένος μισθός, ὁ εἰρημένος χρόνος. Dieser Sinn aber eignet
sich nicht für unsere Stelle, wo der Gegensatz zu „erfunden,
erdichtet" nur durch einen Begriff wie „wahr, in Wirklichkeit
bestehend, durch feste Satzung bestimmt" ausgedrückt werden
kann. Zudem steht die Lesart im Med. nicht fest, da derselbe
εἰριμμένος hat und darin εἰ von erster Hand aus einem anderen
Buchstaben gemacht ist. Der Dichter wird geschrieben haben:

ὡς ὅδ' οὐ πεπλασμένος
ὁ κόμπος, ἀλλὰ καὶ λίαν εἱμαρμένος.

Vgl. Ag. 912 τὰ δ' ἄλλα φροντὶς οὐχ ὕπνῳ νικωμένη θήσει,
δικαίως σὺν θεοῖς εἱμαρμένα, Soph. Trach. 169 τοιαῦτ' ἔφραζε
πρὸς θεῶν εἱμαρμένα τῶν Ἡρακλείων ἐκτελευτᾶσθαι πόνων. —

IV. Zu *ΕΠΤΑ ΕΠΙ ΘΗΒΑΣ*.

1. Sept. 203. Ueber die Wiederholung desselben Wortes bei Aeschylus.
(Sept. 221).

ὦ φίλον Οἰδίπου τέκος, ἔδεισ' ἀκούσασα τὸν ἁρματόκτυπον ὄτοβον.

So hat der Med. Man nimmt gewöhnlich aus anderen Handschriften ὄτοβον ὄτοβον auf und sieht sich gezwungen im antistrophischen Verse durch gewaltsame Aenderungen (θεοῖς πίσυνος,
ἅτε νιφάδος Hermann, θεοῖς πίσυνος ὅτε νιφάδος ἀπ' ὁλοᾶς
Dindorf) die Responsion herzustellen. Dort erhält die Umstellung von Seidler θεοῖσι πίσυνος (für πίσυνος θεοῖς) eine

Bestätigung dadurch, dass so die Einfügung von τέ und damit
die Herstellung der nöthigen Satzverbindung ermöglicht wird:

-χαῖα βρέτη, θεοῖς τε πίσυνος, νιφάδος
ὅτ' ὀλοᾶς νιφομένας βρόμιος ἐν πύλαις,
δὴ τότ' ἤρθην φόβῳ
πρὸς μακάρων λιτάς.

Die ungenaue Responsion aber ist ein deutliches Zeichen, dass
nicht aus geringeren Handschriften das doppelte ὕτοβον aufzu-
nehmen ist. *Zudem ist eine solche Wiederholung des Wortes ohne
innern Grund der Wiederholung Euripideische Manier* (vgl. Aristoph.
Ran. 1352 ff.), *nicht Aeschyleischer Gebrauch.* Bei Aeschylus finden sich drei besondere Arten der Wiederholung:

a. Die erste Art ist angezeigt durch die Verdoppelung der
Interjektionen ἰὼ ἰώ, φεῦ φεῦ, ὢ ὤ, ἐή ἐή, ἰοὺ ἰού, παπαῖ
παπαῖ, αἰαῖ αἰαῖ, οἰοῖ οἰοῖ: *die Wiederholung des Wortes dient
dem Pathos des Schmerzes.* Diese Art findet sich besonders in
dem Kommos am Schluss der Perser: μυρία μυρία πεμπαστάν,
ἔλιπες ἔλιπες, ἄλαστ' ἄλαστα, βοᾷ βοᾷ, ἔταφον ἔταφον, νέα
νεα δύᾳ δύᾳ, ὁρῶ ὁρῶ, αἰαῖ αἰαῖ δύα δύα, ἄνι' ἄνια, ἄπριγδ'
ἄπριγδα, ναὶ ναί. Verschieden hievon ist die ganz gewöhnliche
Verdoppelung des Wortes bei einem *affektvollen Ausruf* Prom. 694
ἰὼ ἰὼ μοῖρα μοῖρα, Ag. 410 ἰὼ ἰὼ δῶμα δῶμα, 1125 ἃ ἃ
ἰδοὺ ἰδού, 1156 ἰὼ γάμοι γάμοι, 1167 ἰὼ πόνοι πόνοι, 1488
ἰὼ ἰὼ βασιλεῦ βασιλεῦ, 1538 ἰὼ γᾶ γᾶ, auch Ἄπολλον Ἄπολλον ebd. 1073.

b. *Die zweite Art ist der Ausdruck dringenden Bittens und
Wünschens und nachdrücklicher Mahnung:* Pers. 1038 δίαινε δίαινε,
1046 ἔρεσσ' ἔρεσσε, Prom. 274 πίθεσθέ μοι πίθεσθε, 894
μήποτε μήποτέ μ', ὦ πότνιαι Μοῖραι, λεχέων Διὸς εὐνάτειραν
ἴδοισθε πέλουσαν, 999 τόλμησον, ὦ μάταιε, τόλμησόν ποτε,
Eum. 140 ἔγειρ' ἔγειρε, 255 ὅρα ὅρα μάλ' αὖ λεῦσσε τὸν παντᾶ,
Sept. 106 ἔπιδ' ἔπιδε, 134 ἐπίλυσιν πόνων ἐπίλυσιν δίδου.
Damit ist zu vergleichen στέλλου κόμιζου σῷζε τὸν παρόντα νοῦν
Prom. 392, σέβου προσεύχου θῶπτε τὸν κρατοῦντ' ἀεί ebd. 937.

c. *Die dritte Art wird gebraucht bei nachdrücklicher Behauptung und Frage, um auf ein Wort besondere Aufmerksamkeit
zu lenken,* Prom. 266 ἑκὼν ἑκὼν ἥμαρτον, 338 αὐχῶ γὰρ
αὐχῶ, 688 οὔποτ' οὔποτ' ηὔχουν, 887 ἦ σοφὸς ἦ σοφὸς ὅς,

ebd. 577 τί ποτέ μ', ὦ Κρόνιε παῖ, τί ποτέ μ' ἐνέζευξας κτέ., 594 τίς ὢν, τίς ἄρα μ', ὦ τάλας κτέ. Ag. 1608 πῶς πῶς; frgm. 146 H. ὅπλων ὅπλων δεῖ.

Die Wiederholung desselben Wortes kommt verhältnissmässig *selten* bei Aeschylus vor. Vgl. z. B. Eurip. Orest. 1453 — 1468 μᾶτερ μᾶτερ ὀβρίμα ὀβρίμα .. ἔδρακον ἔδρακον .. κατθανεῖ κατθανεῖ .. ἀνίαχεν ἴαχεν .. ἔφερεν ἔφερεν. Die vorher aufgezählten Beispiele gehören fast sämmtlich zwei Stücken, dem Prom. und dem Schluss der Pers. an. *Eine beliebte Form ist die Wiederholung desselben Wortes in Verbindung mit einer näheren Bestimmung*: Pers. 986 κακὰ πρόκακα λέγεις, Ag. 1456 μία τὰς πολλὰς τὰς πάνυ πολλὰς ψυχὰς ὀλέσασ' ὑπὸ Τροίᾳ, Sept. 171 κλύετε παρθένων κλύετε πανδίκως χειροτόνους λιτάς, 904 δι' ὧν αἰνομόροις δι' ὧν νεῖκος ἔβα, Cho. 156 κλύε δέ μοι, σέβας, κλύ' ὦ δέσποτ' ἐξ ἀμαυρᾶς φρενός, wie Bamberger für κλύε δέ μοι κλύε, σέβας ὦ δέσποτ' hergestellt hat. Man könnte hieher auch Ag. 1101 τί τόδε νέον ἄχος μέγα μέγ' ἐν δόμοισι τοῖσδε μήδεται κακόν ziehen, wenn die Lesart feststünde (vgl. Enger's adnot. crit.). Sehr gut hat Meineke Prom. 576 ergänzt ποῖ μ' ἄγουσιν [πλάναι] τηλέπλανοι πλάναι und Sept. 785 ist die Emendation von Hermann allein richtig τέκνοισιν δ'ἀρὰς ἐφῆκεν ἐπικότους τροφᾶς, αἰαῖ, πικρογλώσσους ἀράς. *Dieser Wiederholung entspricht die asyndetische Verbindung zweier synonymen Ausdrücke, von denen der zweite bezeichnender oder stärker ist*: Cho. 289 κινεῖ ταράσσει, Sept. 60 χωρεῖ κονίει, 186 αὔειν λακάζειν, Pers. 426 ἔπαιον ἐρράχιζον, 463 παίουσι κρεοκοποῦσι, Prom. 56 θεῖνε πασσάλευε, 58 ἄρασσε μᾶλλον σφίγγε vgl. Sept. 696 ξηροῖς ἀκλαύτοις ὄμμασιν. Niemals aber darf man glauben, dass der Tadel, welcher Aristoph. Ran. 1152 ff. gegen Cho. 3

> ἥκω· γὰρ ἐς γῆν τήνδε καὶ κατέρχομαι und
> τύμβου δ'ἐπ' ὄχθῳ τῷδε κηρύσσω πατρὶ
> κλύειν, ἀκοῦσαι

von Euripides ausgesprochen wird:

> 1154 δὶς ταὐτὸν ἡμῖν εἶπεν ὁ σοφὸς Αἰσχύλος.
> - 1157 ἥκω δὲ ταὐτόν ἐστι τῷ κατέρχομαι.
> 1173   τοῦθ' ἕτερον αὖ δὶς λέγει
>   κλύειν ἀκοῦσαι, ταὐτὸν ὂν σαφέστατα,

4*

gerechtfertigt oder dass die Vertheidigung, welche dem Aeschylus in den Mund gelegt wird:

1163 ἥκειν μὲν ἐς γῆν ἔσϑ' ὅτῳ μετῆν πάτρας·
      χωρὶς γὰρ ἄλλης συμφορᾶς ἐλήλυϑεν.
      ϛείχων δ' ἀνὴρ ἥκει τε καὶ κατέρχεται.
1175 τεϑνηκόσιν γὰρ ἔλεγεν, ὦ μοχϑηρὲ σύ,
      οἷς οὐδὲ τρὶς λέγοντες ἐξικνούμεϑα

irgendwie ernstlich gemeint sei. Mit derselben Laune, in welcher voraus dem Aeschylus eine falsche Erklärung seiner eigenen
Worte Cho. 1 beigelegt wird, so dass Euripides, der vorher die
richtige Erklärung angenommen hat, sagen kann

1147 ἔτι μεῖζον ἐξήμαρτες ἢ 'γὼ 'βουλόμην,   .

wird bei κατέρχομαι und ἀκοῦσαι abgebrochen, um daran einen
spasshaften Tadel zu knüpfen, wie später immer bei den vor-
getragenen Versen des Euripides zu rechter Zeit abgebrochen
wird, um das ληκύϑιον ἀπώλεσεν anzuhängen. Auf gleiche
Weise könnte z. B. Eum. 178

      ἔξω, κελεύω, τῶνδε δωμάτων τάχος
      χωρεῖτ', ἀπαλλάσσεσϑε

missbraucht sein. *Aeschylus hat gewiss sowohl zu κατέρχομαι
als zu ἀκοῦσαι eine nähere Bestimmung gesetzt z. B.*

      ἥκω γὰρ ἐς γῆν τήνδε καὶ κατέρχομαι
      [πρὸς τοὺς παλαιοὺς τούσδε Πελοπιδῶν δόμους]

und τύμβον δ' ἐπ' ὄχϑῳ τῷδε κηρύσσω πατρὶ
      κλύειν, ἀκοῦσαι [παιδὸς ὀργανοῦ λιτάς],

so dass κλύειν absolut steht („mit den Ohren den Ruf aufneh-
men"), ἀκοῦσαι aber im Sinne von „innerlich vernehmen und
erhören" mit dem Objekte·verbunden die nähere Bestimmung
nachbringt (Prom. 448 κλύοντες οὐκ ἤκουον). —

Um nun wieder auf die Stelle zurückzukommen, von der
wir ausgegangen sind, so muss im Anschluss an die Ueberlieferung der besten Handschrift, da eine Besserung wie ἀκούσασ'
ὄτοβον ἁρματόκτυπον ὄτοβον durch das Versmass zurückgewiesen wird, der Ausfall eines Wortes vor ὄτοβον angenommen
werden. Dieses Wort kann nach dem bekannten Sprachgebrauch
der Tragiker (βίοτος εὐαίων, δύσπλανοι ἀλάτειαι, λόγος κακό-
ϑρους, εὐήρετμος πλάτα, εὐπήχεις χεῖρας, εὐάμερον φάος;
γόνος δὲ γᾶς πλουτόχϑων Eum. 946 nach der sehr ansprechen-

den Ergänzung Meinckes) nicht leicht ein anderes gewesen sein
als ὄχων:

-σασα τὸν ἁρματόκτυπον ὄχων ὄτοβον =
-χαῖα βρέτη θεοῖς τε πίσυνος νιφάδος.

Auch zwischen V. 222 und 229

ἁπτόμενον πυρὶ δαΐῳ
κρημναμενᾶν νεφελᾶν ὀρθοῖ

ist die Responsion noch nicht hergestellt. Hermann hat für
ὀρθοῖ σαοῖ geschrieben; dass aber der Fehler im strophischen
Verse zu suchen ist, zeigt der ungeschickte Ausdruck καὶ στρά-
τευμ' ἁπτόμενον πυρὶ δαΐῳ: nicht das Heer oder Volk, sondern
στεφάνωμα πύργων (Soph. Ant. 121, worauf schon Weil verwiesen hat) wird vom feindlichen Feuer zerstört. Dass die
Stelle durch Glosseme gelitten hat, verräth die vom Schol. zu
ἁπτόμενον angemerkte Variante τυφόμενον, welche beigeschrieben wurde, um die Bedeutung „verbrennen" von der Bedeutung
„berühren" zu unterscheiden. Wir müssen schreiben:

μηδ' ἐπίδοιμι τάνδ'
ἀστυδρομουμέναν πόλιν δαΐῳ θ'
ἁπτόμενον πυρὶ πύργωμα.

Vgl. Eur. Phoen. 287 ἑπτάστομον πύργωμα Θηβαίας χθονός,
Cycl. 115 τείχη δὲ ποῦ 'στι καὶ πόλεως πυργώματα. Von πύργωμα scheint nach πυρὶ zuerst πυρ fortgefallen, dann δαΐω
zu πυρὶ gesetzt worden zu sein. —

2. Sept. 271.

ἐγὼ δὲ χώρας τοῖς πολισσούχοις θεοῖς
. . . . λέγω,
εὖ ξυντυχόντων καὶ πόλεως σεσωσμένης
μήλοισιν αἱμάσσοντας ἑστίας θεῶν
ταυροκτονοῦντας θεοῖσιν ὧδ' ἐπεύχομαι
θήσειν τρόπαια πολεμίων δ' ἐσθήμασι· (τα supra σι sec.).
λάφυρα δαΐων· δουρίπληχθ' ἁγνοῖς δόμοις
στέψω πρὸ ναῶν πολεμίων δ' ἐσθήματα.

Bei dieser Stelle kann es sich nach den Beobachtungen von
Hermann, Ritschl, Heimsoeth, Weil nur darum handeln
die Entstellung des Textes durch Glosseme in rationeller Weise
zu erklären. Die Worte ταυροκτονοῦντας θεοῖσιν sind, wie

Ritschl gesehen hat, eine Erklärung zu μήλοισιν αἱμάσσοντας
ἑστίας θεῶν. Durch dieses Glossem ist sowohl die Endung von
αἱμάσσοντας als auch das Wort θεῶν geschützt; αἱμάσσοντας heisst
es für αἱμάσσων, um die Gesammtheit der Bürger einzuschliessen
(„wird *man* opfernd" u. s. w.). Unwillkürlich erinnert Eteokles
den kundigen Zuschauer, dass er selbst an der Siegesfeier keinen Theil haben werde; θεῶν aber hat nach τοῖς θεοῖς λέγω
seine volle Berechtigung in der selbstständigen Behandlung des
Gelübdes. — Die ganze Stelle ist auf gleiche Weise verdorben
worden: ὧδ' ἐπεύχομαι ist Ausfüllung des vermeintlichen Verses,
genommen aus V. 279 τοιαῦτ' ἐπεύχου; ebenso ist nachher der
Versanfang στέψω πρὸ ναῶν durch eine vorausgehende Vers-
hälfte zu einem vollen Verse ergänzt; στέψω πρὸ ναῶν aber
wurde dadurch Anfang eines neuen Verses, dass es aus dem
vorausgehenden Verse durch die Worte λάφυρα δαΐων herunter-
gedrückt war (στέψω πρὸ ναῶν δουρίπληχθ' ἁγνοῖς δόμοις).
Daraus folgt, dass λάφυρα δαΐων in die weiter vorhergehende
Vorszeile gehört; beide Worte geriethen in die niedere Zeile,
weil die Glosseme τρόπαια πολεμίων an ihre Stelle traten.
Dies erhält dadurch seine Bestätigung, dass man nicht θήσειν
τροπαῖα, wohl aber θήσειν λάφυρα sagen kann. Vgl. darüber
Markland zu Eur. Suppl. 647 „ἵστημι τροπαῖον usitatius;
sed τίθημι aequo probum: vide Hel. 1381, Aristoph. Lys. 318,
Aesch. Cho. 773." An der letzten Stelle heisst es τροπαίαν
θήσει, Lys. θέσθαι τροπαῖον, Hel. hat τροπαῖα (von τροπαῖος)
θήσων den Sinn von τρέψασθαι.

Demnach ergibt sich folgender Text:

$$λέγω$$
$$εὖ ξυντυχόντων καὶ πόλεως σεσωμένης$$
$$μήλοισιν αἱμάσσοντας ἑστίας θεῶν$$
$$θήσειν λάφυρα· δαΐων δ' ἐσθήματα$$
$$στέψω πρὸ ναῶν δουρίπληχθ' ἁγνοῖς δόμοις.$$

Anschaulich wird die allmählige Zerrüttung des Textes durch
folgende Darstellung:

$$μήλοισιν αἱμάσσοντας ἑστίας θεῶν$$
$$ταυρεκτονοῦντας θεοῖσιν$$

τρόπαια πολεμίων
θήσειν λάφυρα δαΐων δ' ἐσθήματα •
στέψω πρὸ ναῶν δουρίπληχθ' ἁγνοῖς δόμοις,

was sich zunächst verwandelte in

μήλοισιν αἱμάσσοντας ἑστίας θεῶν
ταυροκτονοῦντας θεοῖσιν
θήσειν τρόπαια πολεμίων δ' ἐσθήματα
λάφυρα δαΐων δουρίπληχθ' ἁγνοῖς δόμοις
στέψω πρὸ ναῶν. —

3. Sept. 324.

οἰκτρὸν γὰρ πόλιν ὧδ'
ὠγυγίαν Ἄϊδι προϊάψαι ...
ὑπ' ἀνδρὸς Ἀχαιοῦ θεόθεν
περθομέναν ἀτίμως.

Auffallend ist hier θεόθεν; denn der Begriff „durch göttliche Schickung, durch göttliche Fügung" passt weder zu ὑπ' ἀνδρὸς Ἀχαιοῦ noch zu ἀτίμως; den Begriff „mit Zulassung der Götter, ungehindert von Seite der Götter," welcher hier denkbar wäre, kann θεόθεν nicht haben. Man kann nach V. 71 μή μοι πόλιν γε πρέμνοθεν πανώλεθρον ἐκθαμνίσητε δημάλωτον, Ἑλλάδος φθόγγον χέουσαν an πρέμνοθεν denken; denn μν macht nicht immer Position (Ag. 990 ἐμνῳδεῖ — ποτᾶται, 1459 πολύμναστον, 1563 μίμνει δὲ μίμνοντος, Eum. 382 τε μνήμορες, Pers. 287 μέμνῆσθαί τοι — δυσαιανῇ; Hephaestion p. 14 Gaisf. führt als Beispiele ἐπιλήσμονι μνημονικοῦσι, εὔμνος, ὁ Μνήσαρχος an). — Auch Heimsooth (Krit. Stud. S. 205) hat, wie ich sehe, an θεόθεν Anstoss genommen und dafür πεδόθεν (Hesych. πεδόθεν, ἐκ ῥίζης) vorgeschlagen. Weil stimmt ihm bei. — Allein es ist keine Aenderung nöthig; wie ῥιζόθεν (radicitus) bedeutet „mitsammt der Wurzel," so heisst θεόθεν hier „mitsammt den Göttern, sammt den Sitzen, Altären und Tempeln der Götter;" denn diese Erklärung verlangt V. 581

πόλιν πατρῴαν καὶ θεοὺς τοὺς ἐγγενεῖς
πορθεῖν.

Darum heisst es voraus καὶ πόλεως ῥύτορες ἔλθετ' εὔεδροί τε στάθητε. Der Dichter erinnert an das Gesetz der Amphiktyonen μηδεμίαν πόλιν τῶν Ἀμφικτυονίδων ἀνάστατον ποιήσειν (Aeschin. de fals. leg. p. 284 R.). —

4. Sept. 333.

κλαυτὸν δ' ἀρτιδρόποις
ὠμοδρόπων νομίμων προπάροιϑεν διαμεῖψαι
δωμάτων στυγερὰν ὁδόν.

Hermann gibt von dieser schwierigen Stelle die Erklärung „deploranda sors est earum quae carptae ante solemnem ritum, quo vix maturus iuventae flos decerpitur, relicta domo tristem ingrediuntur viam." Alles ist klar und trefflich bis auf den Ausdruck διαμεῖψαι δωμάτων στυγερὰν ὁδόν; dieser verträgt sich mit dem übrigen nicht. Man erwartet statt dessen eine Ausführung des Bildes, wie es in der von Nauck beigebrachten Stelle Eustath. opusc. p. 355, 28 cd. Tafel angegeben ist: ἐν μετοπώρῳ γὰρ οὐ μόνον καινὸν, ἐὰν (ὡς ἡ παροιμία) ἄνϑος ἀναφυῇ, ἀλλὰ καὶ ἐὰν κατ' Αἰσχύλον ἀρτίδροπος ὀπώρα νεάζουσα τρυγηϑῇ: τρυγηϑῇ war gegeben durch διαμεῖψαι κλημάτων τρυγερὰν δρόσον („mit den Reben des Weinstockes," wo sie wachsen, reifen und süss werden sollten, „zu vertauschen das Nass, das durch Zertreten der Trauben bei der Lese entsteht"). Von den Reben (κλίματα) werden die Trauben abgelesen (τὰς ἀμπέλους τρυγᾶν) und zu Most (δρόσος vgl. Pind. Ol. VII 3 δρόσος ἀμπέλου) getreten; τρυγερὸς ist von Hesych. überliefert. Man hat es bisher vermuthet und es ist an und für sich wahrscheinlich, dass die Worte des Eustathius sich auf unsere Stelle beziehen: wir sehen, dass jetzt ἀρτίδροπος ὀπώρα νεάζουσα (= ὠμοδρόπων νομίμων προπάροιϑεν) τρυγηϑῇ vollständig unserer Stelle entspricht:

κλαυτὸν δ' ἀρτιδρόποις
ὠμοδρόπων νομίμων προπάροιϑεν διαμεῖψαι
κλημάτων τρυγερὰν δρόσον.

Man vgl. mit dem Bilde Suppl. 998 τέρειν' ὀπώρα δ' εὐφύλακτος οὐδαμῶς und den Gebrauch des Wortes ὄμφαξ. —

5. Sept. 400.

καὶ νύκτα ταύτην ἣν λέγεις ἐπ' ἀσπίδος
ἄστροισι μαρμαίρουσαν οὐρανοῦ κυρεῖν,
τάχ' ἂν γένοιτο μάντις ἡ ἄνοια τινί.

So (ἡ ἄνοια τινί) hat der Med. von erster Hand; eine spätere Hand hat ἄνοια in ἀνοία corrigiert. Darauf bezieht sich das Schol. *παροξυτόνως Ἀττικῶς ἀντὶ τοῦ ἄνοια· διὰ δὲ τὸ μέτρον ἐξέτεινεν· ὁ δὲ νοῦς· τὰ ἐξ ἀνοίας τινῶν γενόμενα τάχα τῶν κακῶν αὐτοῖς ἔσται σύμβολα.* Diese Lesart *ἀνοία* erklärt Weil als Anspielung an das sprichwörtliche *ὁ πλεῖστον νοῦν ἔχων μάντις τ' ἄριστός ἐστι σύμβουλός θ'ἅμα.* Während sonst die vorschauende Klugheit die beste Prophetie ist, soll hier einmal die Thorheit das richtige getroffen haben. Dieser Gedanke scheint hier nicht passend zu sein, da *ἄνοια* „Unverstand" bei der Beziehung auf Tydeus „das thörichte Beginnen," nicht „die Unkenntniss, Bornirtheit" bedeuten müsste. Ihre volle Widerlegung aber findet diese Erklärung zugleich mit der von Hermann zurückgewiesenen Aenderung *ἡ 'ννοία* durch die Berücksichtigung des Accusativs *νύκτα ταύτην.* Dass *νύκτα ταύτην* Subjekt zu *μάντις γένοιτο* ist („subiectum verbi *γένοιτο* est *ἡ νὺξ αὕτη*, pro quo *τὴν νύκτα ταύτην* per attractionem dictum est"), hat Dindorf gesehen, welcher im übrigen *ἡ ἀνοία τινί* als Ausfüllung des defekten Verses betrachtet und dafür *οἷα πείσεται* schreibt. Die Unmöglichkeit der herkömmlichen Deutung „was diese Nacht betrifft" hat auch Keck (Fleckeisen'sche Jahrb. 81 S. 810) bemerkt, nicht sehr gut aber *καὶ νύκτα ταύτην εὖ λέγεις* vermuthet. Soviel steht fest, dass *νύκτα ταύτην* nur richtig ist, wenn es als Subjekt zu *γένοιτο* genommen wird; ich weiss aber nicht, ob diese Construktion als Attraktion aufzufassen oder vielmehr als eine Verwandlung von Subjekt und Objekt zu betrachten ist, indem der Gedanke *νύκτα ταύτην ἔχοι ἄν τις μάντιν* in den gleichen Gedanken *νὺξ αὕτη γένοιτο ἄν τινι μάντις* übergeht (vgl. oben S. 15). Wie das auch immer sein mag, der Text kann nach der Beobachtung, dass *νύκτα ταύτην* Subjekt zu *μάντις γένοιτο* sein muss, mit Sicherheit festgestellt werden: *ENNOIAI* wurde, *weil man zu* μάντις γένοιτο *das Subjekt vermisste,* EANOIA *gelesen;* in

τάχ' ἂν γένοιτο μάντις ἐννοίᾳ τινί

weist *ἐννοίᾳ τινί* „einer richtigen (*τινί*) Ueberlegung, Erwägung" auf die eben folgende besondere Art (*τινί*) der Erklärung hin. Zu *τινί* vgl. Prom. 165 *παλάμᾳ·τινί*, Cho. 138 *σὺν τύχῃ τινί*, Soph. Ai. 853 *σὺν τάχει τινί.* Zu *ἐννοίᾳ* vgl. Prom. 437 *συννοίᾳ δὲ δάπτομαι κέαρ κτέ*, Cho. 542 *κρίνω δέ τοί νιν ὥστε συγκόλλως ἔχειν· εἰ γὰρ τὸν αὐτὸν χῶρον ἐκλιπὼν ἐμοὶ κτέ.* —

6. Sept. 512.

Ὑπερβίῳ δὲ Ζεὺς πατὴρ ἐπ' ἀσπίδος
σταδαῖος ἧσται, διὰ χερὸς βέλος φλέγων·
κοὔπω τις εἶδε Ζῆνά του νικώμενον. 514
τοιάδε μέντοι προσφίλεια δαιμόνων· 515
πρὸς τῶν κρατούντων δ' ἐσμὲν, οἱ δ' ἡσσωμένων, 516
β. εἰ Ζεύς γε Τυφῶ καρτερώτερος μάχῃ·
γ. Ὑπερβίῳ τε πρὸς λόγον τοῦ σήματος
α. εἰκός γε πράξειν ἄνδρας ὧδ' ἀντιστάτας
δ. σωτὴρ γένοιτ' ἂν Ζεὺς ἐπ' ἀσπίδος τυχών. 520

Die zur Bezeichnung einer anderen Ordnung der Verse beigeschriebenen Buchstaben βγαδ rühren von einer Hand des 14. Jahrh. her. Diese neue Ordnung ist in die meisten Handschriften übergegangen. Brunck hat nach zwei Pariser Handschriften die Verse γ. α. umgestellt (β. α. γ. δ.) und so ist folgende Ordnung die gewöhnliche geworden:

εἰ Ζεύς γε Τυφῶ καρτερώτερος μάχῃ. 517
εἰκὸς δὲ πράξειν ἄνδρας ὧδ' ἀντιστάτας. 518
Ὑπερβίῳ τε πρὸς λόγον τοῦ σήματος 519
σωτὴρ γένοιτ' ἂν Ζεὺς ἐπ' ἀσπίδος τυχών. 520

Die Correktur εἰκὸς δὲ für εἰκός γε ist im Med. von ganz später Hand nachgetragen.

Die 6 letzten Verse nun 515 — 20 sind von Dindorf als interpoliert ausgeworfen worden; Hermann stimmt soweit bei, als er den trefflichen V. 514 und die vier letzten Verse 517 — 20 für unecht hält. Dindorf's Athetese schien eine glänzende Bestätigung zu erhalten, als Ritschl den Parallelismus der sieben Redenpaare entdeckte (in den Fleckeisen'schen Jahrb. B. 77 S. 761 — 801). Darnach warf Dindorf mit Prien noch V. 500 fort und stellte so die gleiche Verszahl beider Reden (14 = 14) her. Doch hat Ritschl selbst diese seiner neuen Entdeckung entgegenkommende Meinung nicht ganz zu der seinigen gemacht, sondern einerseits den V. 500 durch die Beobachtung geschützt, dass der Bote immer mit zwei Versen schliesst, andrerseits nur die 5 Verse 515. 517 — 20 abgeworfen, so dass die Rede des Eteokles mit den Versen endigt:

κοὔπω τις εἶδε Ζῆνά του νικώμενον.
πρὸς τῶν κρατούντων δ' ἐσμὲν, οἱ δ' ἡσσωμένων.

Die Gründe, auf welche Ritschl seine Athetese stützt, sind von Weil (ebd. 79, 836) und Keck (ebd. 81, 814) mit Erfolg zurückgewiesen worden. Mit Recht legt Ritschl dem Worte προσφίλεια eine ironische Bedeutung bei; die Trefflichkeit dieser Bedeutung, welche hinreicht den Vers vor aller Anfechtung sicher zu stellen, haben diejenigen nicht erkannt, welche in προσφίλεια das Verhältniss der Götter zu ihren Schützlingen wieder finden. Wie aber Ritschl einen abschliessenden und zu etwas neuem überleitenden Gedanken einen leeren Gemeinplatz nennen kann, verstehe ich nicht. Die beiden letzten Verse entsprechen aufs beste der von Ritschl gemachten Bemerkung, dass Eteokles entweder mit demüthigem Anheimstellen oder mit der ausgesprochenen Zuversicht auf Rettung durch Götterhülfe seine Reden zu schliessen pflegt. — Weil stellt V. 514 nach 517 und schreibt in V. 518 mit Heimsoeth (die Wiederherstellung etc. S. 441) κἄνδρας. Für die Umstellung des V. 514 kann ich keinen genügenden Grund finden; an seiner Stelle passt er ganz vortrefflich, indem er in freier, echt dichterischer Weise zu Ζεύς noch ein neues Attribut hinzufügt, als wenn es hiesse Ζεὺς πατὴρ ἐπ' ἀσπίδος σταδαῖος ἧσται ὁ ἀεὶ ἀνίκητος. Der V. 518 aber hat allerdings keinen Sinn, wenn man nicht κἄνδρας schreibt. — Keck ordnet die Verse in folgender Weise: 513. 515. 517. 514. 516. 518—20 (εἰ Ζεύς γε —, πρὸς τῶν κρατούντων δ' οἱ μὲν, οἱ δ' ἡσσωμένων, εἰκός γε πράξειν ἄνδρας). Damit ist nichts gewonnen, manches verdorben.

Merkwürdiger Weise hat man bei allen diesen Athetesen und Umstellungen die Ueberlieferung des Med. keiner näheren Berücksichtigung gewürdigt, ist dafür aber auch in der Befangenheit byzantinischer Gelehrsamkeit stecken geblieben. Handgreiflich stellt uns der Med. dar, dass der unnütze und ungeschickte V. εἰκός γε πράξειν ἄνδρας ὧδ' ἀντιστάτας, was soviel heissen soll als καὶ τοὺς ἄνδρας ἀντιστάτας κατὰ τὸν αὐτὸν τρόπον πράξειν, nur eine versificierte Randerklärung zu πρὸς λόγον τοῦ σήματος ist und als er in den Text gerieth, die im übrigen tadellose und vortreffliche Ordnung der Ueberlieferung gestört hat. In

515 τοιάδε μέν τοι προσφίλεια δαιμόνων.

516 πρὸς τῶν κρατούντων δ' ἐσμὲν, οἱ δ' ἡσσωμένων,

517 *εἰ Ζεύς γε Τυφῶ καρτερώτερος μάχῃ·*
519 *Ὑπερβίῳ τε πρὸς λόγον τοῦ σήματος*
520 *σωτὴρ γένοιτ' ἂν Ζεὺς ἐπ' ἀσπίδος τυχών.*
wird die aus dem gegenseitigen Verhältnisse der Götter für die
Menschen sich ergebende Folge im allgemeinen und in Rücksicht auf den Vorkämpfer der Partei insbesondere (*Ὑπερβίῳ τε*)
entwickelt. —

7. Ueber die Handschriften der drei ersten Stücke (Próm. Sept. Pers.).

Der Vers *εἰκός γε*- stand also in dem Originale des Medic.
am Rande neben *πρὸς λόγον τοῦ σήματος*; er konnte darnach
entweder vor oder nach dem V. *Ὑπερβίῳ τε* zu gehören scheinen; in Paris. A. steht er davor, im Med. darnach, und man
darf darum annehmen, dass Par. A. auf eine andere Abschrift
desselben Originals zurückgeht. Den umgekehrten Fall haben
wir Pers. 152, wo der Med. *προσπίτνω προσκυνῶ* gibt, das
Glossem *προσκυνῶ* also schon im Texte hat, während es im Vit.
und Lips. noch über der Zeile steht, wo es offenbar auch im
Originale des Med. gestanden hat. Ein gleiches wie mit dem
voraus behandelten V. der Sept. muss mit V. 195 desselben
Stückes stattgefunden haben: der V. fehlt im Med. und niemand
wird glauben machen können, dass der V. echt sei. Woher
soll aber der V. in die übrigen Handschriften gekommen sein?
Dindorf meint, dass er zur Ausfüllung der Lücke ersonnen
worden sei: allein der Inhalt dient diesem Zwecke nicht im geringsten. Hätte jemand die Lücke bemerkt und sie ausfüllen wollen,
so wäre ja seinem Gedanken an eine Lücke die Beobachtung
vorausgegangen, dass die Worte *καὶ μή τις ἀρχῆς τῆς ἐμῆς
ἀκούσεται* nur auf einen Befehl des Sprechenden folgen können.
Der V. bedeutet offenbar nichts anderes als der oben von uns
verworfene V. *εἰκός γε πράξειν ἄνδρας ὧδ' ἀντιστάτας;* er gibt
eine Bestätigung, die jemand hinzuschrieb, welchem der ausgesprochene Gedanke besonders zusagte: die beiden Verse geben
sich überhaupt als eines und desselben Geistes Kind zu erkennen.
Es ist aber auch die Annahme, dass die Byzantiner zur Ausfüllung einer Lücke Verse hinzugedichtet haben, weder an und
für sich wahrscheinlich noch erhält sie durch ein evidentes Beispiel eine Bestätigung (vgl. Ars Soph. emend. p. 98). Niemals

wird Dindorf die Ueberzeugung beibringen können, dass der
vortreffliche V. 800 in Soph. Oed. R. *καί σοι, γύναι, τἀλη-*
θὲς ἐξερῶ· τριπλῆς, welcher im Laur. fehlt, das Machwerk eines
Byzantiners sei.   Wenn wir aber den V. 195 auf die gleiche
Quelle zurückführen wie den V. 518, so müssen wir annehmen,
dass auch jener V. am Rande gestanden und desshalb von dem
sonst so sorgfältigen Schreiber des Med. übersehen worden sei.
Daraus folgt, dass für die in Byzanz vorzugsweise abgeschriebe-
nen Stücke eine nicht absolut, wol aber relativ, andere Ueberlieferung vorliegt als sie der Med. bietet.   Da der Med. sich
als eine sehr sorgfältige Copie zu erkennen gibt, so kommt es
in den meisten Fällen in praxi auf dasselbe hinaus, ob wir das
Original oder die Copie als die Quelle aller übrigen Handschriften betrachten: nur der Wirklichkeit wird die Annahme besser
entsprechen, dass *das Original der Florentinischen Handschrift*
des Aeschylus, Sophocles und Apollonius Rhodius nach Konstanti-
nopel kam und hier davon im 10. Jahrhundert die sorgfältige Copie
angefertigt wurde, welche wir in der Florentinischen Handschrift
haben, dass dagegen aus derselben Handschrift, dem Originale des
Med. oder Laur., nach Auswahl auch andere Stücke und zwar von
Aeschylus nur Prom. Sept. Pers. abgeschrieben wurden, welche die Be-
handlung und Correkturen byzantinischer Grammatiker erfahren haben.

Um wieder auf V. 195 zurückzukommen, so scheint dort
nicht eine Lücke, sondern nur die Folge eines Missverständnis-
ses vorzuliegen, das noch immer obwaltet.   Man nahm und
nimmt *μέλει γὰρ ἀνδρὶ* in V. 200 als Begründung des Vorausgehenden, während *μέλει γὰρ ἀνδρὶ* nur die voraus eingeschobene
Begründung des Gebotes *μὴ γυνὴ βουλευέτω τἄξωθεν* ist. *Dess-*
halb schienen V. 200. 201 nach V. 194 keinen Platz zu haben und
wurden nach V. 199 gerückt, wo man sie für geeigneter hielt.
Es wird also die Ordnung nach V. 194 ursprünglich folgende
gewesen sein:

200 *μέλει γὰρ ἀνδρὶ, μὴ γυνὴ βουλευέτω*
201 *τἄξωθεν· ἔνδον δ' οὖσα μὴ βλάβην τίθει.*
196 *κεἰ μή τις ἀρχῆς τῆς ἐμῆς ἀκούσεται,*
197 *ἀνὴρ γυνή τε χὤτι τῶν μεταίχμιον,*
198 *ψῆφος κατ' αὐτῶν ὀλεθρία βουλεύσεται,*

199 λευστῆρα δήμου δ' οὔτι μὴ φύγῃ μόρον.

202 ἤκουσας ἢ οὐκ ἤκουσας, ἢ κωφῇ λέγω;

Eteokles spricht nach dem Befehle, welchen er augenblicklich
nur den Frauen hat zukommen lassen, die Drohung wegen
etwaigen Ungehorsams gegen sein Regiment (ἀρχῆς) allgemein
aus; auf die Drohung aber beziehen sich die Worte ἤκουσας
κτέ (V. 202), so dass auch diese die Umstellung fordern. —

8. Sept. 683.

> εἴπερ κακὸν φέροι τις αἰσχύνης ἄτερ,
> ἔστω· μόνον γὰρ κέρδος ἐν τεθνηκόσι·
> κακῶν δὲ κᾀσχρῶν οὔτιν' εὐκλείαν ἐρεῖς.

Ein Scholiast gibt zu μόνον γὰρ κέρδος die Bemerkung:
ἡ εὔκλεια· ἐν κέρδος τὸ αὐτὸν ἐκδικῆσαι ἀδικούμενον. Schütz
vermisst in der Erklärung von Stanley: „siquidem malum fert
aliquis sine dedecore, esto; solum enim lucrum in mortuis; at
malorum et turpium nullam dices gloriam" die logische Gedankenfolge und stellt desshalb V. 684 und 685 um, wobei ἔστω
„non concedentis formula, sed in proposito perseverantis" sein
soll. Hermann stimmt ihm bei mit der Bemerkung „non
puto dici quod volunt, μόνον γὰρ κέρδος τοῦτο ἐν τεθνηκόσιν.
Hoc si poeta voluisset, non γὰρ, sed τόδε posuisset." Dindorf
hält den V. für das Machwerk eines Interpolators, welcher die
Lücke ausfüllte, Bücheler (Rh. Mus. XV 298) ändert unter
Verweisung auf das angeführte Schol. ἐν τεθνηκόσιν in εὖ τεθνηκόσιν, Weil ἔστω in ἐκ τοῦ.

Es ist keine Aenderung nothwendig oder auch nur statthaft.
Der Gedanke kann freilich nicht sein: „denn das (αἰσχύνης
ἄτερ) ist der einzige Gewinn beim Tode." Das κακὸν müsste
dann der Tod selbst sein, wovon hier gerade das Gegentheil
der Fall ist. Der Chor hat voraus den Eteokles ermahnt, er
möge nur die Bürger kämpfen lassen, selbst aber sich vom
Kampfe fern halten, um den gräulichen Brudermord zu verhüten.
Wenn darauf Eteokles erwidert: εἴπερ κακὸν φέροι τις αἰσχύνης ἄτερ, ἔστω, so versteht man sofort αἰσχύνης ἄτερ; es ist
die Schande gemeint, welche das Wegbleiben vom Kampfe bringen würde. Nicht so klar ist κακόν: *warum kann Eteokles sagen,
in dem Verlangen des Chors sich nicht dem Tode auszusetzen sei*

ihm ein κακόν geboten? *Dieses fordert eine Erklärung und diese wird nachträglich gegeben mit* μόνον γὰρ κέρδος ἐν τεθνηκύσι, als wenn es hiesse κακὸν δέ ἐστιν ὃ φέρεις, μόνον γὰρ κέρδος κτέ; nur der Tod ist dem Eteokles ein Gut, alles andere vom Uebel vgl. V. 697 λέγουσα κέρδος πρότερον ὑστέρου μόρου (Schütz vergleicht Soph. Ant. 463 ὅστις γὰρ ἐν πολλοῖσιν ὡς ἐγὼ κακοῖς ζῇ, πῶς ὅδ' οὐχὶ κατθανὼν κέρδος φέρει;). Die gewöhnliche Satzfolge wäre: κακὸν φέρεις, μόνον γὰρ κέρδος ἐν τεθνηκύσιν· εἰ δέ τις κακὸν φέροι ἄνευ αἰσχύνης, ἴστω· κακῶν δὲ κᾀσχρῶν οὔτιν' εὐκλείαν ἐρεῖς. Dem Gegensatze κακὸν αἰσχύνης ἄτερ — κακῶν κᾀσχρῶν zu Liebe ist die Erklärung erst nachträglich eingeschoben; auf gleiche Weise folgt Soph. O. R. 861 πέμψω ταχύνασ'. ἀλλ' ἴωμεν ἐς δόμους· οὐδὲν γὰρ ἂν πράξαιμ' ἂν ὧν οὐ σοὶ φίλον die Begründung von πέμψω ταχύνασα erst nach dem Zwischensatz ἀλλ' ἴωμεν ἐς δόμους. Die richtige Beziehung wird durch den Vortrag vermittelt. —

9. Sept. 769 (und Suppl. 989).

πρόπρυμνα δ' ἐκβολὰν φέρει
ἀνδρῶν ἀλφηστᾶν
ὄλβος ἄγαν παχυνθείς.

Man hat verleitet durch ἐκβολὰν φέρει πρόπρυμνα von πρύμνα (puppis) abgeleitet, ohne sich klar zu machen, dass sich eine solche Zusammensetzung auf keine Weise rechtfertigen lässt. Blomfield gibt die Erklärung „πρόπρυμνος, ante puppim. πρόπρυμνος ἐκβολὴ iactura quae a puppi fit. Scilicet opes e puppi proiciebantur. Bene contulit Stanleius Act. Apost. XXVII 18, non contulit Ag. 1010.‟ Wie reimt sich die Vorstellung „ante puppim‟ zu der von „a puppi‟? Eher lässt sich πρόπρυμνος verstehen, wenn man es mit dem Adjektiv πρυμνός in unmittelbare Beziehung bringt und nach der Analogie von πρόπας, προβαθύς, προϊόλης, πρόδηλος, πρόκακος u. a. erklärt vgl. ὕλην πρυμνὴν ἐκτάμνοντες Hom. M 148. Aber einmal gibt die Beobachtung, dass an den beiden Stellen, wo πρεμνόθεν sich bei Aeschylus findet, Sept. 71 und 1056, jedesmal πρυμνόθεν geschrieben ist, uns volle Freiheit auch hier πρόπρεμνα zu lesen; zweitens wird πρόπρεμνα durch die *Analogie* von πρόρριζα und προθέλυμνα gefordert: πρόπρεμνος verhält sich ebenso zu πρέμνοθεν ("mit Stumpf und Stiel") wie πρόρριζος zu ῥιζόθεν. Man vgl. Soph. El. 765 πρόρριζον ὡς ἔοικεν ἔφθαρται γένος mit Sept. 1056 γένος ὠλέσατε πρέμνοθεν οὕτως und αὐτόρριζος mit αὐτόπρεμνος (Eum. 401) oder mit

πρόπρεμνα δ' ἐκβολὰν φέρει

Soph. El. 510 παγχρυσέων δίφρων δυστάνοις αἰκίαις πρόρριζος ἐκριφθείς, Hom. I 541 προθέλυμνα χαμαὶ βάλε δένδρεα, Aristoph. Equ. 528 ἐφόρει τὰς δρῦς καὶ τὰς πλατάνους καὶ τοὺς ἐχθροὺς προθελύμνους, Pax 1210 οἴμ' ὡς προθέλυμνόν μ' ὦ Τρυγαῖ' ἀπώλεσας. Nicht von dem Versinken des Schiffes, sondern von dem Entwurzeln des Baumes (ἐκβάλλειν δοῦρα) ist das Bild entlehnt vgl. Prom. 1046 χθόνα δ'ἐκ πυθμένων αὐταῖς ῥίζαις πνεῦμα κραδαίνοι. —

Auch Suppl. 989

τοιῶνδε τυγχάνοντας εὐπρυμνῇ φρενὸς
χάριν σέβεσθε τιμιωτέραν ἐμοῦ

ist εὐπρυμνῇ φρενὸς χάριν unverständlich; Schiffe heissen natürlicher Weise bei Homer und Euripides εὔπρυμνοι; man kann auch von einer πρύμνη φρενὸς oder καρδίας sprechen, wenngleich πρώρα καρδίας aus Cho. 390 nicht dafür angeführt werden darf (vgl. oben S. 6); wie aber die Zusammensetzung mit εὖ einen Sinn ergeben soll, ist nicht ersichtlich. Darum wäre es rathsam mit Hermann (nach einer früheren Conjectur von Paley, der jetzt τυγχάνοντα πρευμενῇ schreibt) ἐν πρύμνῃ zu lesen, wenn nicht die obigen Stellen zeigten, dass auch hier εὐπρεμνῇ ("festgewurzelten Dank" vgl. προθέλυμνος χάρις Anth. I 26, 3) zu setzen sei. Die gewöhnliche Form εὔπρεμνος findet sich Anth. VI 221 in einem Epigramm des Leonidas; εὐπρέμνοις erklärt Hesychius εὐστελέχεσι. —

10. Sept. 773.

τίν' ἀνδρῶν γὰρ τοσόνδ' ἐθαύμασαν
θεοὶ καὶ ξυνέστιοι
πόλεως πολύβοτός τ' αἰὼν βροτῶν.

Mit Recht hat Weil an θεοὶ Anstoss genommen. Der Chor erinnert an bekannte Dinge: was weiss der Chor von der Ansicht der Götter? Nur Menschen lassen sich vom äusseren

Glanze blenden, nicht aber die Götter. Wer aber fühlt nicht, dass nach *θεοί* der Begriff *ξυνέστιοι* unpassend ist und vielmehr statt *θεοί* ein Gegensatz zu *ξυνέστιοι* erfordert wird? Was Weil vorgeschlagen hat (*τ' ἔνοικοι, τ' ἐν οἴκοις,*) *θεράπναι*, kann unmöglich befriedigen; ebensowenig genügt Meineke's Vermuthung *ὅσοι καὶ ξυνέστιοι.* Augenscheinlich ist *θεοί* aus *ὀθνεῖοι* verdorbt; denn diesen Begriff erfordert der Sinn; *καί* aber musste hinzukommen, als *θεοὶ ξυνέστιοι* geschrieben war. Ueber die Trefflichkeit des Asyndeton in *ὀθνεῖοι ξυνέστιοι* brauche ich nichts zu bemerken. Der folgende V. ist durch Hermann, Dindorf und Weil verbessert:

τίν' ἀνδρῶν γὰρ τοσόνδ' ἐθαύμασαν
ὀθνεῖοι, ξυνέστιοι
πόλεος ὁ πολύβατός τ' ἀγὼν βροτῶν.

Wegen der syllaba anceps in *ἐθαύμασαν* vgl. den Hiatus *φέρει ἀνδρῶν* V. 769. —

11. Sept. 803.

— *τί δ' ἐστὶ πρᾶγμα νεόκοτον πόλει πλέον;* 803
— *πόλις σέσωσται, βασιλέες δ' ὁμόσπυροι* 804
— *ἄνδρες τεθνᾶσιν ἐκ χερῶν αὐτοκτόνων.* 805
— *τίνες; τί δ' εἶπας; παραφρονῶ φόβῳ λόγον.* 806
— *φρονοῦσα νῦν ἄκουσον· Οἰδίπου τόκω* 807
— *οἳ 'γὼ τάλαινα· μάντις εἰμὶ τῶν κακῶν.* 808
— *οὐδ' ἀμφιλέκτως μὴν κατεσποδημένοι.* 809
— *ἐκεῖθι κεῖσθον; βαρέα δ' οὖν ὅμως φράσον.* 810
— *οὕτως ἀδελφαῖς χερσὶν ἠναίροντ' ἄγαν.* 811
— *οὕτως ὁ δαίμων κοινὸς ἦν ἀμφοῖν ἅμα.* 812
— *αὐτὸς δ' ἀναλοῖ δῆτα δύσποτμον γένος κτέ* 813

Porson hat 804 ausgeworfen und im folg. V. *ἄνδρες* geschrieben. Dagegen bemerkt Hermann: rectius Porsonus illum versum non hic, sed infra (820) eiecisset. Illo enim loco perabsurdum est, quae modo clare dicta erant, his verbis iterari *πόλις σέσωσται· βασιλέοιν δ' ὁμοσπόροιν πέπωκεν αἷμα γαῖ' ὑπ' ἀλλήλων φόνῳ.* Diese Bemerkung Hermanns ist unrichtig. Nach den Versen 793—802 und nach der Frage *τί δ' ἐστὶ πρᾶγμα νεόκοτον πόλει;* passt es nicht *πόλις σέσωσται* vorauszuschicken; dagegen ist die Zusammenfassung der ganzen Situation

für den Schluss des Berichts sehr geeignet und von ergreifender
Wirkung (vgl. oben S. 21 f.). Es kann kein Zweifel sein, dass
Porsons Annahme richtig ist.

Hermann setzt den V. 820 an die Stelle von V. 804 (*βα-
σιλ.ίοιν δ' ὁμοσπόροιν*), ändert desshalb in V. 806 *τίνες* in *τί-
νων*, lässt 807 (*φρονοῦσα Οἰδίπου γένους —*), 808. 821
(*πέπωκεν αἷμα γαῖ' ὑπ' ἀλλήλων φόνῳ*), 810 (*ἐκεῖθι κῆλθον;*
= „eo igitur pervenerunt, ut mutua caede se interimerent"),
805. 811. 809. 812. 813 aufeinanderfolgen. In dieser Anordnung ist der V. 805 *ἄνδρες τεθνᾶσιν ἐκ χερῶν αὐτοκτόνων* nach
V. 821 *πέπωκεν αἷμα γαῖ' ὑπ' ἀλλήλων φόνῳ* durchaus
müssig, während der dazwischenstehende V. 810 mit der Aufforderung *βαρέα δ' οὖν ὅμως φράσον* eine genauere Ausführung
oder vielmehr das entscheidende Wort, die volle Wahrheit, die
der Bote noch nicht ganz herausgesagt hat, erwarten lässt.
Abgesehen also von der Gewaltsamkeit der Aenderungen und
Umstellungen kann man sich mit Hermanns Anordnung des Textes nicht begnügen. Es sind desshalb weitere Versuche die
Stelle in Ordnung zu bringen gemacht worden. Aber keiner
dieser Versuche kann als gelungen betrachtet werden, weil bei
jedem ein Anstoss zurückbleibt.

Dindorf hat V. 804 gestrichen und 818. 819, mit Butler
820. 821 in Klammern gesetzt. Weiter hat Dindorf nichts geändert und nur die ursprüngliche Lesart des Med. in V. 810
ἐκεῖθι κεῖσθον; wieder hergestellt wegen der bedenklichen Krasis
in der Lesart *ἐκεῖθι κῆλθον*, welche von späterer Hand herrührt. Es haben aber bei dieser Stellung die Worte des V. 809
keinen Sinn, von welchem Hermann mit Recht bemerkt: sunt
confirmantis ante dicta, non rem novam afferentis.

Ueber den Vorschlag von A. Ludwig (zur Kritik des
Aeschylos. Wien 1860 S. 29), welcher V. 810 nach 802 setzt
mit der Aenderung von *κῆλθον* in *κῆλθεν*, indem Apollo Subject sein soll, brauche ich nichts zu sagen.

Weil lässt 804, nicht 805 stehen, schreibt in V. 808
τεθνᾶσι; für *τάλαινα*, nimmt in V. 810 *κῆλθον* an, lässt wie
Hermann auf 810 den V. 805 folgen und setzt endlich 821 nach
811. Dabei ist nicht nur die Correktur *κῆλθον* und die Aende-

rung von τάλαινα in τεϑνᾶσι bedenklich, sondern auch die Entstehung der handschriftlichen Unordnung unerklärlich.

Auf ähnliche Resultate wie Weil ist Halm gekommen, welcher diese Stelle im Rh. Mus. 21, 335 behandelt hat. Halm gibt folgende Ordnung an: 804. 806. 807. 808. 805. 810. 809. 811. 821. Allein es kann V. 805 nicht mit V. 807 in Verbindung gebracht werden; denn zu dem Subjecte des angefangenen Satzes Οἰδίπου τόκοι oder τόκω muss unmittelbar das Prädikat in der Fortsetzung kommen, es kann kein neues Subject ἄνδρες dazwischen stehen. Der constante Gebrauch der Tragiker bei solchen Unterbrechungen ist bekannt. Die Entstehung der Ueberlieferung bleibt auch hierbei unerklärt.

Um aber eine sichere Anordnung des Textes zu gewinnen, ist folgendes zu beachten: die Worte οὐδ' ἀμφιλέκτως μὴν κατεσποδημένοι (809) dienen, wie Hermann gesehen hat, zur Bestätigung und Erweiterung des voraus gesagten; sie haben also, was auch von Halm hervorgehoben worden ist, nur einen Sinn, wenn ἐκεῖϑι κεῖσϑον; vorausgeht; *folglich sind die V. 809 und 810 umzustellen.* Was ist aber die Veranlassung einer solchen Verstellung gewesen? Diese ist uns angezeigt durch die Correktur von ἐκεῖϑι κεῖσϑον in ἐκεῖϑι κῆλϑον; denn ἐκεῖϑι κῆλϑον kann nicht heissen, was Hermann darin findet, sondern enthält offenbar eine Beziehung auf μάντις εἰμὶ τῶν κακῶν und heisst sehr prosaisch „darauf habe ich auch gerathen." Wir sehen, *dass der V. 808 die ganze Verwirrung hervorgerufen hat. Dieser war als Parallelstelle zu* παραφρονῶ φόβῳ λόγου *an den Rand geschrieben* und hatte, als er in den Text gekommen, die Umstellung von V. 810. 809 und die Correktur ἐκεῖϑι κῆλϑον zur Folge. So kommt der V. 810 an die Stelle, an welche er gehört d. h. nach Οἰδίπου τόκω; denn die Worte βαρεῖα δ' οὖν ὅμως φράσον geben zu erkennen, dass der Bote in Mitte seiner Rede stockt und das unheilverkündende Wort nicht herausbringt. V. 811 fällt dem Chore zu, dem er allein zukommt; auch ἄγαν ist unter dem Einflusse der Umstellung entstanden und hat sicher ἄρα geheissen, wie schon Meineke vermuthet hat. Vgl. Soph. Ant. 1178 ὦ μάντι, τοὔπος ὡς ἄρ' ὀρϑὸν ἤνυσας. Wenn Weil statt dessen ἀδελφαῖς in ὁμαίμοις ändert und dafür auf κάρτα δ' εἰσ' ὅμαιμοι V. 940 verweist, so hat

5 *

er übersehen, was an der letzteren Stelle vorausgeht und dieser
einen ganz verschiedenen Sinn gibt. Der V. 812 kann von V.
811 nicht getrennt werden; er fällt also dem Boten zu und
während in V. 813 *δέ* nicht passend wäre, wenn der Vers eine
Antwort enthielte, ist es in der Fortsetzung der Rede ganz an
seiner Stelle. Für *αὐτός* aber muss, wie *δῆτα* zeigt, *αὐτός*
geschrieben werden, welches sich auf *κοινὸς ἀμφοῖν* bezieht.
Wir haben demnach folgenden natürlichen Gedankengang:

> *Χο.* τί δ' ἐστὶ πρᾶγμα νεόκοτον πόλει πλέον; 803
> *Αγ.* ἄνδρες τεθνᾶσιν ἐκ χερῶν αὐτοκτόνων. 805
> *Χο.* τίνες; τί δ' εἶπας; παραφρονῶ φόβῳ λόγου. 806
> *Αγ.* φρονοῦσα νῦν ἄκουσον· Οἰδίπου τόκω 807
> *Χο.* ἐκεῖθι κεῖσθον; βαρέα δ' οὖν ὅμως φράσον. 810
> *Αγ.* οὐδ' ἀμφιλέκτως μὴν κατεσποδημένοι. 809
> *Χο.* οὕτως ἀδελφαῖς χερσὶν ἠναίροντ' ἄρα; 811
> *Αγ.* οὕτως ὁ δαίμων κοινὸς ἦν ἀμφοῖν ἅμα.
> αὐτὸς δ' ἀναλοῖ δῆτα δύσποτμον γένος κτέ.

12. Sept. 874.

> *ἰὼ ἰὼ δύσφρονες*
> *φίλων ἄπιστοι καὶ κακῶν ἀτρύμονες*

Der Sinn von *κακῶν ἀτρύμονες* ist klar („die sich durch
schlimmes nicht weich, zahm machen liessen). Wie aber *κακῶν*
das Neutrum ist, so kann auch *φίλων* nicht masculinum sein;
denn *φίλων ἄπιστοι* und *κακῶν ἀτρύμονες* stehen in Gegensatz
zu einander. Das *δυσφρονεῖν* besteht darin, dass die Brüder
weder durch Gutes noch durch Schlimmes sich haben beugen
lassen. An und für sich ist die Construction *φίλων* (masc.) *ἄπιστοι* bedenklich; *ἄπιστος* im Sinne von *ἀπειθής* regiert den Dativ
V. 1030 und Eur. Iph. Taur. 1475. Zu dem neutr. *φίλων*
passt aber *ἄπιστοι* noch weniger; auch enthält *ἄπιστοι* nicht den
erforderlichen Gegensatz zu *ἄτρυμονες.* Dieser Gegensatz heisst
vielmehr: „*weder durch die sanfte π ε ι θ ώ des Glückes noch
durch die rauhe Gewalt des Unglücks auf andere Gesinnung gebracht;*" es ist also zu lesen:

> *φίλων ἄ π ε ι σ τ ο ι καὶ κακῶν ἀτρύμονες*

Bekannt ist der Streit über die Lesart *εὔπειστα* oder *εὔπιστα*
Soph. Ai. 151, Suppl. 277 hat Med. *ἄπειστα* für *ἄπιστα.* — Bei

ἄπειστος aber steht der gen. wie in *κακῶν ἀτρέμονες*, in *δίκας ἀφόβητος* Soph. O. R. 885, *μάχης ἄτριστοι* Aesch. Prom. 416, in *λόγχης ἄκμονες* Pers. 51, *νούσων ἀδμῆτες* Bacchyl. bei Clem. Alex. Strom. V. p. 602 A, vgl. Krüger II § 47, 26, 9. —

13. Sept. 907.

> *ἐμοιράσαντο δ'ὀξυκάρδιοι*
> *κτήμαθ' ὥστ' ἴσον λαχεῖν.*
> *διαλλακτῆρι δ' οὐκ*
> *ἀμεμφεία φίλοις*
> *οὐδ' ἐπίχαρις Ἄρης.*

Die Worte *διαλλακτῆρι δ' οὐκ ἀμεμφεία φίλοις*, welche von dem Schol. des Med. richtig erklärt werden *μέμφονται δὲ οἱ φίλοι αὐτῶν τὸν διαλλακτῆρα σίδηρον ὡς μηδετέρῳ χαρισάμενον,* enthalten gerade das Gegentheil von dem, was gesagt werden muss. Was wird das richtige sein, der Gedanke „die Freunde beschweren sich, dass ihre Partei nicht mehr als die andere berücksichtigt worden sei", oder der Gedanke, „*es ist gleich vertheilt* (*ἴσον λαχεῖν*) *und keine Partei kann sich beklagen übervortheilt worden zu sein; Ares ist nicht parteiisch gewesen*"? Ich denke, es ist klar, dass der Gedankenzusammenhang und die Natürlichkeit des Gedankens nur das letztere zulässt. *Es ist also δ' οὐκ in δ' οὖν zu verändern;* δ' οὖν ist die richtige Anknüpfung des Satzes, welcher für die Behauptung *ὥστ' ἴσον λαχεῖν* das thatsächliche angibt, und

> *διαλλακτῆρι δ' οὖν*
> *ἀμεμφεία φίλοις*
> *οὐδ' ἐπίχαρις Ἄρης*

enthält den richtigen Gedanken *διαλλακτῆρι δ' οὖν οὐ μέμφονται οἱ φίλοι οὐδ' ἐπίχαρις Ἄρης.* Mit diesem Gedanken ist etwas besonderes angegeben; denn in der Regel ist das Gegentheil der Fall.

V. Zu ΠΕΡΣΑΙ.

1. Pers. 16. Ueber die anapästische Dipodie.

οἴτε τὸ Σούσων ἠδ' Ἀγβατάνων
καὶ τὸ παλαιὸν Κίσσιον ἕρκος
προλιπόντες ἔβαν,
οἱ μὲν ἐφ' ἵππων, οἱ δ' ἐπὶ ναῶν
πεζοί τε βάδην
πολέμου στῖφος παρέχοντες.

Blomfield hat, um die letzte Silbe in ἔβαν zu verlängern,
τοὶ μὲν — τοὶ δ' geschrieben und Engor (Berliner Zeitschr.
f. d. Gymn. XIII S. 798) und Weil sind der gleichen Ansicht.
Dagegen hat Hermann (El. d. metr. p. 373, Epitome §. 364)
die Ausnahme aufgestellt: hiatus et syllaba brevis quae quidem
in consonantem exeat, interdum in fine versus, ubi vel persona
mutatur vel finis sententiae est, admissa invenitur. Die Sache
scheint eine andere Bewandtniss zu haben.

Westphal (Griech. Metr. S. 177²) hat theoretisch den
Satz entwickelt, dass die unter Tetrapodieen eines Hypermetron
eingemischten Dipodieen eine selbstständige Reihe bilden und
dass eine Dipodie einer Tetrapodie entsprechen kann. Dieser
Satz wird durch sichere Beispiele des Aeschylus bestätigt. Die
in der Exodos des Prom. von Hermann entdeckte Symmetrie
darf als Thatsache gelten. Darnach entsprechen sich V. 1010—
1053 und V. 1080—1093. Es liegt aber nicht der geringste
Grund vor mit Hermann eine Lücke nach V. 1090 (oder mit
Hartung in V. 1081) anzunehmen. Es entspricht also die
Dipodie χθὼν σεσάλευται der Tetrapodie V. 1041. — Ebenso
sicher ist die Responsion der von den beiden Halbchören vor-
getragenen Hypermetra am Ende der Sieben g. Th. Wieder
nehmen Ritschl und Hermann eine Lücke nach V. 1069 an,
während Dindorf durch Textänderung die Gleichheit herstellt.
Allein weder das eine noch das andere erscheint gerechtfertigt
und auch hier correspondiert, wie schon Weil bemerkt, eine
Dipodie mit einer Tetrapodie. — Eine gleiche Symmetrie wie
im Prom. hat Hermann in den Hypermetra gefunden, welche

sich Eum. 927 an die Strophen u. Antistrophen reihen. Während die Strophen und Antistrophen paarweise aufeinanderfolgen, haben die Anapäste mesodische Gliederung (a b c b a). Es steht aber dann die Dipodie V. 923 πληγαὶ βιότου, nach welcher Hermann eine durch den Sinn nicht geforderte Lücke ansetzt, dem Parömiakus V. 1009 πέμπειν πόλεως ἐπὶ νίκῃ gegenüber. — Aus dem letzten Beispiele ergibt sich der Satz, um welchen es uns hier zu thun ist: *Die selbstständige anapä-stische Dipodie kann ebenso stehen, wie derjenige Parömiakus, welcher nicht den vollständigen Gedanken, sondern nur ein Glied der Satz-periode abschliesst.* So steht die Dipodie ὀνοταζόμεναι Suppl. 11 gewiss auf gleicher Stufe wie der vorausgehende Parömiakus ψήφῳ πόλεως γνωσθεῖσαι und der nachfolgende κύδιστ' ἀχέων ἐπέκρανε. Recht deutlich zeigt sich das auch an Eur. Hec. 113

> τάδε θωΐσσων·
>
> ποῖ δή, Δαναοὶ, τὸν ἐμὸν τύμβον
>
> στέλλεσθ' ἀγέραστον ἀφέντες.

Die Anführung der fremden Worte fordert eine Pause nach θωΐσσων. — Ihre Bestätigung erhält diese Bemerkung über die Bedeutung der Dipodie dadurch, dass *alle unregelmässigen Fälle des Hiatus und der syllaba anceps auf das Ende einer selbstständigen Dipodie zurückgeführt werden können.* Das sprechendste Beispiel hiefür ist Eur. Hec. 147

> τοῖς θ' ὑπὸ γαῖαν.
>
> ἦ γάρ σε λιταὶ διακωλύσοσ' κτέ.

Die Aenderung von *Porson* ὑπὸ γαίας ist in doppelter Hinsicht bedenklich; einmal ist es nicht wahrscheinlich, dass ὑπὸ γαίας in ὑπὸ γαῖαν, das gewöhnliche in das ungewöhnliche übergegangen sei; dann wird durch die Aenderung ὑπὸ γαίας eine Eigenthümlichkeit des griechischen Sprachgebrauchs verwischt, da sich in ὑπὸ γαῖαν der in κηρύσσειν liegende Begriff der Bewegung und Richtung („hinunterrufen") geltend gemacht hat. Auch an ebd. V. 83 ἔσται τι νέον, wornach Hekabe einen Augenblick absetzt, um sich über den Grund ihrer Beängstigung zu besinnen, könnte man erinnern, wenn man dort nicht freie Anapäste hätte. Soph. Ai. 169 aber müssen alle Aenderungs-versuche als unstatthaft erscheinen, wenn man schreibt:

$$\pi\alpha\tau\alpha\gamma\tilde{o}\tilde{v}\sigma\iota\nu\ \mathring{\alpha}\pi\epsilon\varrho\ \pi\tau\eta\nu\tilde{\omega}\nu\ \mathring{\alpha}\gamma\epsilon\lambda\alpha\iota$$
$$\mu\acute{\epsilon}\gamma\alpha\nu\ \alpha\mathring{\iota}\gamma\nu\pi\iota\acute{\omega}\nu\cdot$$
$$\mathring{v}\pi o\delta\epsilon\acute{\iota}\sigma\alpha\nu\tau\epsilon\varsigma\ \tau\acute{\alpha}\chi'\ \mathring{\alpha}\nu\ \mathring{\epsilon}\xi\alpha\acute{\iota}\varphi\nu\eta\varsigma,$$
$$\epsilon\mathring{\iota}\ \sigma\mathring{v}\ \varphi\alpha\nu\epsilon\acute{\iota}\eta\varsigma,$$
$$\sigma\iota\gamma\tilde{\eta}\ \pi\tau\acute{\eta}\xi\epsilon\iota\alpha\nu\ \mathring{\alpha}\varphi\omega\nu o\iota.$$

Aesch. Sept. 824 verlangt nunmehr das Metrum so wenig als der Sinn eine Ergänzung:

$$\mathring{\omega}\ \mu\epsilon\gamma\acute{\alpha}\lambda\epsilon\ Z\epsilon\tilde{v}\ \varkappa\alpha\mathring{\iota}\ \pi o\lambda\iota o\tilde{v}\chi o\iota$$
$$\delta\alpha\acute{\iota}\mu o\nu\epsilon\varsigma,\ o\mathring{\iota}\ \delta\mathring{\eta}\ K\acute{\alpha}\delta\mu o\nu\ \pi\acute{v}\varrho\gamma o\nu\varsigma$$
$$\tau o\acute{v}\sigma\delta\epsilon\ \mathring{\varrho}\acute{v}\epsilon\sigma\vartheta\epsilon,$$
$$\pi\acute{o}\tau\epsilon\varrho o\nu\ \chi\alpha\acute{\iota}\varrho\omega\ \varkappa\tau\acute{\epsilon}.$$

Auf gleiche Weise verhält es sich mit der Anfangs berührten Stelle der Perser, wo nach der Dipodie $\pi\varrho o\lambda\iota\pi\acute{o}\nu\tau\epsilon\varsigma\ \mathring{\epsilon}\beta\alpha\nu$ ein Absatz ist. Es bleibt nun ausser dem Hiatus nach dem Ausruf $\iota\mathring{\omega}\ \gamma\tilde{\alpha}\ \gamma\tilde{\alpha}$ Ag. 1538 noch der Hiatus Ag. 794, wo der Sinn unvollständig und wahrscheinlich mit H e r m a n n der Ausfall eines Parömiakus anzunehmen ist, und Eum. 314 übrig, wo an der Richtigkeit der Umstellung von P o r s o n $o\mathring{v}\tau\iota\varsigma\ \mathring{\epsilon}\varphi\acute{\epsilon}\varrho\pi\epsilon\iota\ \mu\tilde{\eta}\nu\iota\varsigma$ $\mathring{\alpha}\varphi'\ \mathring{\eta}\mu\tilde{\omega}\nu$ kaum gezweifelt werden darf. Ag. 1522 ist Interpolation. Sept. 826 hat erst die Ergänzung von D i n d o r f einen Hiatus am Ende der Tetrapodie geschaffen, während der Hiatus in der Ueberlieferung am Ende des Parömiakus gerechtfertigt ist.—

Aeschylus beobachtet in denjenigen Anapästen, welche nicht das Auftreten des Chors oder einer Person ankündigen, eine gewisse Symmetrie, auch wenn sich die Anapäste nicht ân melische Partieen anschliessen. Sept. 822 haben wir 3. 2. 2. 3 Verse und vor den oben behandelten antistrophischen Halbchören ebd. 1054 zwei gleiche Glieder (6=6). — Pers. 532 ergibt sich die Ordnung von 5. 4. 5 Versen; dazu bilden die beiden Verse

$$\varkappa\mathring{\alpha}\gamma\mathring{\omega}\ \delta\mathring{\epsilon}\ \mu\acute{o}\varrho o\nu\ \tau\tilde{\omega}\nu\ o\mathring{\iota}\chi o\mu\acute{\epsilon}\nu\omega\nu$$
$$\alpha\mathring{\iota}\varrho\omega\ \delta o\varkappa\acute{\iota}\mu\omega\varsigma\ \pi o\lambda\nu\pi\epsilon\nu\vartheta\tilde{\eta}.\ ^{1}$$

---

1) Diese Stelle ist nicht lückenhaft. In $\alpha\mathring{\iota}\varrho\omega$ hat man die Beziehung auf die *hohe Tonart* der $o\mathring{v}\varrho\acute{\alpha}\nu\iota'\ \mathring{\alpha}\chi\eta$ zu erkennen; $\delta o\varkappa\acute{\iota}\mu\omega\varsigma$ erklärt man prorsus oder strenue oder $\mathring{\alpha}\lambda\eta\vartheta\tilde{\omega}\varsigma$, vere (re vera); die richtige Erklärung ergibt sich aus Sept. 863 $o\mathring{v}\varkappa\ \mathring{\alpha}\mu\varphi\iota\beta\acute{o}\lambda\omega\varsigma$ .. $\mathring{\epsilon}\varkappa\ \beta\alpha\vartheta\nu\varkappa\acute{o}\lambda\pi\omega\nu\ \mathring{\eta}\sigma\epsilon\nu$ $\mathring{\alpha}\lambda\gamma o\varsigma\ \mathring{\epsilon}\pi\acute{\alpha}\xi\iota o\nu$, ebd 872 $\delta\acute{o}\lambda o\varsigma\ o\mathring{v}\delta\epsilon\mathring{\iota}\varsigma\ \mu\mathring{\eta}\ '\varkappa\ \varphi\varrho\epsilon\nu\acute{o}\varsigma\ \mathring{o}\varrho\vartheta\tilde{\omega}\varsigma\ \mu\epsilon\ \lambda\iota\gamma\alpha\acute{\iota}\nu\epsilon\iota\nu$, ebd. 919 $\mathring{\epsilon}\tau\acute{v}\mu\omega\varsigma\ \delta\alpha\varkappa\varrho\nu\chi\acute{\epsilon}\omega\nu\ \mathring{\epsilon}\varkappa\ \varphi\varrho\epsilon\nu\acute{o}\varsigma$: $\delta o\varkappa\acute{\iota}\mu\omega\varsigma$ *bedeutet* s. v. a. $\mathring{o}\varrho\vartheta\tilde{\omega}\varsigma$, $\mathring{\epsilon}\tau\acute{v}\mu\omega\varsigma$ „*in ächter, unverfälschter, in aufrichtiger Weise*". —

eine Art Epodos. — Ebd. 623 haben wir 6=6 Verse. — Ueber
Suppl. 966 ff. lässt sich nicht urtheilen. — Ag. 355 folgen auf
eine Proodos von 2 Versen zwei gleiche Systeme von 5 Versen.
— Ag. 1331 haben wir 4, 3 = 3, 2 Verse, worin die Dipodie
οἴκαδ᾽ ἱκάνει dem Parömiakus ποινὰς θανάτων ἐπικραίνοι (wie
vielleicht für ἐπικρανεῖ zu schreiben ist) entspricht. — Cho. 306
folgen auf eine Proodos von 3 Versen 3 = 3 Verse; auf gleiche
Weise wird auch V. 372—379 geordnet gewesen sein. — Ebd.
855 ergeben sich 4, 4, 3, 3 V., ebd. 1065 3. 2, 3, 2. 2 V.;
Eum. 307 3. 2. 4. 2. 3 Verse. —

Prom. 85 ist diejenige Abtheilung die richtige, welche die
Dipodie χρόνον ἀθλεύσω als Abschluss des Gedankens gibt. —
Suppl. 30 ist nicht durch Aenderung des Textes ein Parömiakus
herzustellen, sondern durch eine andere Abtheilung eine Dipodie
zu gewinnen:

> ὁσίων ἀνδρῶν, δέξαιθ᾽ ἱκέτην
> τὸν θηλυγενῆ στόλον αἰδοίῳ
> πνεύματι χώρας.
> ἀρσενοπληθῆ δ᾽ ἑσμὸν ὑβριστὴν
> Αἰγυπτογενῆ,
> πρὶν πόδα χέρσῳ τῇδ᾽ ἐν ἀσώδει κτὲ.

2. Pers. 309.

> οἵδ᾽ ἀμφὶ νῆσον τὴν πελειοθρέμμονα
> κυκώμενοι κύρισσον ἰσχυρὰν χθόνα.

Κυκώμενοι für νικώμενοι hat Heimsoeth nach einer Wiener
Handschrift hergestellt. Es steckt noch ein Fehler in ἰσχυράν
Der Gedanke ist klar: „sie werden um die Insel hin und her-
getrieben und stossen hart an dem harten Lande an"; ἰσχυρός
aber heisst „physisch stark" und kann von dem Lande in dem
Sinne gesagt werden, welchen wir Herod. I 76 ἡ δὲ Πτερίη
ἐστὶ τῆς χώρης ταύτης τὸ ἰσχυρότατον vorfinden; ἰσχυρὰ βρώ-
ματα bei Hippocr. p. 817 C wird man nicht für unsere Stelle anführen wollen. Man erwartet für ἰσχυρὰν einen Ausdruck wie
σκληρός oder στυφελός; so heisst es Pers. 963 ἔρροντας ἐπ᾽
ἀκταῖς (ἐπ᾽ ἀγαῖς? vergl. Hesych. und Et. M. ἀγαί, ἠιόνες)

Σαλαμινιάσι στυφελοῦ θείνοντας ἐπ' ἀκτᾶς. Dieser Ausdruck
wird gewonnen durch die leichte Aenderung

κυκώμενοι κύρισσον εἰς σκιρὰν χθόνα.

3. Pers. 388. (V. 366).

πρῶτον μὲν ἠχῇ κέλαδος Ἑλλήνων πάρα
μολπηδὸν ηὐφήμησεν, ὄρθιον δ' ἅμα
ἀντηλάλαξε νησιώτιδος πέτρας
ἠχώ.

Für *ἠχῇ*, wie der Med. hat, findet sich in andern Handschriften
ἠχοῖ (vgl. Pierson zu Moeris p. 176) oder auch *ἠχεῖ*. An *ἠχῇ*
hat zuerst Abresch An. ad Aesch. l. duo p. 199 Anstoss genommen, welcher *σὺν ἠχῇ* erwartet und *ἠχῆς* i. e. *ἠχήεις* vorschlägt.
Meineke hat zuerst auch an *ἠχῆς* gedacht, später aber *εὐχῆς*
vermuthet (Philol. 19, 236. 20, 64). Man kann für *ἠχῇ* zwar nicht
ganz entsprechende, aber doch ähnliche Beispiele anführen vergl.
Krüger I §. 48, 15, 16. Weit bedenklicher ist die Verbindung
der gleichbedeutenden Worte *ἠχῇ κέλαδος*, welches Weil in
πέλαγος geändert hat, und noch mehr die doppelte Bestimmung
ἠχῇ und *μολπηδόν* zu *ηὐφήμησεν*. Die volle Trefflichkeit
dichterischer Schilderung und Eleganz erhalten wir durch Herstellung der ursprünglichen Schreibweise *EXEI*:

πρῶτον μὲν ἤχει κέλαδος Ἑλλήνων πάρα·
μολπηδὸν ηὐφήμησεν, ὄρθιον δ' ἅμα κτέ.

So wird zuerst in allgemeiner Weise die Thatsache angegeben;
dann folgt, wie die Stellung von *μολπηδόν* an der Spitze des
Satzes und des Verses anzeigt, die nähere Ausführung, welcher
das Asyndeton entspricht (Krüger II §. 59, 1, 5). Vgl. noch
V. 605 *βοῇ δ' ἐν ὠσὶ κέλαδος.* —

In derselben Erzählung V. 366

τάξαι νεῶν στῖφος μὲν ἐν στοίχοις τρισὶν
ἔκπλοις φυλάσσειν καὶ πόρους ἁλιρρύθους,
ἄλλας δὲ κύκλῳ νῆσον Αἴαντος πέριξ

haben Brunck, Blomfield, Dindorf die Lesart geringerer
Handschriften *τάξαι νεῶν μὲν στῖφος* aufgenommen. Zur Entscheidung diene die Bemerkung, dass nur eine Aenderung wie
τάξαι νεῶν μὲν d. h. die Herstellung der geläufigsten Cäsur

(λημύθιον ἀπώλεσεν) auf Rechnung der Abschreiber gesetzt werden kann und *dass* **μὲν** *nach* **στῖφος** *den richtigen Gegensatz* **στῖφος μὲν — ἄλλας δὲ** *hervorhebt*, während man bei der anderen Stellung eher *νεῶν μὲν στῖφος ἐν* erwarten würde. —

4. Pers. 456.

αὐθημερὸν φράξαντες εὐχάλκοις δέμας
ὅπλοισι ναῶν ἐξέθρωσκον· ἀμφὶ δὲ
κυκλοῦντο πᾶσαν νῆσον, ὥστ' ἀμηχανεῖν
ὅποι τράποιντο· πολλὰ μὲν γὰρ ἐκ χερῶν
πέτροισιν ἡράσσοντο, τοξικῆς τ' ἀπὸ
θώμιγγος ἰοὶ προσπίτνοντες ὤλλυσαν·
τέλος δ' ἐφορμηθέντες ἐξ ἑνὸς ῥόθου
παίουσι κρεοκοποῦσι δυστήνων μέλη,
ἕως ἁπάντων ἐξαπέφθειραν βίον.

Den Irrthum in der herkömmlichen Auffassung dieser Erzählung hat M e i n e k e (Philol. XX 64) bemerkt, welcher darauf aufmerksam macht, dass nach den Worten φράξαντες — ὅπλοισι und nach Herod. VIII 95 παραλαβὼν πολλοὺς τῶν ὁπλιτέων οἳ παρετετάχατο παρὰ τὴν ἀκτὴν τῆς Σαλαμινίης χώρης die nach Psyttalea geschickten Griechen Hopliten waren. Wenn Meineke dazu noch bemerkt, dass überhaupt keine Bogenschützen im Heere der Griechen gewesen, so mag allerdings gelten, was W e i l dagegen bemerkt „quidni fuerint nonnulli ? Sagittarios e Creta accitos esse refert Ctesias apud Photium LXXII p. 396 Bekker"; allein einmal müsste der Dichter, wenn auch einige Corps Bogenschützen dabei gewesen wären, diese ignorieren nach V. 239 f. πότερα γὰρ τοξουλκὸς αἰχμὴ διὰ χερός σφιν ἐμπρέπει; — οὐδαμῶς· ἔγχη σταδαῖα καὶ φεράσπιδες σαγαί und nachdem er (V. 85 u. 147) Griechen und Perser bloss nach ihrer Bewaffnung unterschieden hat (δορικλύτοις ἀνδράσι τοξόδαμνον Ἄρη, πότερον τόξου ῥῦμα τὸ νικῶν, ἢ δορυκράνου λόγχης ἰσχὺς κεκράτηκεν); ferner mögen zwar bei dem Heere einige Truppen Bogenschützen gewesen sein; zu der Expedition nach Psyttalea aber wurden, wie es die Natur der Sache mit sich bringt und Aeschylus und Herodot es ausdrücklich sagen, nur Hopliten genommen; endlich versteht es sich von selbst, dass die umzingelten Perser Widerstand leisteten, solange sie konnten, und die ganze

Erzählung würde keinen Sinn haben, wenn man nicht an eine tapfere Gegenwehr der Perser denken müsste, da man sonst nicht begreift, warum die Griechen nicht sofort gegen sie anstürmen (*τέλος δ' ἐφορμηθέντες*). Wenn demnach feststeht, dass das Subject zu *ἡράσσοντο* dasselbe ist wie zu *κυκλοῦντο*, so tritt eine grosse Unklarheit der Erzählung zu Tage, die nicht etwa durch den Ton des erzählenden aufgehoben werden kann. Das Subject zu *ἀμηχανεῖν* nämlich ist natürlich, wie schon der Scholiast bemerkt, *τοὺς Πέρσας*. Dieses ergänzt sich ungezwungen und von selbst, weil *πᾶσαν νῆσον* in Gedanken die Perser mitbegreift. Wenn nun eine Begründung oder Erklärung mit *γάρ* folgt, so gehört zwar dieses *γάρ* zu dem Hauptgedanken *τέλος* — *ἐξαπίφθειραν βίον* („denn obwohl die Griechen mit einem Hagel von Steinen empfangen wurden, machten sie zuletzt doch alle nieder“); allein da die Begründung sich nur auf den Satz *ὥστ' ἀμηχανεῖν ὅποι τράποιντο* beziehen kann, so kann als Subject zu *ἡράσσοντο* ganz allein das gleiche wie zu *ἀμηχανεῖν*, nämlich *οἱ Πέρσαι*, gedacht werden. Es muss also ein Fehler in der Ueberlieferung stecken. Meineke meint, es sei ein Vers ausgefallen wie *νῆσον·* [*οἱ δὲ βάρβαροι κύκλῳ πέριξ σφ' ἕτειρον,*] *ὥστ' ἀμηχανεῖν*. Allein abgesehen von der Unwahrscheinlichkeit und Unzuträglichkeit einer solchen Ergänzung liegt die ganze Schwierigkeit in der Verbindung mit *γάρ*, weil diese allein die Beziehung auf *ὥστ' ἀμηχανεῖν ὅποι τράποιντο* fordert. Tritt an deren Stelle eine adversative Verbindung, welche den Gegensatz gibt zu dem durch *ἀμφὶ δὲ κυκλοῦντο πᾶσαν νῆσον* gegebenen Vortheil und Vordringen der Griechen, so fällt alle Unklarheit hinweg. Demnach glaube ich, dass zu schreiben ist:

ὅποι τράποιντο· πολλὰ μὲν τἄρ' ἐκ χερῶν.

d. i. *μέν τοι ἄρα*. Die Krasis *τἄρα* findet sich häufig, bei Aeschylus Cho. 112, 221, frgm. 328. Wegen der Schreibung vergl. Elmsley zu Arist. Ach. 304. Man könnte auch noch *πρῶτα* für *πολλά* vermuthen im Gegensatz zu *τέλος δέ*, aber diese Aenderung ist nicht unbedingt nöthig.

5. Pers. 829.

πρὸς ταῦτ' ἐκεῖνον σωφρονεῖν κεχρημένοι
πινύσκετ' εὐλόγοισι νουθετήμασιν,
λῆξαι θεοβλαβοῦνθ' ὑπερκόμπῳ θράσει.

Darius empfiehlt mit diesen Worten den Greisen offenbar dasselbe, was er nachher (V. 837) mit *αὐτὸν εὐφρόνως σὲ πράγ-
νον λόγοις* der Atossa an's Herz legt. Darum wäre *σωφρονεῖν
κεχρημένοι* richtig, wenn *σωφρονεῖν* dasselbe bedeuten könnte
wie *σωφρονίζειν*; denn eben den Gedanken erwartet man hier:
„wenn ihr euch gedrungen fühlt ihm Vorwürfe zu machen und
ihm seine Schuld vorzuhalten". Weil aber *σωφρονεῖν* niemals
für *σωφρονίζειν* stehen kann, so hat man fast allgemein die Conjektur des Schol. A. *ἢ κεχρημένον ἀντὶ τοῦ χρείαν ἔχοντα καὶ
ἄξιον ὄντα σωφρονεῖν* aufgenommen und damit einen weniger
passenden Gedanken und eine bedenkliche Construction in den
Text gebracht. Eher möchte man mit S c h n e i d e r und H e r -
m a n n die überlieferte Lesart durch die Erklärung „vos quorum
interest illum sapere, moneto eum" in Schutz nehmen. Aber
mit Recht bemerkt H e i m s o e t h (Wiederherstellung S. 56),
dass zu diesen Erklärungen der richtige griechische Ausdruck
fehle. Wenn jedoch Heimsoeth selbst *σωφρόνως κεχρημένοι*
schreibt und „ihn *σωφρόνως* behandelnd" erklärt, so ist weder
das Perfekt *κεχρημένοι* noch das nachfolgende *εὐλόγοισι* einer
solchen Aenderung günstig. M e i n e k e, (Philol. 19, 238) hat
σωφρόνῃ (= *σωφροσύνῃ*) *κεχρημένοι* vorgeschlagen. Diese Vermuthung ist nicht nur an sich unwahrscheinlich, sondern unter-
liegt auch dem voraus angedeuteten. Bedenken. Der richtige
Gedanke und der richtige Ausdruck wird allein gewonnen, wenn
man *σ ω φ ρ ο ν ε ῖ ν und ν ο υ θ έ τ ῃ — umstellt:*

> *πρὸς ταῦτ' ἐκεῖνον ν ο υ θ ε τ ε ῖ ν κ ε χ ρ η μ έ ν ο ι
> πινύσκετ' εὐλόγοισι σ ω φ ρ ο ν ί σ μ α σ ι ν.*

Vgl. Suppl. 991 *καὶ ταῦθ' ἅμ' ἐγγράψασθε πρὸς γεγραμμένοις
πολλοῖσιν ἄλλοις σωφρονίσμασιν πατρός. —*

6. Pers. 944.

> *ἤσω τοι καὶ πάνδυρτον,
> λαοπαθῆ τε σεβίζων ἀλίτυπά τε βάρη.*

Weil *λᾱοπαθῆ* das Metrum (aufgelöste Anapäste) zerstört, hat
H e r m a n n *δαϊπαθέα σέβων* geschrieben; L a n g e u. P i n z g e r
dachten wegen des Gleichlauts in *κακοφάτιδα κακομέλετον* des
entsprechenden V. 936 an *ἀλιπαθέα σέβων*, wofür H e i m s o e t h
(Wiederh. S. 354) *ἀλιβαφέα σέβων* vorschlägt. Aber *ἀλι* —
kann schon desshalb nicht richtig sein, weil dann für die voraus-

gehende Silbe (πάνδερ)τον (= τὰν V. 935) die Position weg-
füllt. Paley hat νεοπαϑῆ vermuthet.

Allerdings widerspricht λαοπαϑῆ dem Metrum, wenn man
es mit dem Schol. τὰ πάϑη τῶν λαῶν σέβων von λαός ableitet;
allein dieses Scholion erinnert an das Schol. zu λεωργὸν Prom. 5:
λαῶν ἔργον ὀφείλοντα γενέσϑαι. So wenig λεωργός mit λαῶν
ἔργον erklärt werden darf, so wenig ist λαοπαϑής von λαός ab-
zuleiten. Wie Hesych ausser λεωργός auch die Form λαοργός
kennt, so muss λαοπαϑής als identisch mit λεωπαϑής betrachtet
und ebenso wie λεωργός, λεώλης, λεώλεϑρος mit dem Adverbium
λέως, welches von den alten Lexikographen παντελῶς ἅπαν erklärt wird und mit dem die verstärkende Vorsilbe λα— zusammen-
hängt, in Verbindung gebracht werden. Wie demnach λεωργός
von Hesych unter anderem mit πανοῦργος erklärt wird, so
können wir λαοπαϑής etwa mit παμπαϑής wiedergeben.
Wenn aber G. Curtius (Etymologie II Aufl. S. 337) mit Recht
annimmt, dass λᾶ aus λαο, λασο zusammengezogen sei, so hindert
nichts, in der aufgelösten Form λαο, wie es das Metrum bei λαο-
παϑέα σέβων fordert, die erste Silbe als eine Kürze anzusehen.

7. Pers. 1008.

πεπλήγμεϑ' οἷαι δι' αἰῶνος τύχαι.

Blomfield schreibt πεπλήγμεϑ' οἵ, οἵ, δι' αἰῶνος τύχη und
bemerkt: δι' αἰῶνος est „post longum tempus", ut in Eum. 563,
etsi saepius valet „per totum tempus". Aber δι' αἰῶνος hat hier
seine gewöhnliche Bedeutung (vgl. Ag. 553 τίς δὲ πλὴν ϑεῶν
ἅπαντ' ἀπήμων τὸν δι' αἰῶνος χρόνον;), welche es auch in der
Stelle der Eum. hat; οἷαι *ist nur wegen des folgenden* τύχαι,
wie man statt τύχη *das überlieferte* ΤΥΧΑΙ *las* (vgl. Weil
zu V. 1010), *aus* οἷα *entstanden;* πεπλήγμεϑ', οἷα δι' αἰῶνος,
τύχη *ist nichts anderes als* πεπλήγμεϑα διαιωνίᾳ τύχη:
„wir sind für alle Zeit zu Grunde gerichtet". Den entsprechenden
V. der Strophe (1002) hat Hermann emendiert. —

8. Pers. 1051.

ὀτοτοτοῖ.
μέλαινα δ' αὖ μεμίξεται,
οἵ, στονόεσσα πλαγά.

Im Med. ist αὖ corrigiert. Dindorf und Hermann haben
ἀμμεμίξεται geschrieben. Allein δέ ist hier ebensowenig nach

der Aufforderung ἐπορϑίαζε νῦν γόοις am Platze, als es in dem entsprechenden Verse 1044 nach ἵνζε μέλος ὁμοῦ τιϑείς geeignet wäre. Auf gleiche Weise ist μέλαινα πλαγά ein ganz unverständlicher und unerklärlicher Ausdruck. Hermann, welcher den ersten V. dem Chor, den andern dem Xerxes gibt, hat μάραγνα dafür geschrieben, Weil vermuthet τάλαινα. Aber der Fehler hängt offenbar mit dem unpassenden δ' und mit dem durch ν oder η verlängerten α zusammen: *ΜΕΛΑΙΝΑΔΑ* ist *entstanden aus ΜΑΛΑΙΟΛΑ*. Mit μάλ' αἰόλα μεμίξεται vgl. den strophischen V. 1045 μάλα καὶ τόδ' ἀλγῶ, Sept. 915 μάλ' ἀχάεσσ' ἰὰ (nach Weil) τοὺς προπέμπει, δαϊκτὴρ γόος αὐτόστονος. Uebrigens drückt der Chor mit μάλα hier wie in V. 1045 aus, dass er der Aufforderung des Königs bereitwillig nachkomme. Mit αἰόλα vgl. Sept. 855 ἐρέσσετ' ἀμφὶ κρατὶ πόμπιμον χεροῖν πίτυλον, Eur. Tro. 1235 ἄρασσ' ἄρασσε κρᾶτα πιτέλους διδοῦσα χειρός, Cho. 425 ἀπριγδόπληκτα πολυπλάνητα δ' ἦν ἰδεῖν ἐπασσυτεροτριβῆ τὰ χερὸς ὀρέγματα ἄνωϑεν ἀνέκαϑεν.

VI. Zu *IKETIΔEΣ*.

1. Suppl. 254. (Suppl. 629). Ueber die nachgestellte Präposition.

> καὶ πᾶσαν αἴδνης διάλγος ἔρχεται
> Στρυμών.

Allgemein wird nach der Besserung von Turnebus u. Wordsworth πᾶσαν αἶαν ἧς δι' ἀγνὸς gelesen. Hiegegen hat K. Lohrs in den Jahrb. f. Philol. Bd. 85 S. 312 Einspruch erhoben, indem er für Aeschylus wie für Sophokles die Regel festzustellen sucht, dass die Präposition in der Nachstellung am Ende des Verses keiner Beschränkung unterliege, sonst aber nur zwischen Substantiv und dazu gehörigem Genetiv, Adjectiv, Adjektivale stehe, welches von beiden auch vorausgehe. Lehrs meint desshalb, an obiger Stelle könne man aus der Ueberlieferung ebenso gut καὶ πλεισυδίνης ἀγνὸς ἦν διέρχεται herauslesen. Von Ag. 1277 βωμοῦ πατρῴου δ' ἀντ' ἐπίξηνον μένει urtheilt

Lehrs, dass die Stelle vielleicht richtig sei, wie Soph. Ai. 225 τῶν μεγάλων Δαναῶν ὕπο κληζομέναν dahingestellt bleiben müsse.

Man kann sich hiedurch versucht fühlen an obiger Stelle, wo die Lesart nicht unbedingt feststeht, auf eine andere Emendation zu denken. Da die Verbesserung πᾶσαν αἶαν ἧς δι- durch die Ueberlieferung der Handschrift unmittelbar (Δ=Λ) gegeben ist, so bleibt nur αλγος als der Aenderung bedürftig übrig und leicht räth man auf

και πᾶσαν αἶαν ἧς δι' ἄγχος ἔρχεται.

Allein die Sache verhält sich doch anders. Einmal ist das durch die einfachste Aenderung hergestellte ἁγνός ein sehr gewöhnliches Epitheton der Flüsse (Pers. 497 ἁγνοῦ Στρυμόνος, frgm. 305, 6 Herm. ἁγνοῦ νάματος) und ein solches vermissen wir an jener Stelle ungern. Dann ist die Lesart in der Stelle des Ag. über jeden Zweifel erhaben. Diese beiden Stellen haben das gemeinsame, dass die Präpositionen apostrophiert sind. Apostrophierte Präpositionen aber behalten, wenn sie nachgestellt sind, ihren Accent, erleiden nicht die Anastrophe (Lehrs Quaest. epicae p. 75). Ebenfalls sind nicht anastrophisch κατaί, ὑπaί, παραί, ὑπείρ, διαί, ἀμφί, ἀντί (ebd. p. 71). Da nun diese auch mitten im Verse dem Substantiv nachstehen (γῆς ὑπαί Eum. 417, ἐχθρῶν ὑπαί Cho. 615), so *muss für die nicht anastrophischen Präpositionen eine Ausnahme gemacht werden.* Unter diese Ausnahme fällt Eur. Tro. 1021

και προσκυνεῖσθαι βαρβάρων ὑπ' ἤθελες,

wohl auch Bacch. 732

θηρώμεθ' ἀνδρῶν τῶνδ' ὑπ', ἀλλ' ἕπεσθέ μοι.

Denn das Pathos der Stelle verträgt keine eigentliche Interpunction nach τῶνδ' ὑπ' (τῶνδ' ὕπ'· ἀλλ'), so dass die Regel gilt πᾶσα πρόθεσις συναληλιμμένη και μὴ ἔχουσα ἀνάπαυσιν οὐκ ἀναστρέφεται (schol. Σ 191, Lehrs ebd. p. 76). Ferner gehört hieher Cycl. 318

ἄχρας δ' ἐναλίας ἃς καθ' Ἵδρυται πατήρ,

wo Lehrs καθίδρυται geschrieben haben will, Iph. A. 967

τὸ κοινὸν αὔξειν ὧν μετ' ἐστρατευόμην. —

Eine zweite Ausnahme muss für alle nicht im Trimeter abgefassten Partieen des Dramas, welche der epischen Sprache näher stehen und dem Dichter grössere Schwierigkeiten von Seite des Versmasses boten, angenommen werden, besonders bei Wörtern, welche ihrer Natur nach am Anfang des Satzes stehen: Pers. 61 οἷς πέρι, Soph. O. R. 187 ὧν ὕπερ, Eur. Andr. 114 ἇς ὕπο, dann Aesch. Pers. 871 λίμνας τ' ἔκτοθεν αἳ κατὰ χέρσον ἐληλαμέναι πέρι πύργον, Suppl. 206 πηδαλίων δία, Soph. Ai. 225 τῶν μεγάλων Δαναῶν ὕπο κληζομέναν, Eur. Phoen. 824 τᾶς Ἀμφιονίας τε λύρας ὕπο πύργος ἀνέσταν, 1577 χαλκόκροτον δὲ λαβοῦσα νεκρῶν πάρα φάσγανον εἴσω, 1735 φυγάδα πατρίδος ἄπο γενόμενον, 792 νεβρίδων μέτα, Suppl. 271 βᾶθι, τάλαιν', ἱερῶν δαπέδων ἄπο Περσεφονείας, 272 βᾶθι καὶ ἀντίασον γονάτων ἔπι χεῖρα βαλοῦσα, 284 βλέψον ἐμῶν βλεφάρων ἔπι δάκρυον, ἃ περὶ σοῖσι, Cycl. 358 ἐφθὰ καὶ ὀπτὰ κρέ' ἀνθρακιᾶς ἄπο γναύειν, Hec. 207 χειρὸς ἀναρπαστὰν σᾶς ἄπο, 916 κίδναται, μολπᾶν δ' ἄπο καὶ χοροποιόν, 548 οἴκων ζεύξασ' ἀπ' εἰρεσίᾳ, Med. 985 νερτέροις δ' ἤδη πάρα νυμφοκομήσει, El. 1355 μηδ' ἐπίορκον μέτα συμπλείτω, Or. 329 τρίποδος ἄπο φάτιν, ἇν ὁ Φοῖβος, Hipp. 1129 κυνῶν ὠκυπόδων μέτα, Iph. T. 1256 θεσφάτων νέμων ἀδύτων ὕπο, Hel. 694 ἐμὲ δὲ πατρίδος ἄπο κακόποτμον ἀραίαν, 1119 Λακεδαίμονος ἄπο λέχεα. — Aesch. Sept. 112 δουλοσύνας ὕπερ steht in gewöhnlicher Weise am Ende. Vgl. auch Ag. 1133 κακῶν γὰρ διαί, 1453 πολλὰ τλάντος γυναικὸς διαί. — Von den Beispielen, welche (grösstentheils) Lehrs zusammengestellt hat, *bleiben noch vier mit ὕπερ übrig*: El. 1026 ἔκτεινε πολλῶν μίαν ὕπερ, συγγνώσι' ἄν ἦν, 1125 τούτων ὕπερ μοι θεῖσον, οὐ γὰρ οἶδ' ἐγώ, Jon. 431 ἤτοι φιλοῦσά γ' ἧς ὕπερ μαντεύεται, frgm. 362 N. πόλεως θανούσῃ τῇδ' ὕπερ δοθήσεται. — Eur. Androm. 511 μαστοῖς ματέρος ἀμφὶ σᾶς fällt unter die erste und zweite Ausnahme, kann aber wol ebenso betrachtet werden wie das regelmässige μαστοῖς ἀμφὶ ματέρος σᾶς.—

Bei dieser Gelegenheit sei noch einer anderen Stelle gedacht, wo es Jemanden in den Sinn kommen könnte eine Nachstellung der Präposition anzunehmen, Suppl. 627

> Ζεὺς δ' ἐφορεύοι ξένιος ξενίου
> στόματος τιμὰς ἐπ' ἀληθείᾳ
> τέρμον' ἄμεμπτον πρὸς ἅπαντα.

Hartung hat τέρμονα πέμπων, Weil τέρμον' ἀπαντᾶν πρὸς ἄμεμπτον vermuthet. Man könnte in Rücksicht auf Ag. 781

πᾶν δ' ἐπὶ τέρμα νωμᾷ an τέρμονα νωμῶν πρὸς ἅπαντα denken,
weil der Schol. βεβαίως εἰς παντελὲς φέρων αὐτάς erklärt:
allein der Scholiast hat nur die richtige Construction von ἐφορεύειν angedeutet, *welche durch Eum.* 530 ἄλλ᾽ ἄλλα δ' ἐφο-
ρεύει *angezeigt ist* („*lenkt wie ein Steuermann, der wachsamen
Auges oben sitzt und alles überschaut*“). Vgl. Suppl. 138 τελευτὰς
δ' ἐν χρόνῳ πατὴρ ὁ παντόπτας πρευμενεῖς κτίσειεν. —

2. Suppl. 256. (Suppl. 266).

ὁρίζομαι δὲ τήν τε Περραιβῶν χθόνα
Πίνδου τε τἀπέκεινα, Παιόνων πέλας,
ὄρη τε Δωδωναῖα.

Eigenthümlich ist die Verbindung ὁρίζομαι Πίνδου τἀπέκεινα Παιόνων πέλας für τἀπέκεινα τὰ Παιόνων πέλας ὄντα. Aber abgesehen davon ist leicht erkennbar, dass das jenseits des Pindus
gelegene Land das Gebiet der Päonier sein soll und dass zu
Πίνδου τἀπέκεινα eine ebenso genaue Bestimmung gehört, wie
ὄρη Δωδωναῖα sie gibt. Da die Päonier, eine thracische Völker-
schaft, ebenso gut zum Reiche des Pelasgos gerechnet werden
mussten, wie die Thracier selbst (πᾶσαν αἶαν ἧς δι' ἁγνὸς ἔρχεται Στρυμών), so ist Παιόνων πέλας als Apposition zu Πίνδου τἀπέκεινα zu betrachten d. h. πέλας *ist aus* λέπας *verdorben* und Παιόνων λέπας „die steil abfallende (Pindus-)Seite
der Päonier" wird wie das „Gebirgsland von Dodona" unter
den Marken des Pelasgos aufgezählt.

In derselben Rede V. 266

χρανθεῖσ' ἀνῆκε γαῖα μηνίεται ἄχη
δρακονθόμιλον δυσμενῆ ξυνοικίαν

ist ein passendes Epitheton für δάκη, wie Turnebus ἄχη
emendiert hat, das durch (γαῖ) ἀμ.. εται angezeigte ἀμαιμάκετα. Wegen der Auflösung im fünften Fusse γαῖ' ἀμαιμάκετα
δάκη vgl. V. 259 und 388, Eum. 480 ἀμφότερα μένειν, 797
μαρτύρια παρῆν, C. F. Müller de pedibus solutis p. 29.
Solche minder gewöhnliche Auflösungen veranlassten leicht eine
Zusammenziehung zumal bei einem minder bekannten Worte.

3. Suppl. 354. (Suppl. 503).

ὑρῶ κλάδοισι νεοδρύποις κατάσκιον
νέον θ' ὅμιλον τῶνδ' ἀγωνίων θεῶν.

Die überlieferte Lesart νέον ϑ' lässt sich keinesfalls rechtfertigen: denn wollte man den gen. τῶνδ' — ϑεῶν von κατάσκιον abhängig sein lassen, so wäre ϑ' nach νέον unrichtig.
Nicht unmöglich, wenn auch unpassend, ist die Construction, wenn
man ὅμιλον nicht wie V. 234, 939 auf die Schaar der Jungfrauen, sondern auf die an der gleichen Stelle zusammen ver-
ehrten Götter bezieht. Aber ὅμιλος bedeutet immer nur *eine*
Menge von zufälliger, unbestimmter Zahl, einen Haufen; es kann
demnach der König des Landes das Wort nicht von der
bekannten und bestimmten Zahl der vereinigten Landesgötter
gebrauchen. Das hat Weil erkannt und desshalb die von Hermann aufgenommene Aenderung Bambergers νεέονϑ' sowie
die von Meineke (Philol. XX S. 69) ναίονϑ' verworfen, selbst
aber νέῳ ϑ' ὁμίλῳ τόνδ' ἀγώνιον πάγον geschrieben. Allein
eine solche Aenderung hat keinen Anspruch auf Wahrscheinlich-
keit. Allem Anscheine nach steckt in νέονϑ' ein weniger be-
kanntes Verbum, von welchem der gen. ϑεῶν abhängig ist wie
in V. 332 ἱκνεῖσϑαι τῶνδ' ἀγωνίων ϑεῶν, λευκοστεφεῖς ἔχουσα
νεοδρέπτους κλάδους. Dieses Verbum geben uns die Glossen
von Hesych. ναίειν· ἱκετεύειν παρὰ τὸ ἐπὶ τὴν ἑστίαν κατα-
φεύγειν τοὺς ἱκέτας und ναίω· λίσσομαι, ἱκετεύω und Photius
ναίειν· ἱκετεύειν, ἐπεὶ ἐν τοῖς ναοῖς ἦσαν ἢ παρὰ τὴν ἑστίαν
παρὰ τὸ ἐναῦσαι an die Hand, wornach zu schreiben ist:

ν
α
ί
ο
ν ϑ' ὅμιλον τῶνδ' ἀγωνίων ϑεῶν.

Ueber das noch räthselhafte Verbum ναίειν handelt Lobeck
Techn. p. 13. Wenn Lobeck schreibt „indicium (huius verbi)
fortasse eruat aliquis ex Hesychii loco ναυστῆρις· οἱ οἰκέται,
pro hoc scribens ἱκέται. Sed quum ναῦλον vocetur τὸ ἐνοικη-
τήριον Poll., consentaneum videtur ναυστῆρας dictos esse τοὺς
ἐνναίτας h. e. domesticos et familiares," so ist die erste Vermuthung durchaus wahrscheinlicher und scheint eine Bestätigung
durch Suppl. 502 zu erhalten:

καὶ ξυμβόλοισιν οὐ πολυστομεῖν χρεὼν
ναύτην ἄγοντας τόνδ' ἐφέστιον ϑεῶν.

Das unpassende Wort ναύτην hat zu der irrigen Annahme geführt,
dass mit ναύτην — ϑεῶν die Worte angegeben seien, mit denen
die Diener die neugierigen kurz abfertigen sollen, wie Kruse

übersetzt „ein Schiffer wär's, ihr brächtet ihn vom Götterherd." Die Worte ναύτην — θεῶν können nur den Grund zu οὗ πο- λυστομεῖν χρεών enthalten, wie Schütz richtig erklärt: cum hospitem ducatis nave huc appulsum et ad deorum aras tutelae causa confugientem. ἐφίστιον θεῶν enim h. l. idem est ac ἱκέτην. Zur Angabe eines solchen Grundes passt aber das Wort ναύτην nicht. *Einzig aber passt ein Wort im Sinne von* ἱ κ έ τ η ν. *Es ist also entweder* ν α ύ τ η ν *in* ν α υ σ τ ῆ ρ' *zu verwandeln oder man muss annehmen, dass es neben* ν α υ σ τ ή ρ *auch die Form* ν α υ σ τ ή ς (*wie* α ὐ λ η τ ή ς, α ὐ λ η τ ή ρ *u. a.*) *oder auch* ν α υ τ ή ς (*vgl.* α ὐ λ η τ ή ς *und* α ὐ λ ή τ η ς) *gegeben habe.*

4. Suppl. 517.

> ἐγὼ δὲ λαοὺς συγκαλῶν ἐγχωρίους
> πιετω, τὸ κοινὸν ὡς ἂν εὐμενὲς τιθῶ,
> καὶ σὸν διδάξω πατέρα ποῖα χρὴ λέγειν.

Auch Hermann hat die Aenderung von Turnebus πείσω angenommen, welche weder zu συγκαλῶν noch zu ὡς ἂν εὐμε- νὲς τιθῶ τὸ κοινὸν passt. Martin hat σπεύσω vermuthet; aber zu σπεύσω gehört der Infinitiv συγκαλεῖν; so hat Heim- soeth (Krit. St. S. 166) geschrieben und dazu Agam. 601 σπεύσω πάλιν μολόντα δέξασθαι verglichen. Ich kann πιετω nicht als einen Schreibfehler von σπεύσω erkennen; vor allem aber fordert eine methodische Kritik, das participium συγκαλῶν, welches nicht dem sinnlosen πιετω zu Liebe corrigiert sein kann, als Wahrzeichen für die Emendation von πιετω festzuhalten. Viel richtiger ist darum die Aenderung von Weil, welcher στείχω für πιετω schreibt; auch Dindorf hat jetzt diese Ver- besserung in den Text gesetzt. Mit Recht bemerkt Weil „στείχω, quod sententia requirit." Er scheint damit selbst zu gestehen, dass die handschriftliche Ueberlieferung einer solchen Aenderung nicht sehr günstig ist. Es ist nicht glaublich, dass στείχω in πιετω verderbt worden sei. Vielmehr weist uns die Ueberlieferung auf π α τ ῶ hin. Es ist bekannt, wie στείχω von den Tragikern gebraucht wird; vgl. Prom. 81 στείχωμεν· ὡς κώλοισιν ἀμφίβληστρ' ἔχει. Während nun Pindar Pyth. II 157 ἀλλ' ἄλλοτε πατέων ὁδοῖς σκολιαῖς sagt, heisst es bei Aesch. Ag. 1298 βοὸς δίκην πρὸς βωμὸν εὐτόλμως πατεῖς (vgl. Choeph.

732 ποῖ δὴ πατεῖς, Κίλισσα, δωμάτων πύλας;). Demnach kann auch πατεῖν wie στείχειν im Sinne von „fortgehen" oder „sich auf den Weg machen" stehen, indem es das Gehen und Tritte machen im Gegensatz zum bisherigen Feststehen bezeichnet. Natürlich ist συγκαλῶν das futurum und diesem futurum entspricht das futurum .διδάξω.

5. Suppl. V. 674.

τίκτεσθαι δ' ἐφόροις γᾶς
ἄλλοις εὐχόμεθ' ἀεί,
Ἄρτεμιν δ' ἑκάταν γυναι-
κῶν λόχους ἐφορεύειν.

Das Wort ἐφόροις ist sowohl an und für sich als auch wegen des folgenden ἐφορεύειν unpassend. Desshalb haben H e r m a n n und Dindorf mit Erfurdt und H. L. A h r e n s δὲ φόροις geschrieben. Hermann bemerkt noch: „τίκτεσθαι — ἀεί, ne inutile sit ἄλλοις, sic est intelligendum, ut neque agros steriles fieri neque arbores exarescere optet." Bergk ändert noch γᾶς ἄλλοις in γᾶν ἀληνούς. Mit Recht wenden K r u s e und W e i l dagegen ein, dass hier nicht von den Feldfrüchten die Rede sein könne, von denen V. 689 gesprochen wird. Der Anstoss wird durch die richtige Erklärung von ἄλλοις beseitigt; der Gedanke ist: „mögen *wie andere Erträgnisse des Landes* überhaupt, so auch die Kindergeburten gedeihen." Auf dieselbe Weise werden bei Sophokles O. R. 172 die ἔγγονα χθονός mit den τόκοι γυναικῶν verbunden. Durch eine solche Erklärung von ἄλλος aber erhält τίκτεσθαι δὲ φόρους γᾶς eine untergeordnete Bedeutung, indem es nur den Hintergrund für die γυναικῶν λόχοι bildet, und ist somit ganz an seiner Stelle.

6. Suppl. 771.

οὕτω γένοιτ' ἂν οὐδ' ἂν ἔκβασις στρατοῦ
καλή, πρὶν ὅρμῳ ναῦν θρασυνθῆναι.

Danaos sucht seinen Töchtern, welche durch die Meldung von der bevorstehenden Landung der feindlichen Schiffe in die äusserste Angst versetzt sind und ihren Vater nicht von sich lassen wollen, Muth einzusprechen und sie damit zu beruhigen, dass sie für die kurze Zeit seines Ausbleibens nicht in Gefahr seien

von den feindseligen Vettern fortgeschleppt zu werden. Er sagt
zuerst (V. 764 f.): „Sie werden nicht so bald hier sein, denn
es geht mit dem Aussteigen nicht so rasch; die verschiedenen
mit dem Landen verbundenen Verrichtungen nehmen eine geraume
Zeit in Anspruch; ja, setzt er hinzu, der Steuermann wird sogar
Bedenken tragen sofort und augenblicklich an einem hafenlosen
Ufer zu ankern, zumal es schon dunkel zu werden beginnt."
Danaos führt demnach als sicheren Trostgrund an, dass das Landen nicht so schnell vor sich gehen, als wahrscheinlichen, dass
das Landen den Feinden nicht einmal als rathsam erscheinen
werde. Diesen zweiten, stärkeren, wenn auch nur als Vermuthung ausgesprochenen Trostgrund fasst der oben angeführte
Satz zusammen: οὕτω γένοιτ' ἄν οὐδ' ἄν ἔκβασις στρατοῦ καλή,
πρὶν ὅρμῳ ναῦν θρασυνθῆναι. Enger, Schwerdt, Kruse,
Weil schreiben οὐδάμ' für οὐδ' ἄν, Kruse mit der Bemerkung „aber was denn noch weniger?" So entfernt man οὐδέ,
während es für den Gedanken geradezu nothwendig ist. Dieser
ist nach den obigen Bemerkungen klar: „So werden sie (nicht
nur nicht schnell mit dem Landen fertig sein, sondern) *nicht
einmal zu landen für gut halten*, bevor sie eine zuverlässige
Anfahrt gefunden haben."

7. Suppl. 847.

αἵμονες ὡς ἐπ' ἄμιδα ησυδουπια ταπιτα.

Eine vollständige Herstellung dieses Verses wird wol kaum
gelingen. Zu der Erklärung des Scholiasten ἡμαγμένον σε καθ-
ίζω, der Aenderung Hermanns ἐπ' ἄμιλα und der Bemerkung Weils, dass der V. nicht dem Chore, sondern dem Herolde
gehöre, möge hier noch eine Vermuthung über den Inhalt des
Wortes ησυδουπια kommen. Hermann hat daraus ἴσα δουπίαν
(ἐπ' ἄμιλα, was entweder navem cum strepitu aufugientem oder
perituram bedeuten soll), Weil (ἄμιαλ') ἴζω σύδην· ἀπιτέ'
(ἀπιτέα) gemacht. Es scheint hier etwas ganz anderes versteckt
zu sein.

In V. 853 finden sich die Worte ἀτίετ' ἀνὰ πόλιν εὐσεβῶν und der Scholiast gibt dazu die Erklärung μήποτε τιμῆς
μετέχων ἐν τῇ πόλει τῶν εὐσεβῶν. Mit Recht bemerkt dazu
Kruse, πόλιν könne nicht Argos, sondern die ägyptische Hei-

mat der Danaiden bezeichnen, da die Antwort „ich will den
Nil nicht wieder sehen" voraussetzen lasse, dass der Herold
von jener gesprochen habe. Aber niemals können die Worte
ἀνὰ πόλιν εὐσεβῶν die Antwort rechtfertigen μήποτε πάλιν
ἰδοιν ἀλγεσίβοιον ἔδωρ· κτέ oder überhaupt eine verständliche
Bezeichnung der Heimat und des heimatlichen Flusses enthalten.
Offenbar muss irgend eine Angabe, welche an den Nil, an eine
am Nil gelegene Stadt erinnerte, vorausgegangen sein. Desshalb glaube ich, dass η σ υ δ ο υ π ι α hinweist auf die Κ α τ ά-
δ ο υ π α des Nil, die berühmte Katarakte, von welcher Prom. 811
die Rede ist καταβασμὸν ἔνϑα Βυβλίνων ὀρῶν ἄπο ἵησι σεπτὸν
Νεῖλος εὔποτον ῥέος und welche Herod. II 17 erwähnt wird
Αἴγυπτον πᾶσαν ἀρξαμένην ἀπὸ Καταδούπων τε καὶ 'Ελεφαν-
τίνης πόλιος (vgl. Strabo p. 817). —

Noch einem anderen Worte dieser so arg zerrütteten Partie
glaube ich eine richtigere Deutung geben zu können: V. 827
gibt der Med. folgende traurigen Ueberreste: ἰὼ ὅμ αἰϑι κάκκας νν ὀνίαν βοὰν ἀμφαίνω. Da der Scholiast zu κάκκας die
Erklärung gibt καταβάσεις, so muss ΚΑΚΚΑΣ gelesen werden ΚΛΙΜΑΚΑΣ vgl. Eur. Iph. T. 1351 οἱ δὲ κλίμακας
πόντῳ καϑίεσαν, Hel. 1569 τέλος δ' ἐπειδὴ ναῖς τὰ πάντ' ἐδέ-
ξατο, πλίσασα κλιμακτῆρας εὐσφύρου ποδὸς 'Ελένη καϑέζει'
κτέ. — Die weitere Paraphrase des Scholiasten οὐκέτι παρὰ τοῦ
πατρὸς ἀκούσασα ἀλλ' αὐτόπτης γενομένη βοῷ kann etwa auf
folgende Worte gedeutet werden: ἰὼ ἐν ὄμμασιν (oder
wenn Hermann trotz der Notiz des Schol. zu ἰόη richtig bemerkt: perridicule ἰόη ὅμ pro interiectionibus habita sunt: ἰὼ ἐν
ὀφϑαλμοῖς) κλίμακας ναίας ἰδοῦσα νῦν βοὰν ἀμ-
φαίνω. Die Redensart ἐν ὀφϑαλμοῖς ὁρᾶν ist bekannt.

8. Suppl. 932.

πῶς φῶ πρὸς τίνος τ' ἀφαιρεϑεὶς
ἥκειν γυναικῶν αὐτανέψιον στόλον; ·
οὔ τοι δικάζει ταῦτα μαρτύρων ὕπο
'Άρης· τὸ νεῖκος δ' οὐκ ἐν ἀργύρου λάβῃ
ἔλυσεν· ἀλλὰ πολλὰ γίγνεται πάρος
πεσήματ' ἀνδρῶν κἀπολακτισμοὶ βίου.

Die vier Verse οὔ τοι — βίου stehen mit dem vorhergehenden
in keinem Zusammenhang; sie werden in der Erwiderung des

Königs nicht berücksichtigt; dieser antwortet bloss auf die Frage πῶς φῶ — στόλον; die Verse können also nicht hier gestanden haben; denn *eine solche Drohung dürfte nicht unerwidert bleiben.* Dieses hat S c h ü t z bemerkt, welcher die vier Verse nach V. 949 setzt und dem Herolde gibt. Die Vermuthung von Schütz wird von H e r m a n n und D i n d o r f gebilligt; nur will Hermann, weil „praeco non poterat dicere οὔ τοι δικάζει ταῦτα μαρτύρων ὕπο Ἄρης, nisi aut ipse aut rex de bello aliquid dixisset," die Verse zwischen V. 950 und· 951 einfügen, doch so, dass er vor und nach·denselben eine Lücke ansetzt. Aber auch bei dieser Stellung haben die Ausdrücke μαρτύρων ὕπο und ἐν ἀργύρου λαβῇ weder in der vorausgehenden noch in der nachfolgenden Rede des Königs eine Beziehung. Wie soll man μαρτύρων ὕπο und ἐν ἀργύρου λαβῇ verstehen, wenn nicht der König vorher etwas derartiges berührt hat? Hätte aber der Herold hiervon gesprochen, so müsste in der Erwiderung des Königs darauf Rücksicht genommen werden. Dagegen zeigen die zwei Verse, womit der König dem Herolde antwortet, ἀλλ' ἄρσενας — μέθυ, dass nur allein die zwei Verse der handschriftlichen Ueberlieferung vorausgegangen sind. *Demnach bleibt nichts anderes übrig, als die vier Verse, welche auf eine ganz andere Situation hinweisen, für eine an den Rand geschriebene Parallelstelle eines anderen Stückes zu betrachten.*

9. Suppl. 986.

ὡς ἔχοιμι τίμιον γέρας,
καὶ μήτ' ἀέλπτως δοριχανεῖ μόρῳ θανὼν
λάθοιμι, χώρᾳ δ' ἄχθος ἀείζων πέλοι.

Die Conjunctionen μήτε — δέ können sich nur dann entsprechen, wenn zwei gleichgeordnete Glieder einander gegenübergestellt werden, nicht aber wenn das zweite Satzglied zu dem ersten in abhängigem Verhältniss steht, wie hier (= ὥστε χώρᾳ ἄχθος ἀείζων πέλειν). Es ist aber nicht mit W e i l μήτ' ἐξ ἀέλπτων zu schreiben, sondern *eine Lücke anzunehmen*, in welcher der Schutz gegen die Aegypter berührt ist:

καὶ μήτ' ἀέλπτως δοριχανεῖ μόρῳ θανὼν
λάθοιμι, χώρᾳ δ' ἄχθος ἀείζων πέλοι,
[μήτε ξένοισι ῥυσιασθείην βίᾳ].

Uebrigens sehe ich, dass schon P a l e y hier eine Lücke angesetzt hat; nur ist der Gedanke, welchen Paley ergänzt, *μήτ' ἐν ξένοισιν αὐτὸς οἰκοίην μόνος* unpassend.   Ich glaube, dass der obige Gedanke nothwendig ist.

VII. Zu *ΑΓΑΜΕΜΝΩΝ*.

1. Ueber die Handschriften des Agamemnon.

Ag. 1025.

Ζεὺς αὖτ' ἔπαυσεν ἐπ' εὐλαβείᾳ.

Der Farn. bietet *ἐπ' ἀβλαβείᾳ γε* und man hat bisher dieser Lesart desshalb besonderen Werth beigelegt, weil man glaubte, das Scholion, welches sich im Ven. und Farn. findet, *ὥστε μὴ ἔτι βλαβῆναι*, beruhe auf derselben Lesart.   Allein dieses Scholion heisst im Farn. richtiger *ὥστε μὴ ἕτερον βλαβῆναι* und gibt damit die treffende Erklärung der an und für sich als ursprünglich sich erweisenden Lesart *ἐπ' εὐλαβείᾳ*, von der M e i n e k e meines Wissens zuerst die einzig richtige Deutung „zur Warnung, zum warnenden Beispiel, um ein Exempel zu statuieren, zur Darnachachtung" gegeben hat.   Man hat *ἐπ' ἀβλαβείᾳ* mit *ἀνάγειν* verbinden wollen in dem Sinne „ad integritatem reducere"; aber nicht nur verbietet die Stellung der Worte eine solche Verbindung, sondern *ἀνάγειν* verträgt auch einen solchen Zusatz nicht und gibt nur für sich allein wie *τοὺς φθιμένους ἀνιστάναι* den vollen und richtigen Gedanken.   Betrachtet man aber die Lesart des strophischen Verses, wo der Flor. *ἔπαισ'*, der Farn. *ἔπαισεν* hat, so erräth man den Zweck dieser Lesart *ἐπ' ἀβλαβείᾳ γε*.   Es ist nämlich jetzt die strophische Responsion zwischen

ἀνδρὸς ἔπαισεν ἄφαντον ἕρμα

und   *Ζεὺς αὖτ' ἔπαυσ' ἐπ' ἀβλαβείᾳ γε*

soweit hergestellt, dass sie den Bedürfnissen des Triclinius genügen konnte.   Dieser hat z. B. die Responsion V. 730 *μηλοφόνοισιν ἄταις* mit *ἐν βιότου προτελείοις* durch die Aenderung *μηλοφόνοισιν ἄταισιν* zu gewinnen geglaubt und hat sich an der langen ersten Silbe in *ἄταισιν* nicht gestossen.   Ja wir können an unserer Stelle dem Triclinius so zu sagen auf die

Finger schen: *der Flor. hat nämlich nach der Collation von van Heusde* ἐπαυλαβεία, nicht ἐπιτλαβεία; dazu hatte Triclinius das angeführte Scholion vor sich und nahm zugleich Rücksicht auf den strophischen V.; *so kam er dazu* ἐπαυλαβεία *in* ἐπ' ἀβλαβεία γε *zu ändern.*

Dadurch ist die Abhängigkeit des Farn. von dem Flor. handgreiflich erwiesen. Es lassen sich dafür noch andere sprechende Beispiele beibringen. Ich habe im N. Rhein. Mus. XXVI 148 Ag. V. 718 ἀγάλακτον· οἶτος in ἀγάλακτα βούτας emendiert. Es ist natürlich, dass wie dort voraus λέοντος ἶνιν in λέοντα σίνιν, so auch ἀγάλακτα βούτας ἀνήρ zuerst in ἀγάλακτον οἶτος ἀνήρ überging. Der Flor. nun hat noch das ursprüngliche οἶτος mit der Ueberschrift ὡς (οὕτως), welche offenbar eine metrische Correktur ist; der Farn. hat gleich οὕτως im Texte. Es ist sogar möglich, dass derartige Correkturen im Flor. der Abschrift des Triclinius ihre Entstehung verdanken. Wenn der Farn. in V. 727 das richtige τοκέων hat für τοκήων, so ist auch das nur eine Berichtigung, · die aus dem Gefühl für das gewöhnliche Metrum hervorgegangen ist. Denn wenn τοκέων ursprünglich wäre, so müsste die Handschrift auch ἦθος für ἔθος haben. Im darauffolgenden V. 729 hat Flor. τροφᾶς, Farn. das metrisch richtige τροφεῖσιν. Hier scheint für Triclinius nicht bloss das Metrum, sondern auch das Scholion ἀμοιβὰς διδοὺς τοῖς θρέψασιν αὐτόν massgebend gewesen zu sein. Da aber χάριν τροφᾶς ἀμείβων viel schöner ist als χάριν τροφεῖσιν ἀμείβων und jenes Scholion auch eine Erklärung von χάριν τροφᾶς sein kann, so ist die Aenderung von Weil χάριν τροφᾶς ἀπαμείβων vorzuziehen. Den Werth, welchen Glossen des Farn. für die Kritik des Aeschylus haben, werden wir nachher angeben.

Für das Verhältniss des Ven. und Flor. wird folgende Stelle ein entscheidendes Urtheil an die Hand geben: Ag. 1547 heisst es:

τίς δ' ἐπιτύμβιος αἶνος ἐπ' ἀνδρὶ θείῳ
σὺν δακρύοις ἰάπτων
ἀλαθείᾳ φρενῶν πονήσει;

Warum τίς ἐπιτύμβιος αἶνος ἰάπτων πονήσει; nicht richtig sein kann, ist zur Genüge erwiesen. Ich verweise hier besonders auf die klare Erörterung Keck's. Wenn Weil αἶνον schreibt und darunter das gleiche versteht, was voraus χάριν ἀπ' ἔργων μεγάλων heisst, so erhebt die Verbindung τίς δὲ dagegen absoluten Widerspruch. Die Ausdrücke σὺν δακρύοις, πονήσει, ἀληθείᾳ φρενῶν lassen keinen Zweifel, dass hier von der *Todten-klage* die Rede ist. Für diesen Fall aber geben die Stellen Choeph. 24 πρέπει παρῆσι φοινίοις ἀμυγμὸς λινοφθόροι δ' ἱφασμάτων λακίδες ἔφλαδον ὑπ' ἄλγεσιν πρόστερνοι στολμοὶ κύλπων ἀγελάστοις ξυμφοραῖς πεπληγμένων, Soph. Ai. 631 χερόπληκτοι δ' ἐν στέρνοισι πεσοῦνται δοῦποι καὶ πολιᾶς ἄμυγμα χαίτας, Eurip. Suppl. 76 διὰ παρῇδος ὄνυχα λευκὸν αἱματοῦτε χρῶτά τε φόνιον, Hec. 653 πολιόν τ' ἐπὶ κρᾶτα μάτηρ τέκνων θανόντων τίθεται χέρα δρύπτεταί τε παρειάν, δίαιμον ὄνυχα τιθεμένα σπαραγμοῖς u. a. deutlich zu erkennen, welche von den bei Hesych. angegebenen Erklärungen ἰάπτειν· σπαράσσειν, αἰκίζεσθαι, βοᾶν, βλάπτειν; ἰάψαι· φθεῖραι; ἰάψειεν· προβάλοιεν, φθείρειεν allein unserer Stelle angemessen ist. Ich weiss nicht, was an der Stelle von αἶνος gestanden hat; es würde z. B. passend τίς δ' ἐπιτυμβίδιος λίν' (*Αιν* gelesen erhielt es die Endung des vorausgehenden Adjectivs. Vgl. Suppl. 120 ξὺν λακίδι λίνοισιν und λινοφθόροι Cho. a. O.) ἐπ' ἀνδρὶ θείῳ ἰάπτων heissen, da zum κοπετὸς das πέπλον ἐρείκειν κολπίαν ἀκμῇ χερῶν (Pers. 1006) gehörte; eines aber ist mir ausgemacht, **dass die sonderbare Lesart des Flor.** σὺν δακρύοιν **weder aus** σὺν δακρύοις **noch aus** σὺν δάκρυσιν, **sondern aus** σὺν δακρέοις χεροῖν **entstanden ist** (vgl. unten zu Ag. 1458 die Aenderung von παρανόμους in παρώνυμος οὖσ'); χεροῖν ist ein bedeutsamer Zusatz zu der erwiesenen Bedeutung von ἰάπτων (vgl. Sept. 854 ἀλλὰ γόων ὦ φίλαι κατ' οὖρον ἐρέσσετ' ἀμφὶ κρατὶ πόμπιμον χεροῖν πίτυλον, Pers. 537 πολλαὶ δ' ἀπαλαῖς χερσὶ καλύπτρας κατερεικόμεναι διαμυνδαλίοις δάκρυσι κόλπους τέγγουσι und die angeführten Stellen von Soph. und Eur.) und in der Lücke nach οὐχ ὑπὸ κλαυθμῶν τῶν ἐξ οἴκων V. 1554 ist sicherlich hiervon die Rede gewesen, so dass der Gegensatz ἀλλ' Ἰφιγένεια — περὶ χεῖρα βαλοῦσα φιλήσει scharf hervortritt. Für den entsprechenden V. 1460 ist eine bestimmte Emendation schwer zu finden; es kann geheissen haben ἦσθα δὲ μὰν δόμοις Ἐρινὺς (so Weil für ἔρις).

Wenn aber der Flor. σὺν δακρύοιν, der Ven. und Farn. die Correctur σὺν δακρύοις haben, **so kann der Flor. nimmermehr** *von dem Ven. abhängig sein, sondern muss die Priorität vor dem Ven. haben.*

Die Abhängigkeit des Flor. von dem Med. hat Enger (Aesch. Ag. ed. Klausen ed. altera. praef. p. VI vgl. Rh. Mus. XX 234) durch ein schlagendes Beispiel dargethan. Ag. 251 ist nämlich das zu πρὸ χαιρέτω gehörige Glossem τὸ δὲ προκλύειν nachträglich mit hellerer Tinte so zwischen Textraum und Rand beigeschrieben, dass dadurch ein Abschreiber verführt werden konnte, das Glossem als zum Texte gehörig zu betrachten. Wenn nun der Flor. dieses Glossem wirklich im Texte hat, so ist daran nur die zufällige Stellung desselben im Med. Schuld. Folglich wurde die Abschrift des Flor. oder vielmehr einer dazwischen liegenden Handschrift von dem Med. genommen.

Am meisten Beifall haben die Varianten des Flor. zu Ag. 17 ἐκτέμνων, 64 ἐρειδομένον, 103 τὴν θυμοβόρον gefunden. Dass ἐκτέμνων richtiger sei als ἐντέμνων, hat Ahrens Philol. Supplem. I S. 227 nicht bewiesen. Wir können den Unterschied zwischen ἐκτέμνων und ἐντέμνων dahin präcisieren, dass ἐκτέμνειν ἄκος das *mittelbare* Bereiten des Heilmittels durch Abschneiden der Kräuter bedeutet, ἐντέμνων aber das *unmittelbare* durch „Einschneiden der Wurzeln und Pflanzen, was allerdings auch ein Theil der ῥιζοτομία war, vgl. Theophr. H. Pl. IX 1, 5 — 7, wo gerade auch die Ausdrücke ἐντέμνειν und ἐντομή gebraucht sind, und fr. 2 der ῥιζοτόμοι des Sophokles" (Ahrens). Dass aber nur das letztere dem Sinne der Stelle entspricht, ist ersichtlich. — In V. 64 wird ἐρειδομένον durch das homerische οὔδει ἐρείδεσθαι geschützt; γόνατος κονίαισιν ἐρειδομένον ist aber nicht von einem Kampfe auf den Knien zu verstehen oder mit πίπτειν zu erklären: gerade der Ausdruck γυιοβαρῆ παλαίσματα (Schol. richtig βαρέα καὶ μὴ ἐῶντα ἀνανεῦσαι τοὺς πίπτοντας) zeigt, dass der Dichter nicht den Fall und das Umstürzen des schwerverwundeten, sondern *das Niedergedrückt-, Niedergehaltenwerden des einen Ringers durch den andern*, die Fortdauer der entgegenwirkenden Kräfte bezeichnen wollte. Ahrens (S. 240) übersetzt ὕπτιος οὔδει ἐρείσθη „er wurde durch die Kraft des Stosses oder Hiebes rücklings zu Boden gedrückt"; an unserer Stelle ist an die Kraft des gegnerischen Armes (παλαίσματα) zu denken. Gerade weil der Ringkampf geschildert wird, ist ἐρειδομένου, wie Enger urtheilt, der gewähltere Ausdruck und ἐρειπομένου verdankt der Bekanntschaft des homerischen ἤριπε δ' ἐν κονίῃ oder ἐν κονίῃσι seine Entstehung. — Schwieriger und unsicherer ist die Entscheidung über ϑυμοβόρον in V. 103; die Stelle heisst nach dem Mediceus:

ἐλπὶς ἀμύνει φροντίδ' ἄπληστον
τὴν ϑυμοφϑόρον λύπης φρένα.

Die bemerkenswerthesten Conjecturen zu dieser Stelle sind von Karsten ἐλπὶς ἀμύνει | ϑυμοβόρον φροντίδ' ἄπληστον, (Keck Rh. Mus. XVIII 152 vermuthet ebenso, nur ϑυμοβόραν, indem er in nicht sehr glaublicher Weise annimmt, dass der Schol. mit ἥτις ἐστὶ ϑυμοβόρος λύπη τῆς φρενός das vermeintliche Substantiv ϑυμοβόραν erklärt habe), Ahrens τὴν ϑυμοβόρον φρενὸς ἄτην, Weil λύπης, ϑυμοφϑόρον ἄτην vorgebracht. Die Vermuthung Weils verdient jedenfalls den Vorzug, weil sich nur mit dieser die Entstehung der handschriftlichen Ueberlieferung erklären lässt. Weil nimmt nämlich an, dass ἄπληστον λύπης φρένα als Erklärung beigeschrieben war. An die Stelle von ϑυμοφϑόρον (vgl. Cho. 211 πάρεστι δ' ὠδὶς καὶ φρενῶν καταφϑορά) ist sicher nur unter Einwirkung des Metrums das aus Homer bekannte ϑυμοβόρον getreten. Aber der Artikel bei τὴν ϑυμοφϑόρον (wie bei τὴν ϑυμοβόρον) zeigt, dass τὴν ϑυμοφϑόρον nur Erklärung eines anderen Adjektivs ist und dass wir auch über ϑυμοφϑόρον wie über ϑυμοβόρον zurückgehen müssen; λύπης kündigt sich durch seine ungehörige Stellung als ein Glossem zu ἄπληστον an. Um aber sowohl τὴν ϑυμοφϑόρον als auch φρένα zu erklären, müssen wir sozusagen eine höhere Vereinigung beider Lesarten suchen und diese finde ich in φρενοδαλῇ. Der Dichter mag also geschrieben haben:

ἐλπὶς ἀμύνει
φροντίδ' ἄπληστον φρενοδαλῇ.

Zu ἄπληστον wurde λύπης, zu φρενοδαλῇ aber τὴν ϑυμοφϑόρον beigeschrieben (vgl. unten zu Ag. 1172). Es ist auch möglich, dass als aus φρενοδα λῇ φρένα herausgelesen war, die übrigen Buchstaben λῇ nach Analogie der Abbreviaturen λεται = λέγεται, λοις = λόγοις, παρνον = παρϑένον, πέκει = πελέκει (vgl. meine

Ars Soph. Emend. p. 72) als λύπῃ gedeutet worden, so dass τὴν θυμοφθόρον φρενόδα λῃ die ganze Corruptel erklären kann.

Zum Schlusse ist noch zu bemerken, dass an einigen Stellen Glossen im Farn. auf die richtige Lesart hinweisen. Ag. V. 730 ist ἤγουν πολέμοις die Erklärung zu der von A h r e n s gefundenen Lesart ἀϊταῖς, wofür der Flor. ἄταις, der Farn. ἄταισιν hat; V. 1211 wird die Canter'sche Emendation ἄνατος (für ἄνακτος, welches auch der Farn. hat) bestätigt durch das Scholion ἤγουν πῶς οὐκ (οὐκ hat Weil hinzugefügt) ὀργῆς ἐπειράθης τοῦ Ἀπόλλωνος; V. 1408 haben Flor. und Ven. ὁρώμενον, Farn. ὁρώμενον; das richtige ὄρμενον, welches nach C a n t e r A b r e s c h hergestellt hat, wird durch die Glossen des Farn. κινηθέν γεγονώς erklärt. *Diese Glossen stammen offenbar aus einer Quelle, welche Erklärungen aus dem Med. aufgenommen oder auf Grundlage des Textes des Mediceus gegeben hat, als diese Handschrift noch nicht die jetzt fehlenden Blätter verloren hatte.* Diese Glossen haben für sich einen Werth, ohne dem Texte des Farn. eine höhere Geltung zu gewähren; ein sicheres Kriterium für sie ist die Diskrepanz mit dem Texte der Handschrift.

2. Ag. 132.

οἶον μή τις ἄγα θεόθεν κνεφάσῃ προτυπὲν στόμιον
μέγα Τροίας
στρατωθέν· οἴκῳ γὰρ ἐπίφθονος Ἄρτεμις ἁγνά κτὲ.

Ueber den Sinn dieser Weissagung des Kalchas, welche als blosse Besorgniss, als blosse Möglichkeit dargestellt ist, kann kein Zweifel sein: „Troja wird eingenommen werden, sagt Kalchas; nur wird vorher noch ein grosses Unglück durch den Zorn der Artemis über das Heer kommen." Dieses Unglück, welches Artemis bringt, ist die ἄπλοια, in Folge deren das Heer thatlos in Aulis liegen muss (V. 189 ἐπ' ἀπλοίᾳ κεναγγεῖ βαρύνοντ' Ἀχαιϊκὸς λεώς. 197 τρίβῳ κατέξαινον ἄνθος Ἀργείων, · 201 f.). Daraus geht hervor, dass στόμιον μέγα Τροίας, wie es sich von selbst versteht, das Heer bedeutet und dass κνεφάσῃ „verdunkeln, die Wirksamkeit lähmen" heisst, so dass das Heer nicht sein kann, was es sein soll, στόμιον Τροίας. Der Begriff „vorher," welcher dichterisch mit προτυπὲν gegeben ist, während in Prosa .

πρό, πρίν, πρόσθι, φθάνιιν stehen würde, gehört so wesentlich zum
Gedanken, dass man nicht begreift, wie man προτνπίν in πρότνπον im
Sinne von „vorgebildet, vorbildlich dargestellt" ändern kann. Die
Confusion von drei verschiedenen Metaphern, an welcher A h r e n s
mit H a r t u n g Anstoss nimmt, besteht nicht, indem sowol κνιφάζιιν als auch προτνπίν offenbar *auf die Wirkung eines Blitz-
schlages* sich beziehen. Es bleibt nur στρατωθίν als einziger
Anstoss dieser Stelle übrig; dieses Wort lässt sich nicht erklären; nach H e r m a n n soll στρατοῖσθαι „in castris esse" heissen:
Ahrens hat gezeigt, dass eine solche Bedeutung von στρατοῖσθαι
aller Analogie widerspricht, und mit Recht bemerken ausserdem
W e i l und K e c k, dass Aeschylus dann ganz aus dem Bilde
gefallen sein würde. Ahrens versteht στόμιον Τροίας στρατωθίν als „frenum ab exercitu iniectum"; aber zu dem Begriffe
„Bezwingung Trojas" passt weder κνιφάζη noch προτνπίν. Man
kann also nur denjenigen beistimmen, welche hier eine Corruptel
annehmen. M u s g r a v e's Aenderung θρανιυθίν verdient nicht
erwähnt zu werden. K a r s t e n beansprucht mit seinen Aenderungen von προτνπίν in προτνπής, von στρατωθίν in κρατηθίν,
von οἴκῳ in αἰνῶς nur iustum verbis sensum reddidisse. Weil
will für στρατωθίν οἴκῳ losen πάροιθιν οἴκων, was mit dem
folgenden verbunden wird; στρατωθίν soll aus einem als Erklärung an den Rand geschriebenen στρατόν entstanden sein. Schon
die Stellung der Worte spricht gegen diese Aenderung. Keck
schreibt σαρωθίν, weil man zu dem Begriffe des „Blindmachens"
(κνιφάζη) noch den Gegensatz „blankes, geputztes Zaum-Gebiss"
erwarte; das blankgeputzte Zaum-Gebiss Trojas seien die jetzt
in vollem Glanze dastehenden Atriden. Diese Erklärung und
damit die ganze Aenderung wird durch die Grammatik als unrichtig erwiesen: σαρωθίν kann nicht den augenblicklichen
Zustand, sondern nur das dem κνιφάζη vorausgehende Eintreten
eines Zustandes bedeuten. Besser ist in dieser Beziehung die
Vermuthung von M. S c h m i d t σαθρωθίν; aber σαθροῖν ist
ein spätgriechisches Wort, welches wir von dem Texte des
Aeschylus fernhalten müssen.

Wenn das participium einen dem κνιφάζη vorausgehenden
Vorgang bezeichnen und den Inhalt von κνιφάζιιν uns näher
bringen und veranschaulichen soll, so muss derselbe Gedanke,

welcher dem *κνεφάζειν* und dem *προτυπέν* zu Grunde liegt, in
ihm festgehalten werden. Ich finde darum das erforderliche Wort
in *καρωθέν*, welches eine Einwirkung, wie sie ein *Blitzschlag*
hervorbringt (Betäubung, Ohnmacht), bezeichnet; vgl. Aristot. H.
A. 8, 20 *καροῦσθαι ὑπὸ βροντῆς*; Hesych. *καρωθείς· τὴν*
κεφαλὴν σεισθείς, μεθυσθεὶς ἢ βαρηθείς. ἐκαρώθησαν·
ἐλειποθύμουν. καρωθέν scheint zuerst in *κρατωθέν*, dieses
in *στρατωθέν* übergegangen zu sein. —

Das unerklärliche *οἴκῳ* hat S c a l i g e r in *οἴκτῳ* emendiert.
Warum *οἴκτῳ* matt sein soll, sehe ich nicht ein. Das Mitleid
der Göttin, welches gerade durch das *αὐτότοκον πρὸ λόχου μο-*
γερὰν πτάκα θύεσθαι erregt wird, ist der Grund für ihren Zorn
und dieser Zusatz *οἴκτῳ* hält jeden Gedanken an Selbstsucht bei
dem Zorne der Göttin ferne.

3. Ueber die Parodos des Agamemnon.

Das Excerpt eines Grammatikers, welches in die Hypothesis
vor den Persern des Aeschylus gekommen ist, gibt als Merkmal
der Parodos an, dass der Chor erkläre, warum er hergekommen
sei: *τῶν δὲ χορῶν τὰ μέν ἐστι παροδικά, ὅτε λέγει δι' ἣν*
αἰτίαν πάρεστιν ὡς τὸ „Τύριον οἶδμα λιποῦσα“ (Eurip. Phoen.
202). Diese Bestimmung ist im Wesen der Sache und im Charakter der griechischen Tragödie begründet. Das Auftreten des
Chors bleibt nicht unmotiviert; wir werden gewöhnlich unmittelbar 'und ausdrücklich vom Chore selbst, selten bloss mittelbar
und indirekt, über den Grund seines Erscheinens aufgeklärt.
Der Frage nun, wie im Agamemnon das Auftreten des Chors
motiviert sei, kommt die Hypothesis mit folgender Antwort entgegen: *καὶ ὁ μὲν* (der Wächter) *ἰδὼν* (τὸν *πυρσόν) ἀπήγ-*
γειλεν, αὐτὴ δὲ (Klytämnestra) *τῶν πρεσβυτῶν ὄχλον μεταπέμ-*
πεται περὶ τοῦ πυρσοῦ ἐροῦσα· ἐξ ὧν καὶ ὁ χορὸς συνίσταται.
Es wird also das Motiv für das Auftreten des Chors in einem vorausgehenden Befehle der Klytämnestra erkannt. Diese Begründung
gibt auch S c h n e i d e w i n S. XXIX: „Das anapästische Einzugs-
lied des Chors argivischer Greise spricht die Gedanken und
Gefühle aus, welche das Erscheinen jener vor dem Pallast der
Atriden begleiten. Von Klytämnestra herbeschieden wissen sie
den Grund der ringsherum angezündeten Opfer noch nicht.“

Wenn angenommen werden soll, dass der Chor im Auftrage der
Königin vor den Pallast gekommen sei, so muss dieses ausdrücklich angegeben sein, wie es z. B. in der Antigone des Sophokles der Fall ist V. 159 χωρεῖ τινα δὴ μῆτιν ἐρέσσων, ὅτι
σύγκλητον τήνδε γερόντων προὔθετο λέσχην, κοινῷ κηρύγματι
πέμψας und V. 164 ὑμᾶς δ' ἐγὼ πομποῖσιν ἐκ πάντων δίχα
ἔστειλ' ἱκέσθαι κτέ. Schneidewin findet diese Angabe in den
Worten des Chors V. 258 ff., mit welchen die auftretende Klytämnestra angeredet wird:

> ἥκω σεβίζων σὸν, Κλυταιμνήστρα, κράτος.
> δίκη γάρ ἐστι φωτὸς ἀρχηγοῦ τίειν
> γυναῖκ', ἐρημωθέντος ἄρσενος θρόνου.
> σὺ δ' εἴ τι κεδνὸν εἴτε μὴ πεπυσμένη
> εὐαγγέλοισιν ἐλπίσιν θυηπολεῖς,
> κλύοιμ' ἂν εὔφρων· οὐδὲ σιγώσῃ φθόνος.

Schneidewin übersetzt σὸν κράτος „deinen Befehl" und betrachtet demnach als Gedanken des Verses: „Ich bin hier erschienen folgsam deinem Gebote." Allein dieser Vers steht nur
einleitend für die folgende Bitte, gleichsam als captatio benevolentiae, damit das Ansuchen nicht als zudringliche Forderung
von Klytämnestra angesehen werden könne (vgl. V. 97 τούτων
λέξασ' ὅ τι καὶ δύνατον καὶ θέμις αἰνεῖν). „Ich bin unterthänig,
will der Chor sagen, und meine Bitte ist die eines unterthänigen;
wenn du sie gnädig erhörst, erfreust du mich (κλύοιμ' ἂν εὔφρων
= εὐφραίνοις ἂν με λέγουσα); wenn du sie abweisest, werde
ich nicht verstimmt und unzufrieden sein." Unrichtig ist also
auch die Uebersetzung von Nägelsbach: „Ich komme deiner
Hoheit zu huldigen." Keck freilich entnimmt aus einer solchen
Auffassung des Verses das Motiv des Auftretens: „Die Greise
kommen, um der Herrscherin ihre Morgenaufwartung zu machen
(S. 25). In seinem Commentare zu V. 74 aber (S. 220) lässt
Keck in einer angenommenen Lücke den Chor sagen „wir harren
auf Botschaft von den Kämpfenden," damit dadurch der Chor
erkläre, warum er am frühen Morgen vor den königlichen Palast
komme. Diese Annahme ist nicht nur nicht begründet, sondern
der Absicht der Stelle geradezu widersprechend. — Es ist also
in jenen Versen von keinem Befehle der Herrscherin die Rede.
Es geben aber diese Worte nichts desto weniger den Grund des

Auftretens an: man hat allenthalben in der Stadt auf den Altären der Götter Opfer anzünden sehen (V. 88 πάντων δὲ θεῶν
τῶν ἀστυνόμων .. βωμοὶ δώροισι φλέγονται). Man muss
erwarten, dass dies auf Grund einer frohen Botschaft vom Heere
geschehen sei; alles ist freudig erregt und natürlicher Weise ver-
sammeln sich die Aeltesten der Stadt vor dem Palaste, um sich
von der Königin Auskunft zu erbitten. *Die durch die Opferfeuer
erregte Hoffnung und Neugierde ist also das Motiv des Auftretens
des Chors.* Dieses Motiv spricht der Chor selbst in den Versen
83 ff. aus:

> σὺ δέ, Τυνδαρέω
> ·θύγατερ, βασίλεια Κλυταιμνήστρα,
> τί χρέος; τί νέον; τί δ' ἐπαισθομένη,
> τίνος ἀγγελίας
> πειθοῖ περίπεμπτα θυοσκνεῖς;

Bei der Erklärung dieser Stelle zeigt sich die Bedeutung einer
richtigen Auffassung jener Motivierung. H e r m a n n bemerkt
zu V. 88 (II S. 371): „Egressam interea dum locutus erat cory-
phaeus ex regiis aedibus Clytaemnestram compellat, quae in scena
sacris faciundis occupatur, und zu V. 103 (S. 373): Non respon-
det choro Clytaemnestra. Scilicet quum ante aedes regias in
scena complures arae cerni videantur, in quibus ignis vel accen-
sus erat vel iam accendebatur, egressa ex aedibus regina, ut
mos est, cum duabus ancillis, ad eas aras deinceps accedit, tus
et suffimenta in ignes iniciens. Deinde videtur spectatoribus a
dextra abire, ut in urbe sacra factura; tum redire finito chori
carmine. Postquam igitur chorus parodum et coniunctum cum
ea stasimon cecinit, propius ad orchestram accedente Clytaemnestra, unde v. 241 (256) τόδ' ἄγχιστον Ἀπίας γαίας ἕρκος
vocatur, iterum eam compellat, spectareque ad illud quod antea
non responderat videntur haec verba v. 248 (263) οὐδὲ σιγώσῃ
φθόνος." S c h n e i d e w i n setzt zu V. 83 ff. die Anmerkung:
„Der Chor mit dem Anlass seiner Berufung unbekannt, redet in
lebhafter Ungeduld die an den Altären mit Anzünden von Opferflammen beschäftigte und den Dienerinnen gebietende Klytämnestra an. Doch bleiben die Fragen hier unbeantwortet, einmal
um die heilige Handlung nicht zu unterbrechen', sodann weil die
Königin zu fern ist." Noch genauere Auskunft gibt K e c k

(Ag. zu V. 103 S. 57): „Die Königin bedeutet dem Chore durch ernst abwehrende Zeichen, dass sie in ihrer Andacht nicht gestört werden dürfe, und geht die Altäre bedienend langsam nach rechts hin ab, um in der Stadt die Opfer fortzusetzen. Die drei Reihen des Chors stellen sich nun symmetrisch gegen die Bühne gekehrt auf und stimmen andächtig den Opfergesang an.“

Man wäre über die Bedeutung der angeführten Stelle nicht im Unklaren geblieben, wenn man erstlich bedacht hätte, dass es nicht *ϑυοσκεῖς τάδε*, sondern *π ε ρ ί π ε μ π τ α ϑυοσκεῖς* heisst, und wenn man mit der Parodos des Agamemnon *die ganz entsprechende Parodos des Sophokleischen Aias* zusammengestellt hätte. Klytämnestra ist hier ebensowenig auf der Bühne wie dort Aias. Wie dort der im Zelte sich befindende Aias mit

> *Τελαμώνιε παῖ,*
>
> *Σαλαμῖνος ἔχων βάϑρον ἀγχιάλου,*
>
> *σὲ μὲν εὖ πράσσοντ' ἐπιχαίρω κτέ,*

so wird hier die im Palast abwesende Klytämnestra mit

> *σὺ δὲ, Τυνδαρία*
>
> *ϑύγατερ, βασίλεια Κλυταιμνήστρα,*

angeredet. Der Chor salaminischer Seesoldaten hat über seinen Herrn schlimme Verläumdungen gehört und begibt sich vor das Zelt des Aias, um die Nichtigkeit der ausgesprengten Reden festzustellen (vgl. V. 165 *χἠμεῖς οὐδὲν σϑένομεν πρὸς ταῦτ' ἀπαλέξασϑαι σοῦ χωρίς, ἄναξ*). In dem Herzen der argivischen Greise ist durch die Opferfeuer freudige Hoffnung angefacht worden und sie kommen vor den Palast, um zu erfahren, ob ihre Hoffnung gegründet sei oder nicht. Wie bei Sophocles die Stimmung des Chors, *ängstliche Besorgniss, verbunden mit der Hoffnung, dass die Angst unbegründet sei*, in einer *Strophe, Antistrophe und Epodos* ihren Ausdruck findet, so wird bei Aeschylus *in einer Strophe, Antistrophe und Epodos die frohe Hoffnung verbunden mit der Furcht, es könne die Hoffnung eitel sein*, lyrisch ausgeführt.

Daraus geht hervor, was von folgenden Worten Keck's (ebd. S. 225) zu halten ist: „Der Opfergesang V. 104 — 148. So glaube ich mit Droysen den wunderbar altertümlich gefärbten Gesang nennen zu müssen, den der Chor anhebt, nachdem die Königin durch ernste Zeichen ihn bedeutet hat, dass sie in ihrer Andacht nicht gestört werden dürfe.“ Die Worte V. 87 *τίνος*

7*

ἀγγελίας πειθοῖ περίπεμπτα θυεοκνεῖς heissen „warum lässt du im
ganzen Umkreis der Stadt durch deine Dienerschaft Opferfeuer
unterhalten?" An einen Opfergesang ist nicht im entferntesten zu
denken. Es lässt sich jetzt auch mit aller Bestimmtheit behaupten,
dass *der Chorgesang 104 — 159 noch zur eigentlichen Parodos gehört,*
während der Chorgesang 160 ff. nach Inhalt und Form das erste
Stasimon bildet. Jener Theil gibt nur der mit dem Motiv des
Auftretens in Verbindung stehenden Stimmung, wie bei Sophokles, den lyrischen Ausdruck und steht also in engster und un-
mittelbarer Verbindung mit der anapästischen Parodos.

Aus dem Gesagten ergibt sich noch eine andere Bemerkung. Die Ansicht von O. Müller, dass der Chor einen hohen
Rath vorstelle, welchen Agamemnon bei seinem Abgange als
Regentschaft unter dem Vorsitze der Klytämnestra eingesetzt
habe, ist von Hermann (opusc. VI. 2. p. 136) lächerlich be-
funden, von Schneidewin, Keck u. a. aber angenommen
worden. Eine solche Frage hätte wohl ebensowenig gestellt
werden sollen, als der Dichter darüber eine Andeutung gibt.
*An eine besondere politische Einrichtung des Agamemnon für die
Zeit seiner Abwesenheit kann durchaus nicht gedacht werden.*
Wir haben hier den der Zahl nach unbestimmten Rath der
Aeltesten der Stadt, welcher als eine in der heroischen Zeit
überhaupt durch Herkommen neben dem Könige bestehende
Körperschaft betrachtet wird. Der Rath der Alten ist hier bei
Aeschylus nicht mehr und nicht weniger eine politische Institu-
tion, als es der Chor bei Sophokles im Oedipus R. und in der
Antigone ist. Als Vertretung der Bürgerschaft erscheinen im
Oed. R. die Aeltesten der Stadt auf die Kunde von dem ange-
langten Ausspruche des Gottes vor dem Palaste des Königs, um
sich nähere Auskunft zu holen. In der Ant. wird die vom Könige
beschiedene Versammlung der Aeltesten der Gemeinde als *σύγκλη-
τος λέσχη γερόντων* (V. 160) bezeichnet. Nicht anders ist die
βουλή, von welcher Ag. 883 die Rede ist (*εἴ τε δημόθρους
ἀναρχία βουλὴν καταρρίψειεν*) die nach dem Herkommen immer-
fort, nicht bloss für die Abwesenheit des Königs bestehende
γερουσία, welche als Vertretung der Bürgerschaft vor den Palast
kommt, nachdem man allenthalben in der Stadt die bedeutungsvollen Opferflammen gesehen hat. Wenn aber Empörung in der

Bürgerschaft und Umsturz der öffentlichen Ordnung mit βουλὴν
καταρρίπτειν bezeichnet wird, so hat der Dichter, wie Schneidewin richtig bemerkt, Zustände späterer Zeit in die Heroenwelt
verlegt.

4. Ag. 141.

δρόσοισιν ἀέλπτοις μαλερῶν λεόντων
πάντων τ' ἀγρονόμων φιλομάστοις
θηρῶν ὀβρικάλοισι.

Bei der Aenderung des verdorbenen ἀέλπτοις muss feststehen,
dass in dem Adjectiv ein Motiv für das Mitleid und die εὐφρο-
σύνη der Artemis liegen muss, gerade so wie in φιλομάστοις
'βριχάλοισι ein solches liegt. Schreibt man nun mit Flor. u. a.
geringeren Handschriften ἀέπτοις und erklärt es mit dem Schol.
τοῖς ἕπεσθαι γονεῦσι μὴ δυναμένοις, so ist von Seite des
Sinnes alles in bester Ordnung. Wenn aber Ahrens nachweist,
dass ἄεπτος identisch ist mit ἄσπετος, wie ἀνεκτός mit ἀνασχε-
τός, und synonym mit δεινός, wie in ἀέπτους χεῖρας, so ist
damit erwiesen, dass ἀέπτοις falsch ist; denn niemals passt hier,
wie Ahrens meint, der Sinn „die argen Jungen wilder Löwen.‟
Ebensowenig kann die Emendation von Schütz und Botho
ἀάπτοις („quos tangere sive laedere non licet‟; ἀπροσπελάστοις
Schneidewin) dem Bedürfnisse dieser Stelle genügen. Ist aber
ἀέπτοις mit der Erklärung τοῖς ἕπεσθαι μὴ δυναμένοις eine
alte Conjectur für das überlieferte ἀέλπτοις, welche keinen Anspruch auf Annahme hat, so müssen wir uns an die Lesart des
Med. ἀέλπτοις halten und dieser folgend das ursprüngliche Wort
zu finden suchen. Ahrens hat auf das alterthümliche dieses
Chorgesanges in Form und Dialekt und auf die epischen und
äolischen Formen, die sich darin finden, aufmerksam gemacht.
Ein solches charakteristisches Wort finde ich auch in ἀέπτοις
entstellt, nämlich ἄλπνοις. Der Superlativ dieses Adjectivs
ἄλπνιστος (wie τέρπνιστος von τερπνός) findet sich bei Pind.
Isthm. IV (V) 14, wo alte Handschriften ähnlich wie an unserer
Stelle ἀνέλπιστος haben. Das Compositum ἔπαλπνος, von dem
Scholiasten mit ἡδύς erklärt, findet sich ebenfalls bei Pindar Pyth.
VIII 120, wornach man an unserer Stelle δρόσοις ἐπάλπνοις
lesen könnte; aber wahrscheinlich ist bei Pindar mit Bergk

ἐπ' ἄλπνός (ἄλπνος: τοῖς οὔτε νόστος ὁμῶς ἐπ' ἄλπνος ἐν Πυθιάδι κρίθη) zu schreiben. Wenn Ahrens gegen die von vielen angenommene Conjectur von Wellauer δρόσοισι λεπτοῖς mit Recht geltend macht, dass weder δρόσος jemals männlich noch λεπτός jemals zweier Endungen sei, so fällt dieses Bedenken für ἄλπνος sofort weg, wenn man das commune λάγνος (Superlativ λαγνίστατος) damit zusammenhält.

5. Ag. 179.

> στάζει δ' ἔν θ' ὕπνῳ πρὸ καρδίας
> μνησιπήμων πόνος, καὶ παρ' ἄκοντας ἦλθε σωφρονεῖν.
> δαιμόνων δὲ ποῦ χάρις
> βιαίως σέλμα σεμνὸν ἡμένων;

Die zwei Schwierigkeiten dieser Stelle, das ungehörige τέ und der Ausdruck στάζει πρὸ καρδίας, können durch keine künstliche Interpretation hinweggedeutet werden. Der eine Anstoss, ist durch die Conjectur von Emperius ἀνθ' ὕπνου hinweggefallen. Es fragt sich nur, ob ἀνθ' ὕπνου hier am Platze sei. Vertheidigt wird es von Schömann und Ahrens, verworfen von Schneidewin und jetzt auch von Enger, welcher bemerkt: ita plane omitteretur quod gravissimum est illos interdiu cruciari. Die Erwähnung des Schlafes ist hier überhaupt durchaus ungeeignet und gegen die Conjecturen von Hartung ἔσταχεν δ'ὕπνῳ und Karsten θάσσει δ' ἐν θ' ὕπνῳ macht Keck mit Recht geltend, dass der Schlaf ja gerade sonst die Beschwichtigung des Kummers sei. Beide Schwierigkeiten sucht Keck durch die Conjectur ἀντάδει δ' ὕπνῳ („der vor dem Herzen lagernde Kummer wirkt dem Schlafe entgegen") zu entfernen. Von Seite des Sinnes und Ausdruckes ist gegen diese Aenderung nichts einzuwenden, wenn man nicht die angeführte Bemerkung Enger's auch dagegen gelten lassen will; aber die Aenderung entfernt sich ganz und gar von der Ueberlieferung und lässt eine Erklärung der Corruptel nicht zu. Nach meiner Emendation zu V. 14 könnte man hier στάζει δ' ἀντίπνους vermuthen; allein dabei bleibt der bedeutendere Anstoss στάζει πρὸ καρδίας stehen.

Eines ist sicher, was Keck nach Hartung und Karsten constatiert hat, dass durch πρὸ καρδίας der *Sitz* des μνησιπήμων

πόνος angezeigt ist ("cura sodet ante cor i. e. cor obsidet"
Karsten). Das richtige Wort für das unerklärliche στάζει aber
gibt uns eine Stelle des Thucydides II 49 an die Hand, wo es
heisst, ὁπότε ἐς τὴν καρδίαν στηρίξαι (scil. ὁ πόνος): σ τ η ρ ί ζ ε ι
konnte leicht in στάζει übergehen, es entspricht einzig dem
Gedanken des Satzes ("setzt sich fest vor dem Herzen") und
stimmt auf's beste mit dem in gleicher Stelle stehenden Worte
der Gegenstrophe ἐμπαίοις. — Nach dieser Verbesserung kann
aber auch kein Zweifel mehr sein, was in dem offenbar theilweise von einer Correktur herrührenden ὕπνῳ steckt. Die Angst,
die sich vor dem Herzen festsetzt, ist eine Beklemmung des
Herzens, ein Zusammenschnüren (angor), ein Ersticken (πνῖγος)
und dem entsprechend heisst das zur Handlung gehörige und zur
plastischen Darstellung dienende Adjektiv ἄπνους ("athemlos,
exanimis, Athem hemmend, stickend"). Mit

σ τ η ρ ί ζ ε ι δ' ἄ π ν ο υ ς πρὸ καρδίας
μνησιπήμων πόνος

ist ein äschylischer Gedanke in Aeschylus' Weise ausgedrückt
(vgl. V. 834 δύσφρων γὰρ ἰὸς καρδίαν προσήμενος). Den Gedanken hat S c h n e i d e w i n theilweise richtig erfasst, während
andere Erklärer ganz auf Irrwegen gehen. Es wird das πάϑει
μάϑος erläutert und ausgeführt: darauf bezieht sich der Satz,
"die der Sünde gedenkende Angst setzt sich beklemmend fest
vor dem Herzen", darauf das ἄκοντας .. σωφρονεῖν, darauf wie
βιαίως zeigt, offenbar auch der letzte Satz, der freilich noch
keine befriedigende Erklärung gefunden hat. Man schreibt in
diesem Satze gewöhnlich δέ πον nach geringeren Handschriften
und nimmt χάρις bald als "beneficium" bald in der selteneren
Bedeutung "veneratio", ohne einen passenden und mit dem
übrigen in Zusammenhang stehenden Gedanken zu gewinnen.
E m p e r i u s und B a m b e r g e r haben mit δέ ποῦ den Sinn
"deorum quae esset gratia sine lege imperantium" heraus-
gebracht, der ebensowenig passt wie die andern Erklärungen.
Der Satz steht als Frage (δέ ποῦ) statt eines negativen
Behauptungssatzes: *"und wo ist da Huld und Nachsicht der Götter,
die gewaltig auf hoher Ruderbank thronen"* oder *"mit eiserner Hand
das Scepter führen?"* (vgl. Prom. 546 εἰπὲ ποῦ τίς ἀλκά;) d. h.
"die volle Strenge der göttlichen Herrschaft hat zu fühlen, wer

nicht hören will." Man beachte die Steigerung, die in der
Stelle liegt: die einen lassen sich durch die Erfahrung belehren,
die andern widerstreben und müssen durch rücksichtslose Strenge
zur Vernunft gebracht werden ($\pi\alpha\varrho$' $\check{\alpha}\varkappa o\nu\tau\alpha\varsigma$ $\check{\eta}\lambda\vartheta\varepsilon$ $\sigma\omega\varphi\varrho o\nu\varepsilon\tilde{\iota}\nu$
d. i. $\check{\alpha}\varkappa o\nu\tau\varepsilon\varsigma$ $\sigma\omega\varphi\varrho o\nu\acute{\iota}\zeta o\nu\tau\alpha\iota$).

6. Ueber das erste Stasimon des Agamemnon.

Bei oberflächlicher Betrachtung mag es den Anschein haben,
als ob das erste Stasimon 160—257 nur die Fortsetzung des
vorausgehenden zur Parodos gehörenden Chorgesanges 104—159
sei, indem zuerst die Ereignisse in Argos, dann die Vorgänge in
Aulis geschildert werden. Dem ist aber nicht so. Die beiden
Chorgesänge verhalten sich zu einander wie Erzählung und Re-
flexion verbunden mit ideeller Auffassung. — Der Chor hofft
auf die Eroberung Trojas; denn vor der Ausfahrt der Fürsten
haben die Götter ein günstiges Zeichen gegeben, aus welchem
Kalchas die glückliche Vollendung des Feldzugs weissagte. Freilich war damit ein schlimmes Zeichen erschienen, welches der
Seher auf ein vorher eintreffendes Unglück gedeutet hat. Auf
dieses wies er hin mit $\check{\alpha}\pi\lambda o\iota\alpha$, deren Abwendung $\vartheta\upsilon\sigma\acute{\iota}\alpha\nu$ $\acute{\varepsilon}\tau\acute{\varepsilon}\varrho\alpha\nu$
$\check{\alpha}\nu o\mu\acute{o}\nu$ $\tau\iota\nu$' $\check{\alpha}\delta\alpha\iota\tau o\nu$ erfordere, und gab als Folge dieses uner-
hörten Opfers an $\nu\varepsilon\iota\varkappa\acute{\varepsilon}\omega\nu$ $\tau\acute{\varepsilon}\varkappa\tau o\nu\alpha$ $\sigma\acute{\upsilon}\mu\varphi\upsilon\tau o\nu$, $o\grave{\upsilon}$ $\delta\varepsilon\iota\sigma\acute{\eta}\nu o\varrho\alpha$. $\mu\acute{\iota}$-
$\mu\nu\varepsilon\iota$ $\gamma\grave{\alpha}\varrho$ $\varphi o\beta\varepsilon\varrho\grave{\alpha}$ $\pi\alpha\lambda\acute{\iota}\nu o\varrho\tau o\varsigma$, $o\grave{\iota}\varkappa o\nu\acute{o}\mu o\varsigma$, $\delta o\lambda\acute{\iota}\alpha$, $\mu\nu\acute{\alpha}\mu\omega\nu$ $\mu\tilde{\eta}\nu\iota\varsigma$ $\tau\varepsilon\varkappa\nu\acute{o}$-
$\pi o\iota\nu o\varsigma$. So wird in der Parodos objektiv die Situation geschildert;
referierend ($\tau o\iota\acute{\alpha}\delta\varepsilon$ $K\acute{\alpha}\lambda\chi\alpha\varsigma$ — $\grave{\alpha}\pi\acute{\varepsilon}\varkappa\lambda\alpha\gamma\xi\varepsilon\nu$) gibt der Chor die Weis-
sagungen an, welche die beste Siegeshoffnung erwecken, freilich
auch schlimme Besorgnisse erregen wegen der von Kalchas angedeuteten Folge des wirklich dargebrachten Opfers der Iphigenia. Diese Folge ist dem Chore noch unbekannt; er weiss
nur Eines: $\tau\acute{\varepsilon}\chi\nu\alpha\iota$ $K\acute{\alpha}\lambda\chi\alpha\nu\tau o\varsigma$ $o\grave{\upsilon}\varkappa$ $\check{\alpha}\varkappa\varrho\alpha\nu\tau o\iota$ (248); ein Theil
derselben hat bereits seine Bestätigung erhalten, der andere Theil
wird also gewiss auch in Erfüllung gehen. *Der Chor weiss aber
auch, warum das Schlimme in Erfüllung gehen muss.* Agamemnon
hat durch die Opferung der eigenen Tochter eine Schuld auf
sich geladen und nach dem Gesetze des höchsten Gottes $\pi\acute{\alpha}\vartheta\varepsilon\iota$
$\mu\acute{\alpha}\vartheta o\varsigma$ muss er dafür büssen.

*Die Darlegung dieses Grundes, die Angabe der tragischen
Schuld des Helden und damit die Begründung der Idee des Stückes*

ist der Inhalt des ersten Stasimon. Recht eigentlich passt auf
das erste mit der Parodos auf ungewöhnliche Weise in unmit-
telbarem Zusammenhang stehende Stasimon des Agamemnon
die schon oben angeführte Definition eines gelehrten Grammatikers: τῶν δὲ χορῶν (χορικῶν) τὰ μέν ἐστι παροδικὰ
ὅτε λέγει δι᾿ ἥν αἰτίαν πάρεστιν —, τὰ δὲ στάσιμα, ὅτε
ἵσταται καὶ ἄρχεται τῆς συμφορᾶς τοῦ δράματος [1]. Während
die Parodos objectiv die Motivierung des Auftretens durch die
Darlegung der neu erwachten Siegeshoffnung gibt und der Ex-
position des Stückes durch die Begründung dieser Siegeshoffnung
dient, darum eine dem äusserlichen Scheine der Dinge entsprechende freudige Stimmung athmet und nur mittelbar durch
die Worte des Kalchas einen Misston durchklingen lässt; kehrt
das erste Stasimon eine tiefere Auffassung der Dinge hervor,
findet hinter dem schönen Aeusseren ein krankhaftes Innere
und verwandelt darum die frohe Hoffnung in düstere Ahnung,
die gehobene Stimmung in drückende Besorgniss.

Während der Chor die Worte des Kalchas νεικέων τέκτονα
σύμφυτον οὐ δεισήνορα noch nicht in ihrer ganzen Tragweite
erfassen kann, versteht sie der Zuschauer wohl und erkennt sofort den Zusammenhang jener Worte mit dem Inhalte des ersten
Stasimon; er erkennt, dass der Dichter die Ermordung des Agamemnon durch die eigene Gattin als Schicksalssühnung auffasst
für den Frevel des Agamemnon an der eigenen Tochter, für die
ὕβρις, mit welcher der kampf- und ruhmbegierige Heerführer,
statt die durch die ewigen Gesetze ein für allemal verbotene
Forderung des Sehers ein für allemal abzuweisen (μάντιν οὔτινα
ψέγων V. 186) und statt das Gebot der Pflicht ein für allemal
höher zu achten als die Macht äusserer Umstände (ἐμπαίοις τύχαισι συμπνέων V. 187), sich dadurch, dass er die Möglichkeit
den unerhörten Forderungen Folge zu leisten, auch nur in Betracht

---

1) Immer noch wird die allein richtige Erklärung Hermann's
„stasimum — quod a choro non accedente primum et ordines explicante, sed
iam tenente stationes suas canitur" als unrichtig und unmöglich befunden,
weil sie mit manchen Stücken im Widerspruche stehe, als ob die termini
technici sich nicht vor jenen Stücken gebildet hätten oder auf jene einzelnen Stücke Rücksicht nehmen sollten oder als ob der Dichter sich nach
den gebräuchlichen termini technici richten müsste.

zog und nicht „κακοῦ ἐξέβαλεν ἔρωτος ἀρχήν“ (Sept. 687),
von der Festigkeit richtiger Erkenntniss und grundsätzlichen Handelns
abbringen liess — das ist die αἰσχρόμητις τάλαινα παρα-
κοπὰ πρωτοπήμων V. 222, womit recht eigentlich die
Worte des Sophocles Ant. 620 zu vergleichen sind:

> σοφίᾳ γὰρ ἔκ του
> κλεινὸν ἔπος πέφανται,
> τὸ κακὸν δοκεῖν ποτ' ἐσθλὸν
> τῷδ' ἔμμεν, ὅτῳ φρένας
> θεὸς ἄγει πρὸς ἄταν —

und so die männliche Freiheit und Standhaftigkeit mit dem
Zwangsjoch äusserer Umstände und fremder und eigener vergäng-
licher Wünsche und Neigungen vertauschte (ἐπεὶ δ' ἀνάγκας ἔδυ
λέπαδνον V. 218 vgl. Soph. l. c. 615 ἅ .. πολύπλαγκτος ἐλπὶς ..
πολλοῖς .. ἀπάτα κουφονόων ἐρώτων).

So ist der Zusammenhang der Gedanken im ersten Stasimon klar und durchsichtig. Τεὰν Ζεῦ δύνασιν τίς ἀνδρῶν
ὑπερβασία κατάσχοι sagt mit anderen Worten der Chor im Ein-
gange. Die Satzung des Zeus πάθει μάθος hat seine Geltung.
Auch Agamemnon wird für seine Schuld (184—247) das πα-
θόντα μαθεῖν (V. 249) erfahren, wie es bereits geweissagt ist
(248). In dieser Weise wird mit καί V. 184 der specielle Fall
unter das allgemeine Gesetz gestellt. Nach gewöhnlicher Art
würde die Gedankenfolge so heissen: ἀεὶ μὲν κυρίως ἔχει πάθει
μάθος, καὶ νῦν Ἀγαμέμνονι ἐπεὶ τότε τὸ παντότολμον φρο-
νεῖν μετέγνω, ὥστε θυτῆρ γενέσθαι θυγατρὸς τλῆναι, δίκη τοῦ
Διὸς (τὸ κυρίως ἔχον) παθόντι μαθεῖν ἐπιρρέπει. Der untergeordnete Satz ἐπεὶ τότε μετέγνω wird aber dem übergeordneten
Satze coordiniert und in freier dichterischer Wendung selbstständig für sich ausgeführt; und zwar wird zuerst nicht der ganze
Entschluss, sondern die πρωτοπήμων παρακοπά in dem Hin- u.
Herüberlegen des Agamemnon (205—217) dargelegt und wieder
in freier lyrischer Weise das erklärte μάντιν οὔτινα ψέγων ..
ἐμπαίοις τύχαισι συμπνέων dem erklärenden ἐπεὶ μάντις ..
ἔκλαγξεν (198—204) .. εὖτ' ἀπλοίᾳ κτέ (188—197) voraus-
geschickt, um sofort den Gegensatz der Grundsätzlichkeit und
Standhaftigkeit, den Grund der παρακοπὴ πρωτοπήμων, hervorzuheben; denn μάντιν ψέγειν und ἐμπαίοις τύχαισιν οὐ συμ-

πνεῖν wäre das rechte statt des Hin- und Herüberlegens gewesen; darum gehören μάντιν οὔτινα ψέγων, ἐμπαίοις τύχαισι συμπνέων und εἶπε φωνῶν (205) auch dem Gedanken nach zusammen. Durch die Schilderung der Vorbereitungen des Opfers wird die Schuld des Agamemnon noch mehr in's Licht gestellt; denn durch die Härte und Unbarmherzigkeit derselben offenbarte sich die Verstocktheit des grausamen Vaters in vollstem Masse. Unser Dichter weiss natürlich nichts von dem unendlichen Schmerze des Vaters, zu dessen Ausdruck der Maler das Gesicht des Agamemnon verhüllt darstellte. Um aber den Chor seinen ganzen Abscheu an der Handlung hervorheben zu lassen, hat er ein ähnliches Mittel wie der Maler zur Anwendung gebracht, das Schweigen darüber:

τὰ δ' ἔνθεν οὔτ' εἶδον οὔτ' ἐννέπω.

Die drei letzten Verse (255—7) enthalten die gewöhnliche Ankündigung der auftretenden Klytämnestra. Es ist aber klar, dass der Segenswunsch des Chors, wenn τούτοισιν auf das vorhergehende gehen soll, mit der vorausgehenden Ueberzeugung, dass die Zukunft Unglück in ihrem Schoosse berge, nicht zusammenstimmt. Es ist ebensowenig erträglich, wenn sich der Chor plötzlich mit ὡς θέλει auf die übereinstimmenden Wünsche der Klytämnestra beruft. Nägelsbach hat, um die von Lobeck als ungriechisch erwiesene Form εὐπραξίς zu entfernen, εὖ, πραξίν ὡς θέλει geschrieben und dafür Chooph. 814 πρᾶξιν οὐρίαν θέλων angeführt. Es muss heissen:

πέλοιτο δ' οὖν τἀπὶ τούτοισιν εὖ, πρᾶξιν ὧν θέλει

„möge es wenigstens mit dem gut stehen, was Klytämnestren zu uns führt." Man vergleiche hiermit die Ankündigung des auftretenden Kreon in Soph. Ant. 155 ἀλλ' ὅδε γὰρ δὴ βασιλεὺς χώρας .. χωρεῖ τινα δὴ μῆτιν ἐρέσσων, ὅτι σύγκλητον τήνδε γερόντων προὔθετο λέσχην.

7. Ag. 312.

τοιοίδε τοί μοι λαμπαδηφόρων νόμοι
ἄλλος παρ' ἄλλου διαδοχαῖς πληρούμενοι.

Die Erklärer beziehen ἄλλος παρ' ἄλλου entweder auf λαμπαδηφόρων, wie Schütz, welcher „taediferorum leges, alio alium excipiente impletae" interpretiert, und Weil, welcher unter Addenda et Corrigenda die Bemerkung nachträgt: ἄλλος παρ' αλλου πληροῦσϑαι dicuntur non νόμοι, quod absurdum esset, sed λαμπαδηφόροι: cfr. Eur. Iph. Taur. 298 πολλοὶ δ' ἐπληρώϑημεν ἐν μικρῷ χρόνῳ, qui locus docet hoc verbum etiam de hominibus usurpari, welche Stelle für die unsrige nichts beweist; oder auf νόμοι, so Klausen mit der Erklärung „talia sunt parata facium instituta, quorum alterum ab altero commutationibus expletur". Der ersteren Erklärung widerspricht die grammatische Construction, nach welcher ἄλλος nur auf νόμοι bezogen werden kann, der letzteren der Sinn. Desshalb schlägt A h r e n s vor, ἄλλον παρ' ἄλλον zu lesen „durch ablösenden Wechsel von dem einen zu dem andern". Aber die Beispiele, welche Ahrens anführt, πωτῶνται ὄζον ἀπ' ὄζου, ἐμαυτὸν ἐκ πόλεως πόλιν φέρων, γῆν πρὸ γῆς ἐλαύνομαι sind anderer Art, wie schon Enger bemerkt hat „διαδοχὴ εἴς τινα non dicitur". Es sind darin Verba der Bewegung mit dem Accusativ verbunden; ἄλλον παρ' ἄλλον könnte es hier nur heissen, wenn διαδοχή einen „Uebergang", nicht eine „Abnahme" bezeichnete. E n g e r, welcher gegen Klausen bemerkt: sententia esse debet „leges implentur ita, ut alius ab alio facem accipiat", möchte lieber ἄλλου παρ' ἄλλου schreiben. K e c k corrigiert πληροίμενοι in τηρούμενοι, weil λαμπαδηφόρων νόμοι soviel sei als λαμπαδηφόροι τεταγμένοι, λαμπαδηφόρον πληροῦν aber nicht gesagt werden könne.

Es ist nichts zu ändern; λ α μ π α δ η φ ό ρ ω ν ν ό μ ο ς *muss als ein Begriff „Fackelläuferordnung," „Fackelläuferposten" betrachtet, und auf diesen einen Begriff muss* ἄλλος π α ρ' ἄ λ λ ο υ *bezogen werden, so dass sich dieses grammatisch an* ν ό μ ο ς *anschliesst, logisch sich auf das* λ α μ π α δ η φ ο ρ ε ῖ ν *bezieht:* „Der eine Fackelläuferposten löst den andern ab und alle Posten werden eingehalten." Vgl. V. 489 λαμπάδων φαεσφόρων φρυκτωριῶν τε καὶ πυρὸς παραλλαγάς.

8. Ag. 345.

ϑεοῖς δ' ἀναμπλάκητος εἰ μόλοι στρατὸς,
ἐγρήγορον τὸ πῆμα τῶν ὀλωλότων
γένοιτ' ἄν, εἰ πρόσπαια μὴ τύχοι κακά.

Durch die Ausführungen von D i n d o r f und A h r e n s ist ἀναμπλάκητος vor weiteren Anfechtungen gesichert. In dem Verse bezieht sich μόλοι auf die νόστιμος σωτηρία (V. 343), wie ϑε-

οἷς ἀναμπλάκητος auf die voraufgehende Mahnung zur εὐσέβεια
(vgl. Soph. Phil. 1440 τοῦτο δ' ἐννοεῖσθ', ὅταν πορθῆτε γαῖαν,
εὐσεβεῖν τὰ πρὸς θεούς); denn von dieser hängt die glückliche
Rückkehr ab. Der Sinn ist also: „wenn aber wegen seiner
Schuldlosigkeit gegen die Götter das Heer glücklich heimkehrte".
Für das folgende gibt schon die Stellung von θεοῖς den Gedanken an: „wenn aber auch die Götter glückliche Heimkehr
verleihen, so wacht doch immer noch das Blut der Gefallenen
und ruft nach Vergeltung", so dass auch hier der immer wieder-
holte Gedanke „bei der Rückkehr Noth und Unglück und dann
noch zu Hause Verderben" zu Grunde liegt. Sehr richtig bemerkt Weil: Malevola odii sagacitate usa Clytaemnestra omnia
indagat quae victoribus obesse possunt, deorum ob impie facta
vindictam, caesorum iram. Darum ist die Umstellung von Ahrens
343. 345. 344. 347. 346, welche auch Weil (in den Addenda)
gebilligt hat, zurückzuweisen. Keck hat (nach Hermann) die
Mängel dieser Umstellung blossgelegt. Es muss dazu noch auf
den unrichtigen Gebrauch von μόλοι in der Bedeutung „profi-
cisci, aufbrechen, fortziehen" aufmerksam gemacht werden. Wie
aber der Gedanke gefordert wird „so ist immer noch ein anderer
Feind lebendig", so zeigt auch die Stellung von ἐγρήγορον,
dass der Dichter sagen will ἐγρήγορον ὂν τὸ πῆμα τῶν ὀλωλότων ἄλλο τι κακὸν ἐργάζοιτο ἄν und vielleicht ist das überlieferte
ἐγρήγορον, wofür Porson und Lobeck ἐγρηγορός verlangen
nur aus einem zur Erklärung übergeschriebenen ὂν (ἐγρηγορὸς),
welches man als Correktur der Endung nahm, entstanden. Gegen
die herkömmliche Auffassung des ἐγρήγορον γένοιτο „reviviscat
caesorum vindicta" hat Keck mit vollem Rechte geltend gemacht, dass man nicht verstehen könne, wie das den Todten
widerfahrene Leid wieder aufwachen könne; denn die Rache der
Gemordeten schlafe nie, sie sei immer lebendig. Wenn demnach
ἐγρήγορον (oder ἐγρηγορός) nicht zu γένοιτο gehören kann, so
muss die Ueberlieferung fehlerhaft sein. Keck sucht den Fehler
in höchst bedenklicher Weise durch den Ausfall von Worten zu
erklären und ergänzt γένοιτ' ἂν αὖθις ὀλέθριον νικηφόροις |
πρόμοισι. Wenn aber Keck hinzufügt, dabei habe man zugleich
den Vortheil, die zweite nachträglich eingeführte Hypothesis εἰ
πρόσπαια μὴ τύχοι κακά mit dem ungern vermissten καί einzu-

leiten (*κεὶ πρόσπαια μὴ τύχοι κακά*), so ist dadurch der zweite
Fehler der Ueberlieferung angezeigt. Man erklärt *εἰ πρόσπαια
μὴ τύχοι κακά* „*nisi etiam*" oder „*etiamsi*" non improvisa oder
nova quaedam mala accedant. Offenbar aber sind die *πρόσπαια
κακά* die **nachträglichen** Leiden (*πρόσφατα, νῦν προσπαίσαντα
καὶ προσκρούσαντα αὐτοῖς* Schol.), welche das ʼBlut der Erschla-
genen fordert; ein solches *πρόσπαιον* ist eben für Agamemnon
die Ermordung als Rache für den Mord der Tochter.

Diese beiden Fehler der Ueberlieferung werden beseitigt
durch die Aenderung von *γένοιτ' ἄν* in *ὄνοιτ' ἄν*:

$$\vartheta εοῖς \ δ' \ ἀναμπλάκητος \ εἰ \ μόλοι \ στρατὸς,$$
$$ἐγρηγορὸς \ τὸ \ πῆμα \ τῶν \ ὀλωλότων$$
$$ὄνοιτ' \ ἄν, \ εἰ \ πρόσπαια \ μὴ \ τύχοι \ κακά.$$

Damit ist auf das *μίμνει .. μνάμων μῆνις τεκνόποινος*
(V. 154) hingedeutet. —

Klytämnestra zählt also in V. 338—347 die Leiden auf,
welche der Sieger immer noch warten; den Zusammenhang dieses
Theiles der Rede mit dem Vorhergehenden hat man noch nicht
beachtet, sonst würde man die einzig richtige Aenderung des
handschriftlichen *ὡς δυσδαίμονες* in *ὡς δ' εὐδαίμονες* (V.
336) nicht falsch verstanden ("quam beati vero securam dormi-
ent totam noctem") oder als ungenügend befunden haben. Klytämnestra will sagen „sie werden ruhig und sorglos schlafen,
**als wenn sie jetzt vollkommen glücklich und aller Mühsale ledig
wären;** aber diese ihre *εὐδαιμονία* hat noch manche Bedenken:
die Götter können ihnen auf der Rückkehr wegen etwaiger
Frevel bei der Zerstörung Trojas Verderben senden und ausser
den Göttern lebt noch die Rache der Gefallenen, welche sich
nicht zufrieden gibt, bis sie auch den heimkehrenden Siegern
noch Unglück gebracht hat". So liegt also in dem *ὡς εὐδαίμονες* „wie ganz glückliche" eine Vorbereitung der folgenden
Befürchtungen; denn als Befürchtungen muss der Chor auffassen,
was bei Klytämnestra theils Hoffnung theils Vorhaben ist, während der Zuschauer beides als Thatsachen kennt.

9. Ag. 560.

$$ἐξ \ οὐρανοῦ \ γὰρ \ κἀπὸ \ γῆς \ λειμώνιαι$$
$$δρόσοι \ κατεψίκαζον \ ἔμπεδον \ σίνος$$
$$ἐσθημάτων \ τιθέντες \ ἔνθηρον \ τρίχα.$$

Die attische Form κατεψάκαζον hat Dindorf hergestellt; λειμωνίας, wie Schütz geschrieben hat, ist wahrscheinlich im Med.
zu lesen gewesen, sonst würde der Schreiber des Flor. nicht
leicht auf den falschen Accent λειμωνίαι verfallen sein. Im übrigen aber leidet die Stelle noch an einem schlimmen Fehler,
welcher auf einen tiefliegenden Schaden hinweist. Unmöglich
kann man über die Masculinform τιθέντες mit der Bemerkung
Hermanns wegkommen: indulserunt talia sibi poetae vel metri
vel suavioris soni caussa. Nisi hic ὄμβροι animo poetae est
obversatum. Dass Aeschylus und die älteren Dichter überhaupt
sich dergleichen gestattet haben, kann nicht durch das einzige
unsichere Beispiel einer lyrischen Stelle Choeph. 592 κἀνεμοέντων αἰγίδων, wo wahrscheinlich mit Blomfield κἀνεμόεντ' ἂν
zu lesen ist, bewiesen werden (Ag. 120 gehört nicht hieher). Soll
man nun annehmen, dass δρόσοι oder dass τιθέντες corrupt sei?
Es spricht nicht das geringste für das eine oder andere, alles
dagegen. Folglich muss noch ein subst. masc. generis vorausgehen. Eine Lücke ist nicht angezeigt; mithin muss die Stelle
der Worte ἔμπεδον σίνος das fehlende Substantiv enthalten. Man
versteht τρίχα bald von den Haaren des Kleides bald von den
Haaren des Kopfes; Weil hat gefühlt, dass das Wort zu dem
übrigen überhaupt nicht passe, und hat χρόα vermuthet. Weil
hat auch gesehen, dass hier nicht von einem ἔμπεδον σίνος
ἐσθημάτων die Rede sein könne, und hat für ἐσθημάτων ἐκθυμάτων vermuthet, was ich für unzweifelhaft richtig halte. Mit
Recht hat Hartung die Erklärung von ἔνθηρος „efferatus"
zurückgewiesen; wol aber kann der mit Geschwüren bedeckte
Fuss des Philoctet Soph. Phil. 698 ἔνθηρος πούς heissen, denn
darin wühlt es und lebt es, als wenn „lauter lebende Thierchen
drinnen hausten". Ebenso kann es hier von den Hautkrank-
heiten, welche von der Nässe kommen, heissen: ἐκθυμάτων .. ἔνθηρον σίνος. Dieses alles zusammengenommen glaube ich, dass
wir *ἔμπεδον* nur der Ueberschrift *ἐμπίδων* („Schnaken, Stech-
mücken") über *ἔνθηρον* zu verdanken haben, welche die vermeintlichen θῆρες näher bezeichnen sollte. Dadurch gerieth
σίνος mit der Erklärung ἐμπίδων in den vorausgehenden Vers
und veranlasste die unpassende Ergänzung τρίχα (vgl. oben
S. 53 zu Sept. 271). Es bleiben uns also die Worte übrig:

δρόσοι κατεψάκαζον — ◡ — ◡ —
ἐχϑυμάτων τιϑέντες ἔνϑηρον σίνος.

Das Substantiv, welches zu τιϑέντες gehört, lässt sich leicht aus
V. 335 f. ermitteln; denn dort ist auf gleiche Weise das Unge-
mach des Bivouaks vor den Mauern der belagerten Stadt dargelegt: der Gegensatz zu εἶναι γὰρ ἦσαν δαΐων πρὸς τείχεσιν
(V. 559) liegt in ἀφύλακτον εὑδήσουσι πᾶσαν εὑφρόνην; das
übrige besteht in den ὑπαίϑριοι πάγοι δρόσοι τε (V. 335)
vgl. Soph. Ant. 355 καὶ δυσαύλων πάγων αἴϑρια καὶ δύσομβρα φεύγειν βέλη. Es werden also auch noch in unserer
Stelle die πάγοι zu den δρόσοι hinzukommen müssen; im übrigen
ergänze ich die Lücke beispielsweise mit ἔτρυχον, so dass die
schwerverderbte Stelle folgender Massen gelautet haben mag:

ἐξ οὐρανοῦ γὰρ κἀπὸ γῆς λειμωνίας
δρόσοι κατεψάκαζον, [ἔτρυχον] πάγοι
ἐχϑυμάτων τιϑέντες ἔνϑηρον σίνος.

10. Ag. 611.

οὐδ' οἶδα τέρψιν οὐδ' ἐπίψογον φάτιν
ἄλλου πρὸς ἀνδρὸς μᾶλλον ἢ χαλκοῦ βαφάς.

Um ihre Unschuld mit den stärksten Ausdrücken zu betheuern
sagt Klytämnestra: „Ich weiss von einer Lust von Seite eines
anderen Mannes oder auch nur von einer tadelnden Nachrede
in dieser Beziehung sowenig wie von χαλκοῦ βαφαί.“ Man hat
über die Erklärung der Worte ἢ χαλκοῦ βαφάς verschiedene Ansichten vorgebracht. Den meisten Beifall hat die Annahme von
Welcker Nachtrag zur Trilogie S. 42 Anm. 6 gefunden, welcher
eine Erklärung ἀπὸ τοῦ ἀδονάτου als Ausweg betrachtet und meint,
dass man zur Zeit des Dichters aus der Kunst das Erz durch Mischung zu färben, ein Geheimniss gemacht habe. Hermann aber
bemerkt mit Recht über diese Annahme: Miraculosa placuerunt
Welckero quem perturbarunt Blomfieldii Elmsleiique dubitationes
de tingendo aere cogitantium. Hermann selbst versteht χαλκοῦ
βαφαί von der Färbung des Eisens mit Blut d. h. von Mord.
Mit guten Gründen ist diese Ansicht von Welcker Rh. Mus. IX 195
widerlegt worden und Schneidewin behält von derselben
nur soviel bei, dass er daraus eine Zweideutigkeit des Ausdrucks
ableitet. Andere nehmen die Conjektur von Auratus ἢ χαλκὸς

βαφάς, welche früher eine handschriftliche Begründung zu haben schien, auf und erklären wie Karsten ut aes non imbibit colorem vel humorem, sed intemeratum manet, ita se praedicat omni incestu puram. Keck möchte *ἢ φελλοὶ βαφάς* „wie der Kork das Untertauchen" schreiben.

Die einfache und natürliche Erklärung dieser Worte ist folgende: Klytaemnestra will offenbar *ein ἀ δ ύ ν α τ ο ν beschreiben; ein solches ist die Betrachtung des Eisens als eines Gegenstandes der Färberei;* nur Wolle, nicht Eisen kommt zum Färber. Der Gedanke, dass das Eisen durch Mischung verschiedene Farben annehmen oder auf irgend eine Weise äusserlich gefärbt werden kann, liegt der Absicht des Dichters ferne. Demnach heisst *ἢ χαλκοῦ βαφ ά ς* (plur.) nicht „als eine Färbung des Eisens", sondern *„als Eisenfärberei."*

11. Ag. 594.

ὅμως δ' ἔθυον καὶ γυναικείῳ νόμῳ
ὀλολυγμὸν ἄλλος ἄλλοθεν κατὰ πτόλιν
ἔλασκον εὐφημοῦντες ἐν θεῶν ἕδραις
θυηφάγον κοιμῶντες εὐώδη φλόγα.

Man erklärte gewöhnlich *γυναικείῳ νόμῳ* „muliebri iussu"; Schneidewin findet nach seiner Weise der Interpretation, dass darin nicht bloss muliebri iussu liege, sondern auch, dass alle Stadtbewohner auf ihr Wort gehört und in ihren Weiberololygmos eingestimmt haben. Im Munde des Chors wäre der Ausdruck „auf Frauengebot" gerechtfertigt, im Munde der Klytämnestra selbst niemals; denn von einer Ironie gegen die früheren Worte des Chors *ὁ θῆλυς ὅρος* (V. 485) kann keine Rede sein. Richtiger übersetzt es Ahrens „nach Weibersitte" und beruft sich darauf, dass die *ὀλολυγή* nur von den Weibern erhoben wurde. Dieses muss festgehalten werden (vgl. Hesych. *ὀλολυγή· φωνὴ γυναικῶν ἢν ποιοῦνται ἐν τοῖς ἱεροῖς εὐχόμεναι,* Eust. zu Od. IV 767 *τὸ ὀλολύζειν γυναικεία εὐχὴ λιγύφωνος*; Ag. V. 28, Choeph. 386, Sept 268 u. 825). Ebenso muss feststehen, dass *γυναικείῳ νόμῳ* den *ὀλολυγμός* als einen von Frauen gesungenen bezeichnet. Dem steht aber, wie Keck bemerkt hat, im Wege, dass *ἄλλος* auf Männer hinweist. Diesen Fehler der Ueberlieferung will Keck dadurch beseitigen, dass er *ὀλολυγμὸς* für

ὀλολυγμὸν schreibt: *ὀλολυγμὸς ἄλλος ἄλλοθεν κατὰ πτόλιν ἔλα-*
σκον εὐφημοῦντες. Allein diese Aenderung, welche W e i l als
Verbesserung jenes Fehlers billigt, ist in doppelter Beziehung
anstössig; grammatisch richtig ist nur *ὀλολυγμοὶ ἄλλος ἄλλοθεν*
ἔλασκον; so heisst es richtig in den Beispielen, welche Keck
als Beleg anführt, Pers. 358 *Ἕλληνες — ἐπενθορόντες ἄλλος*
ἄλλοσε — ἐκσωσοίατο, Eur. Phoen. 1248 *παρεξιόντες δ' ἄλλος*
ἄλλοθεν φίλων λόγοις ἐθάρσυνον. Ausserdem ist *ὀλολυγμὸς*
λάσκει sehr bedenklich und wird nicht leicht durch Beispiele zu
belegen sein.

Es ist aber zur Herstellung des Textes kein Buchstabe zu
ändern, sondern es sind nur die ursprünglichen Zeichen des
Dichters richtiger zu lesen: *ΓΥΝΑΙΚΕΙΟΙ ΝΟΜΟΙ* ist nämlich nicht *γυναικείῳ νόμῳ*, sondern *γυναικεῖοι νόμοι* („Frauen-
weisen“). Dieser alte Fehler geht natürlich über die Zeit des
Verfassers des *Χριστὸς πάσχων*, welcher *γυναικείῳ νόμῳ*, aber auch
ἀλαλαγμὸν für *ὀλολυγμὸν* hat, zurück. Dass hiermit das viel-
besprochene *κοιμῶντες* gegen alle Anfechtungen sichergestellt ist,
hat Keck gezeigt. Mit

> *ὅμως δ' ἔθυον, καὶ γυναικεῖοι νόμοι*
> *ὀλολυγμὸν ἄλλος ἄλλοθεν κατὰ πτόλιν*
> *ἔλασκον εὐφημοῦντες κτέ.*

vgl. V. 312 *τοιοίδε τοί μοι λαμπαδηφόρων νόμοι, ἄλλος παρ'*
ἄλλου διαδοχαῖς πληρούμενοι.

12. Ag. 671. (V. 664).

> *Καὶ νῦν ἐκείνων εἴ τις ἐστὶν ἐμπνέων,*
> *λέγουσιν ἡμᾶς ὡς ὀλωλότας· τί μή;*
> *ἡμεῖς τ' ἐκείνους ταῦτ' ἔχειν δοξάζομεν.*
> *γένοιτο δ' ὡς ἄριστα. Μενελέων γὰρ οὖν*
> *πρῶτόν τε καὶ μάλιστα προσδόκα μολεῖν.*

Das Verständniss dieser Stelle liegt noch sehr im argen. H e r -
m a n n bemerkt: „Aurati coniecturam *δ' ἄρ' οὖν* recepit Blom-
fieldius. Male. Non, ut Wellauerus putat, cur fausta cupienda
sint, caussa additur, sed potius, quoniam praeco quum optat, spe-
rare se indicat, addit cur speret“. Wie kann der Herold sagen,
man könne erwarten, dass Menelaos zuerst und vor allen heim-

kehre? Wie kann auf einen solchen Gedanken folgen εἰ δ᾽ οὖν τις ἀκτὶς ἡλίου νιν ἱστορεῖ χλωρόν τε καὶ βλέποντα μηχαναῖς Διὸς οὔπω θέλοντος ἐξαναλῶσαι γένος, ἐλπίς τις αὐτὸν πρὸς δόμους ἥξειν πάλιν? Unmöglich. Ueberdies hätte es den Zuschauer, der die Thatsachen kannte, eigenthümlich anmuthen müssen, eine solche Erwartung ausgesprochen zu hören. Dass aber der Dichter, den Thatsachen entsprechend, dem Herold nur Furcht um das Schicksal des Menelaos in den Mund gelegt hat, offenbart zur Genüge die Einleitung des Berichtes von dem Sturme V. 620 ff. vgl. ἀνὴρ ἄφαντος ἐξ Ἀχαιικοῦ στρατοῦ αὐτός τε καὶ τὸ πλοῖον (624) — ἢ χεῖμα, κοινὸν ἄχθος, ἥρπασε στρατοῦ (627). Klausen weiss das πρῶτόν τε καὶ μάλιστα mit den Worten zu erklären „exspectandum esse Menelai adventum neque diu eum abfore, quum nihil eum nisi tempestas illa retineat". Was hält die übrigen zurück, so dass Menelaos zuerst zu erwarten ist? Den Zusammenhang des Folgenden mit dem Vorherigen sucht Klausen in folgender Weise zu gewinnen: „reditus sane sperandus est, *simodo vivit; vivere vero cum sperandum est, quia Iovi potest confidi*". Was Klausen hinzusetzt „non ad regulas logicas descriptae sunt sententiae", das gilt allerdings von einer solchen Erklärung. Der Gedanke ist vielmehr folgender: „besondere Gnade des Zeus kann ihn noch vom Untergange gerettet haben, so dass man die Hoffnung nicht ganz aufgeben darf (ἐλπίς τις)." Wenn aber dieses der Gedanke ist, so kann nur vorausgehen: „wegen des Menelaos hat man am meisten zu fürchten". Den gleichen Gedanken macht auch der Zusammenhang mit dem vorhergehenden nothwendig. „Wenn von jenen noch einer am Leben ist, meint er wir seien todt; wir meinen dies von jenen; denn Menelaos (Μενέλεων γὰρ οὖν) wurde vor allen und am meisten von dem Sturm mitgenommen". Bevor der Herold diese schlimme Botschaft ausspricht, schickt er den Wunsch γένοιτο δ᾽ ὡς ἄριστα voraus, statt denselben nachher zu bringen.

· Demnach können wir mit aller Bestimmtheit behaupten, dass an der Stelle von μολεῖν καμεῖν gestanden hat, welches mit πρῶτόν τε καὶ μάλιστα auf V. 670 στρατοῦ καμόντος καὶ κακῶς σποδουμένου (vgl. Sept. 210 νεὼς καμούσης ποντίῳ πρὸς κύματι) zurückweist. Offenbar fiel von καμεῖν κα nach (προσ-

δό)κα aus und das übrige μεῖν wurde, weil man προσδόκα unrichtig auffasste, unter Anleitung der Abkürzungen λοις für λόγοις, λιται für λέγεται u. a. in das nahe liegende μολεῖν corri-
gicrt. Die Worte: Μενέλεων γὰρ οὖν πρῶτόν τε καὶ μάλιστα
προσδόκα καμεῖν „von Menelaos musst du leider fürchten, dass
er zuerst und am meisten in Gefahr kam" ergeben sowohl für
das Vorhergehende als auch für das Folgende die richtige Gedankenfolge.

Noch an einer anderen Stelle dieser Schilderung des Sturmes
muss die gewöhnliche Interpretation als Nothbehelf zurückgewiesen werden; zu V. 664 nämlich, wo es heisst:

τύχη δὲ σωτὴρ ναυστολοῦσ' ἐφέζετο,
ὡς μήτ' ἐν ὅρμῳ κύματος ζάλην ἔχειν
μήτ' ἐξοκεῖλαι πρὸς κραταίλεων χθόνα,

gibt Hermann die Erklärung: „ut neque in portu fluctibus
iactaretur navis, quo impediretur exscensio in terram, retroque
in mare navis reiceretur, neque in saxa et scopulos illideretur".
Schneidewin, Enger u. a. haben diese Erklärung Hermanns
aufgenommen; nur bemerkt Enger: „exspectaverim μηδ' ἐν ὅρμῳ ,ut ne in appellenda quidem nave', — quod oppositum est
naufragii periculo". Wenigstens hätte man beachten sollen, dass
nach der Erwähnung des Hafens und des Landens nicht mehr von
ἐξοκεῖλαι πρὸς κραταίλεων χθόνα die Rede sein kann.

Der Herold sagt: „die Glücksgöttin hat uns aus den Gefahren des Sturmes gerettet"; es gibt aber bekannter Massen
zwei Gefahren des Sturmes, welche hier mit μήτε — μήτε angegeben werden: das Schiff kann nämlich entweder leck werden
und mit Mann und Maus untergehen oder es kann an Felsen und
Klippen geschleudert werden. Dass aber *das Leckwerden* des
Schiffes bezeichnet werden soll, zeigen die Worte ἐν .. κύματος
ζάλην ἔχειν; dazu passt nicht die Aenderung von Butler,
welcher ἀνόρμους für ἐν ὅρμῳ schreibt (Keck will lieber ἀνόρ-
μιον, was heissen soll „eine Sturzsee, wie sie nur ausserhalb des
Hafens vorkommt"); vollständig aber gewinnen wir den gefor-
derten Gedanken durch die leichte Veränderung von ὅρμῳ in
ἁρμῷ:

ὡς μήτ' ἐν ἁρμῷ κύματος ζάλην ἔχειν.

Ἁρμός ist die Fuge, Ritze (rima) wie Soph. Ant. 1216 ἁρμὸν

χώματος λιθοσπαδῆ δύντες πρὸς αὐτὸ στόμιον und rimosa cymba ist der lecke Kahn bei Verg. Aen. VI 413

> gemuit sub pondere cymba
> sutilis et multam accepit rimosa paludem.

Sehr entsprechend ist eine andere Stelle von Verg. Aen. I 122:

> laxis laterum compagibus omnes
> accipiunt inimicum imbrem rimisque fatiscunt.

13. Ag. 763.

φιλεῖ δὲ τίκτειν ὕβρις μὲν παλαιὰ νεάζουσαν ἐν κακοῖς βροτῶν
ὕβριν τότ' ἦ τόθ' ὅταν τὸ κύριον μόλῃ νεαρὰ φάους κότον
δαίμονά τε τὸν ἄμαχον κτἑ.

Zu dieser schwerverderbten Stelle sind die mannigfaltigsten Vermuthungen vorgebracht worden. Da bei solchen Verderbnissen eine absolute Sicherheit der Restitution nicht zu erreichen ist, würde ich nicht einen neuen Versuch machen, wenn ich bei den vorgebrachten Emendationen eine genaue Berücksichtigung der Ueberlieferung bemerkt hätte. Denn mit Recht bemerkt Keck, die völlige Sinnlosigkeit der Ueberlieferung beweise, dass die Abschreiber, weit entfernt willkürlich zu ändern, sich redlich bemüht haben das ihnen unleserlich gewordene zu entziffern und unverändert der Nachwelt zu überliefern.

Ich habe gleich die Versabtheilung gegeben, wie sie von Ahrens in überzeugender Weise hergestellt ist. Damit ist bewiesen, dass βίον in V. 775 Glossem ist. Für das unmetrische ὅταν hat Klausen ὅτε hergestellt. Der Grund der Correktur ist klar. Für ὅτε μόλῃ verweist Weil auf Sept. 338 εἴτε πτόλις δαμασθῆ. So entspricht ὕβριν τότ' ἦ τόθ', ὅτε τὸ κύριον μόλῃ genau dem antistrophischen τὰ χρυσόπαστα δ' ἔδεθλα — diese über alle Zweifel erhabene Aenderung des überlieferten ἐσθλά sollte keine Anfechtung mehr zu erleiden haben („evidentissime verum" Herm.) — σὺν πίνῳ χερῶν. In der Strophe bleibt noch νεαρὰ φάους κότον, in der Gegenstrophe παλιντρόποις. Das Wort der Gegenstrophe könnte uns verleiten κότον als einen Rest von παλίγχοτον[1] und νεαρά als Glossem

---

[1] Ich sehe bei Ahrens, dass schon Rauchenstein μόλῃ φάος παλίγχοτον vermuthet hat.

zu παλίγκοτον zu betrachten; es würde sich dann erklären, warum
wir dem Glossem νεαρὰ, welches Ahrens als Erklärung von
νεάζουσαν betrachtet, an dieser Stelle begegnen; ebenso würde
sich παλίγκοτον besser empfehlen, als alle die unglaublichen
Neubildungen νεαρόκοτος, φαεσκότος, νεάκοτος, φιλόσκοτος, βα-
ϑύσκοτος, wenn man es zu dem folgenden δαίμονα zöge und
mit Weil und Heimsoeth τε nach δαίμονα als verderbt ansähe.
Allein allen diesen Ansichten, welchen νεαρὰ als Glossem zu νεάζουσαν oder zu einem andern Worte im accus. zu Grunde liegt,
steht der Casus von νεαρά unbedingt im Wege; auch würde die
Erklärung wol nicht νεαράν, sondern νέαν lauten. Offenbar ist
nach μόλῃ ein η zu Grunde gegangen und *ν ε α ρ ά ist der Rest
von* ἡμέρα. Wir kommen nun zu φάους. Dem ersten Anscheine nach ist ἡμέρα ein Glossem zu φάος; allein damit ist die
Lesart φάους nicht erklärt. Es wird schwer halten φάους
anders zu erklären denn *als Zusammenziehung von* φάος λεχοῦς
und κότον ist, wie schon Ahrens gesehen hat, aus τόχου cor-
rumpiert. Wir müssen also *entweder* ἡμέρα τόκου *als Erklärung von* φάος λεχοῦς betrachten oder vielmehr alle vier
Wörter ἡμέρα φάος (φάος, um das Neutrum τὸ κύριον zu erklären) λεχοῦς τόκου als *Erklärung des Ausdrucks* τ ὸ κ ύ ρ ι ο ν
.. λ ε χ ώ ϊ ο ν ansehen. So bezeichnet bei Nonn. Jo. IX 3 λε-
χώϊδες ὧραι die Stunden der Geburt. Ahrens vergleicht Oppian.
Cyn. 3, 156 ὥρην πρὶν τοκετοῖο μολεῖν πρὶν κύριον ἦμαρ.

14. Ag. 801.

σὺ δέ μοι τότε μὲν στέλλων στρατιὰν
Ἑλένης ἕνεκ', οὐκ ἐπικεύσω, ●
κάρτ' ἀπομούσως ἦσϑα γεγραμμένος
οὐδ' εὖ πραπίδων οἴακα νέμων
ϑράσος ἑκούσιον
ἀνδράσι ϑνήσκουσι κομίζων.

Das Metrum ist im Farn. hergestellt durch die einfache Aenderung von ϑράσος in ϑάρσος. Da diese Verschreibung sich
häufig findet, so haben wir keinen Grund an der Lesart des
Farn. zu zweifeln, mag sie auch nichts als metrische Correctur
sein (vgl. ἦϑος und τοκέων V. 728).

Die Worte *θράσος ἑκούσιον ἀνδράσι θνήσκουσι κομίζων*
haben eine Reihe von Erklärungen und Aenderungen veranlasst.
Der grösste Theil derselben fällt weg durch die Beachtung zweier
Thatsachen. Schon Blomfield hat wegen der gewöhnlichen
Erklärung von *ἀνδράσι θνήσκουσι* „viris ad mortem destinatis"
Bedenken gehabt. Mit Recht; *ἄνδρες θνήσκοντες* sind „sterbende Männer", nicht *ἀποθανεῖσθαι μέλλοντες*. Auf die andere Thatsache hat Hermann aufmerksam gemacht: *θράσος
κομίζειν* heisst nicht „Muth beibringen, einflössen"; aliud enim
κομίζειν est, quod significat „apportare" vel „adducere" ad ali-
quem ita ut quod affertur vel adducitur prope illum statuatur;
aliud *φέρειν*, quod latius patet atque sic dicitur, ut res allata
etiam inseri ei ad quem affertur significari possit.

Durch die erstere Bemerkung wird die Erklärung von Hermann „vehens (ad Troiam) spontaneam audaciam mori volenti-
bus viris" als unrichtig erkannt. Zudem ist der Gedanke dieser
Erklärung zwar zur Noth verständlich, aber passend, greifbar,
irgendwie befriedigend ist er nicht; auch ist nicht recht klar,
wie Hermann sich den Dativ *ἀνδράσι* gedacht hat; wenn *κομίζων* bedeuten soll vehens ad Troiam, so könnte *ἀνδράσι* als
entfernteres Object zu *κομίζων* nur auf die Trojaner gehen.
Dieses ist aber nicht möglich und anders darf der Dativ nicht
gefasst worden.

Gegen die zweite Thatsache verstösst die bemerkens-
wertheste der vorgebrachten Aenderungen, nämlich die von
Ahrens, welcher *θράσος ἐκ θυσιῶν* schreibt. Um aber den
Sinn dieses *θράσος ἐκ θυσιῶν* zu verstehen, würden wahrscheinlich die Griechen den langen Commentar von Ahrens eben so
nothwendig gehabt haben wie wir. — Auch die häufig aufgenommene Conjektur von Canter *θράσος ἀκούσιον*, welche zwar
das Metrum herstellt des Sinnes aber völlig entbehrt, ist
aus dem gleichen Grunde von vornherein abzuweisen. Man
möge auch nicht glauben, dass sich diese Aenderung durch ihre
Leichtigkeit empfehle.

Beide Thatsachen sind gewürdigt von Schneidewin.
Dieser interpretiert: „Du kamst mir vor wie Jemand, welcher
Sterbenden willkommenen Muth einspricht". Schneidewin war
mit dieser Erklärung auf dem rechten Wege und doch kann

man es wohl erklärlich finden, wenn sich seiner Erklärung Niemand anschloss. Was soll bei solchem Sinne *ἱκούσιον* heissen? Schneidewin bemerkt zwar: „gleichwie Sterbende Zuspruch gern annehmen, welchen die Angehörigen ihnen als *φάρμακον* zutragen (*κομίζουσιν*), so war die Aufforderung der Atriden der rüstigen Jugend willkommen". Vorerst muss *θάρσος ἱκούσιον* von Sterbenden gesagt werden können; aber wie kann der mit leichtem Vertrauen angenommene Trostgrund mit *θάρσους ἱκούσιον* bezeichnet werden?

Kurz, *ἱ κ ο ύ σ ι ο ν ist verdorben aus ἰ τ ώ σ ι ο ν*. Jetzt ist alles klar. Der Chor ist getröstet, nachdem alles glücklich zu Ende geführt und der König mit dem Heere siegreich zurückgekehrt ist (*νῦν δ' . . εὖ τελέσωσι* 805 f.). „Damals, sagt er, glaubte ich nicht an ein glückliches Ende; du kamst mir vor wie Jemand, welcher Sterbenden eitele, nichtige Tröstungen zubringt". Wenn also Agamemnon das Heer aufmunterte und ihm Sieg, Beute und ruhmvolle Rückkehr in Aussicht stellte, so war er in den Augen des Chors einer, der einen Sterbenden mit trügerischen Lebenshoffnungen tröstet. Der Chor glaubte also, wie die Anwendung des Gleichnisses sagt, dass das Heer dem Untergange geweiht, alle Siegeshoffnung aber eitel Blendwerk sei. „Es ist umgekehrt gekommen, fährt er fort; darum freue ich mich aus vollem Herzen und vergelle nicht die Siegesfreude durch Beibehaltung meiner damaligen Abneigung gegen das Unternehmen und meiner damaligen Missstimmung".

15. Ag. 875.

πολλὰς ἄνωθεν ἀρτάνας ἐμῆς δέρης
ἔλυσαν ἄλλοι πρὸς βίαν λελημμένης.

Mit *ἄνωθεν* ist das *αἰωρεῖσθαι* ausgedrückt. Man hat an *ἄλλοι* Anstoss genommen: M e i n e k e hat *δμωὲς δέρης ἔλυσαν ἀμοί*, K o c k *ἔλυσαν ἄζοι* vermuthet: *ἄλλοι πρὸς βίαν* steht in engster Beziehung: „ich für meine Person wäre gestorben; nur andere haben mich gegen meinen Willen (eigenmächtig) abgelöst" So erhält also *πρὸς βίαν* durch *ἄλλοι* seine bestimmte Bedeutung und jede Aenderung dieses Wortes schadet dem Sinne. So sicher aber *πρὸς βίαν* die Bedeutung „me invita" hat, so unmöglich ist es zu construieren *πρὸς βίαν ἐμοῦ λελημμένης* nach

Eum. 5. πρὸς βίαν τινός; es müsste nothwendig πρὸς βίαν τῆς λελημμένης heissen. Was soll aber auch πρὸς βίαν τῆς λελημμένης heissen? Es könnte nur bedeuten „gegen den Willen der ertappten"; aber diese Bestimmung hätte nur einen Sinn, wenn es hiesse ἐμὲ λελημμένην ἔλυσαν, und auch dieser Ausdruck wäre nicht geschickt für ἐμὲ λαβόντες, καταλαβόντες ἔλυσαν. Es bleibt demnach nichts übrig als λελημμένης mit δέρης zu verbinden; dann aber bedarf λελημμένης der Emendation; denn kein Verständiger wird ἀρτάνας δέρης ἐν ἀρτάνῃ λελημμένης construieren oder λελημμένης „adstrictus, zusammengeschnürt" übersetzen wollen. Gegen die Conjektur von Meineke und Schwerdt λελειμμένης, welche Enger in den Text gesetzt und „me invita quae relicta et te orbata sum" erklärt hat, lässt sich ungefähr dasselbe wie gegen λελημμένης sagen; zudem ist der Gedanke an dieser Stelle ganz unpassend. Die schon metrisch unrichtige Aenderung von Karsten λελυμένης enthält auch einen grammatischen Fehler. Karsten vergleicht Plat. legg. III 5 p. 683 ποῖοι νόμοι σώζουσιν αὐτῶν τὰ σωζόμενα. Wer griechisch versteht, muss einsehen, dass es wenigstens λυομένης heissen müsste. Ahrens hat gar ἔλυσαν ᾅδου πρὸς βίαν λελιμμένης (λελιμμένης mit Blomfield) conjiciert, was heissen soll „me invita quae mortem appetebam".

Es ist einfach πρὸς βίαν ἀνημμένης zu schreiben, mag nun αν nach βίαν weggefallen und ημμένης in λελημμένης corrigiert oder *Α* als *Λ* verlesen worden sein; ἅπτειν, ἀνάπτειν ist der eigentliche Ausdruck für das Aufknüpfen, wie Euripides lehren kann, der damit öfters zu thun hat. Vgl. Soph. Ant. 1221 τὴν μὲν κρεμαστὴν αὐχένος κατείδομεν βρόχῳ μιτώδει σινδόνος καθημμένην.

16. Ag. 984.

χρόνος δ᾽ ἐπεὶ πρυμνησίων ξυνεμβόλοις
ψαμμίας ἀκάτα παρήβησεν, εἶθ᾽ ὑπ᾽ Ἴλιον
ὦρτο ναυβάτας στρατός.

Nachdem man eine Zeit lang an χρόνος δ᾽ ἐπεὶ hat ändern wollen, ist man jetzt wieder ziemlich allgemein auf die alte Erklärung, „diu est ex quo" zurückgekommen und hat auf die Ausdrücke χρόνος δαρὸς ἐξ ὅτου, παλαιὸς ἀφ᾽ οὗ χρόνος, οὐ

πολὺς χρόνος ἐξ οὗ, μεῖναι χρόνον εἰσόκε und auf V. 40 δέκα-
τον μὲν ἔτος τόδ᾽ ἐπεὶ Πριάμου hingewiesen. Dabei nimmt
man an, dass χρόνος im Sinne einer langen Zeit gebraucht sei.
Allein der Gedanke „und doch ist es schon lange Zeit her,
seitdem das Heer gegen Ilion aufgebrochen ist" passt weder in
den Zusammenhang noch kann er durch δέ angeknüpft werden.
Der natürliche Gedanke ist folgender: „Warum bangt mein Herz
beständig fort und kommt keine Ruhe in mein geängstigtes Gemüth die ganze Zeit fort von dem Augenblicke an, wo die Anker
gelichtet wurden und die Schiffe gegen Ilion steuerten." Und
wie παλαιὸς, δαρὸς χρόνος ἀφ᾽ οὗ heisst „*es ist eine lange Zeit
seitdem*", so heisst χρόνος (ἐστὶν) ἐπεὶ „*es ist die Zeit nachdem*"
d. h. „*es nahm seinen Anfang mit dem Augenblicke, wo*" („und
hört nicht auf, fährt die Antistrophe fort, auch nachdem ich mit
eigenen Augen die glückliche Rückkehr mit angesehen habe"). .

     Ferner hat man für ξυνεμβόλοις bald ξυνεμβολαῖς (S c h n e i-
d e r), bald ξὺν ἐμβολαῖς oder ξὺν ἐμβόλοις geschrieben. H e r-
m a n n, S c h n e i d e w i n, A h r e n s haben gesehen, dass das
Einnehmen der Halttaue in die Schiffe bei der Abfahrt von
einem Landungsplatze verstanden werden muss, wie der Beisatz
εὖθ᾽ ὑπ᾽ — στρατὸς unbedingt fordert. Weil ξυνεμβολή κώ-
πης ῥοθιάδος Pers. 396 das gleichzeitige Einschlagen der Ruder
bedeute, bei dem Einwerfen der Halttaue aber die Gleichzeitig-
keit nicht ebenso wesentlich sei, hält Ahrens ξὺν ἐμβολαῖς für
wahrscheinlicher als ξυνεμβολαῖς. Wir werden darüber weiter sehen.

     Ich habe es an einer andern Stelle als einen Hauptgrund-
satz der Kritik der Chorlieder aufgestellt, dass eine gleichzeitige
Aenderung in den entsprechenden Versen von Strophe und Antistrophe so sehr als möglich zu vermeiden sei. Wenn der cor-
respondirende Vers tadellose Rhythmen und einen guten Sinn
bietet, so muss er durchaus als Correctiv und Richtschnur für
die kritische Behandlung des entsprechenden Verses gelten. So
ist in unserer Stelle jede Aenderung von der Hand zu weisen,
die nur auf Kosten des in jeder Beziehung tadellosen Verses
999 εὔχομαι δ᾽ ἐξ ἐμᾶς ἐλπίδος ψύθη πεσεῖν zu Stande kommt.

     Nehmen wir nun diesen Vers zu Hilfe, so ergibt sich fol-
gendes: ἀκάτα ist, da es kein Wort ἀκάτη gibt (vgl. Ahrens)
und da ἀκάτη oder ἄκατος nicht ins Metrum passt, ohne Zweifel

ἀκτά. Wegen ψαμμίας hat Tyrwhitt ἀκτᾶς vermuthet; aber einmal ist ψαμμίας ἀκτᾶς für das Metrum nicht brauchbar, dann ist ψάμμιος ebensowenig eine richtige Form wie ἀκάτη; Ahrens hat ψαμμὶς ἀκτὰ vorgeschlagen; aber von einem Worte ψαμμίς ist nichts bekannt. Desshalb wird nothwendiger Weise anzunehmen sein, dass ψ ά μ μ ο ς ἀ κ τ ᾶ ς durch die Ueberschrift ψαμμία ἀκτά verderbt worden sei.

Zu πρυμνησίων ξυνεμβολαῖς ψαμμὸς ἀκτᾶς passt nun auf keine Weise παρήβησεν; παρηβᾶν heisst „über die ἥβη hinaus sein, das kräftige Alter überschritten haben" und diese Bedeutung hat in keiner der vorgebrachten Conjecturen seinen Platz gefunden; es lässt sich auch gar nicht vorstellen, wie dieses Wort in irgend einer Weise hier einen passenden Sinn ergeben könnte. Man kann sich in dieser Beziehung sehr täuschen; aber man betrachte einmal unsere Stelle nach allen Seiten, man wird jene Behauptung zugestehen müssen. Kurz π α ρ ή β η σ ε ν *ist entstanden aus* π α ρ ή χ η σ ε ν.

Nun haben wir auf einmal nicht nur einen vortrefflichen, sondern gewiss den allein entsprechenden Gedanken:

χρόνος δ' ἐπεὶ πρυμνησίων ξυνεμβολαῖς
ψ α μ μ ὸ ς ἀ κ τ ᾶ ς π α ρ ή χ η σ ε ν, εἶθ' ὑπ' Ἴλιον
ὦρτο ναυβάτας στρατός

„seitdem durch das allgemeine Einwerfen der Taue der Sand vom Strande widerhallte, als gen Ilion aufbrach mit den Segeln das Heer".

Man sieht jetzt, dass die Bedeutung von ξυνεμβολή sehr geeignet ist; denn das gleichzeitige des Einwerfens bringt den starken Nachhall hervor: παρηχεῖν „sonum alicuius rei referre" (cfr. schol. zu Arist. Plut. 585) ist später grammatischer terminus geworden (vgl. παρήχησις, ἀπηχεῖν). Ahrens zweifelt, ob eine ἀκτή „hohe Küste" mit Recht sandig genannt werde, glaubt ψαμμὶς ἀκτὰ durch Eur. Iph. A. 165 ἔμολον ἀμφὶ παρακτίαν ψάμαθον Αὐλίδος nicht geschützt, weil an und vor der hohen Küste immer noch ein sandiger Strand sein könne, und ändert desshalb ἀκτὰ in ἀγά; die Aenderung ψάμμιος ἀκτᾶς erhält durch diese Bemerkung ihre Bestätigung und nähere Erklärung. Vgl. noch ἀνὰ τὰν παραλίαν ψάμμιαν Prom. 573.

17. Ueber das dritte Stasimon.

Der Gedanke der ersten Strophe und Antistrophe ist klar; dagegen muss ich gegen die bisherige Auffassung der zweiten Strophe entschiedenen Einspruch erheben. Die Grundlage für unsere Beweisführung aber müssen wir uns in der zweiten Antistrophe suchen. Diese beginnt:

> Τὸ δ' ἐπὶ γᾶν πεσὸν ἅπαξ θανάσιμον
> πρόπαρ ἀνδρὸς μέλαν αἷμα τίς ἂν
> πάλιν ἀγκαλέσαιτ' ἐπαείδων;
> οὐδὲ τὸν ὀρθοδαῆ
> τῶν φθιμένων ἀνάγειν
> Ζεὺς ἀπέπαυσεν ἐπ' εὐλαβίᾳ;

Die handschriftliche Lesart πεσόνθ' ist eine metrische Correktur, mag sie mit oder ohne Bewusstsein gemacht sein, und hat ursprünglich wahrscheinlich πεσόν θ' geheissen (über diese Einsetzung von τέ, γέ, δέ vgl. meine Ars Soph. emend. S. 27). — Im zweiten Vers ist die Lesart des Farn. προπάροιθ' eine metrische Correktur des Triclinius, welcher hier wie in der Strophe anapästisches Metrum herstellen wollte, und hat nicht den geringsten Werth. —

Ahrens hat den Satz οὐδὲ .. εὐλαβίᾳ als Fragesatz genommen und Enger stimmt ihm bei; aber οὐδὲ kann nicht „nonne etiam“ (οὐ καὶ) bedeuten. In V. 1523 hat οὐδὲ γὰρ οὗτος δολίαν ἄτην οἴκοισιν ἔθηκ'; einen anderen Sinn in höhnischer Widerrede: „du wirfst mir Tücke (δολίῳ μόρῳ) vor, als ob nicht auch dieser tückisch gehandelt hätte“; οὐδὲ kann nicht richtig sein; wahrscheinlich ist dafür εὖ δὲ zu schreiben (Pers. 784 hat Heimsoeth εὖ in οὐ emendiert). Zu εὖ δὲ .. ἐπ' εὐλαβίᾳ ἔπαυσεν vgl. Eur. Hec. 1137 εὖ καὶ σοφῇ προμηθίᾳ (ἔκτεινά νιν).

Für das dem Metrum widersprechende αὖτ' ἔπαυσ' der Handschriften hat Hartung ἀπέπαυσεν geschrieben; es kann auch κατέπαυσεν geheissen haben vgl. Suppl. 586 τίς γὰρ ἂν κατέπαυσεν Ἥρας νόσοις ἐπιβούλους. Man verbindet τῶν φθιμένων ἀνάγειν gewöhnlich mit ἔπαυσεν und Ahrens bemerkt „der Infinitiv gehört zunächst zu ἀπέπαυσεν vgl. Hom. Od. 6,

114, ist aber auch zu *ὀρϑοδαῇ* zu beziehen". Aber *τὸν ὀρϑοδαῇ* ist keine genügende Bezeichnung für Asklepios und fordert
unbedingt die nähere Bestimmung *τῶν φϑιμένων ἀνάγειν; ἔπαυσεν ist gesagt wie Soph. Oed. R. 397 ἔπαυσά νιν.* Die
Worte *ἐπ' εὐλαβείᾳ* sind von Meineke Philol. 19, 203 richtig
erklärt worden „*zu warnendem Beispiele*". In diesem Sinne hat
sie der Scholiast verstanden, welcher die Erklärung gibt *ὥστε
μὴ ἕτερον βλαβῆναι.*

Allgemein hat man bisher geglaubt, dass der Dichter mit
ἐπὶ γᾶν πεσὸν ἅπαξ ϑανάσιμον die Ermordung der Iphigenia
andeute. Aber nach Keck heisst eine solche Erklärung „dem
Dichter Geschwätz aufbürden"; mit *ἀνδρὸς μέλαν αἷμα* könne
in diesem Zusammenhange nur das Blut Agamemnons gemeint
sein. Diese neue, grundfalsche Interpretation Kecks wird von
Weil gebilligt; auch Enger scheint schon diese Meinung gehabt zu haben (vgl. dessen Zusatz zum Commentare von Klausen
V. 933). Wie kann der Chor an eine solche Unthat denken?
Wie ist das psychologisch zu rechtfertigen, dass der Chor, welcher
voraus immer nur trübe Ahnungen hat und selbst seine Angst
beschwichtigen möchte, plötzlich einen solchen Verdacht hegen
soll? Unmöglich. Das dritte Stasimon schliesst sich, wie gleich
der Anfang zeigt, an das erste an: der Chor hat noch dieselbe
Besorgniss, dass auch über den Agamemnon für seine Frevelthat
das *πάϑει μάϑος* verhängt sei und wie er dort (V. 249) sagt:
*τέχναι δὲ Κάλχαντος οὐκ ἄκραντοι· δίκα δὲ τοῖς μὲν παϑοῦσιν
μαϑεῖν ἐπιρρέπει,* so prophezeit ihm auch jetzt sein *Rechtsgefühl*
irgend ein schweres Verhängniss für Agamemnon: *σπλάγχνα δ'
οὔτοι ματάζει πρὸς ἐνδίκοις φρεσὶν τελεσφόροις δί-
ναις κυκλούμενον κέαρ· Der Chor fügt mit der zweiten Str. u.
Ant. den Grund hinzu: denn. das Blut eines Gemordeten schreit
zum Himmel um Rache.* Keck weist zur Begründung seiner
Annahme auf das Wort *ἀνδρός* hin; natürlich spricht der Chor
nicht von Jungfrauenblut, aber auch *nicht von Mannesblut, sondern von Menschenblut, ebensogut wie Eum.* 647. Die besondere
Beziehung von *ἀνδρός* werden wir später bestimmen. Auf gleiche
Weise ist *ἀνδροσφαγεῖον* in V. 1092 allgemein von *Menschen-
mord* zu verstehen; man hat eine „mactatio viri" darin gefunden und sich mit Erklärungen gequält; es ist, wie an unserer

Stelle, eine allgemeine Andeutung der Ermordung der Kinder, wie es Kasandra in V. 1096 (βϱέϟη σϟαϟάϚ) erläutert. —

Diese Auffassung wird auch durch die folgenden · Worte (1025) bestätigt:

> εἰ δὲ μὴ τεταϟμένα
> μοῖϱα μοῖϱαν ἐϰ ϑεῶν
> εἶϱϟε μὴ πλέον φέϱειν,
> πϱοφϑάσασα, ϰαϱδία
> γλῶσσαν ἂν τάδ᾽ ἐξέϟει.

Merkwürdiger Weise hat man an μοῖϱαν Anstoss genommen. Der Chor sagt: „wenn nicht nach göttlicher Ordnung eine Stellung (die königliche) die andere (die des Unterthanen) hinderte *sich etwas herauszunehmen,* so würde ich „das Herz auf der Zunge gehabt haben“. Was kann der Chor damit nur andeuten wollen? Offenbar, dass *das gekränkte Rechtsgefühl ihn gedrängt habe, dem König etwas respectwidriges* d. h. einen Vorwurf, einen Tadel wegen der Opferung der eigenen Tochter vorzuhalten. Weil dem König gegenüber die volle Freiheit der Rede fehlt, muss der Chor sein Gefühl und seinen Unmuth verhalten und kann nicht aufrichtig in heilsamer Mahnung und Warnung vor einer nahenden Bestrafung seine Meinung äussern (V. 1030 — 34).

Nachdem nun Text und Gedanke der Antistrophe festgestellt sind, wird es möglich sein die Schäden der heillos verdorbenen Strophe vor Augen zu legen und aus dem als sicher übrig bleibenden wenigstens den Gedanken zu entwickeln, da die Herstellung des ursprünglichen Textes als ein Werk der Unmöglichkeit erscheint. — Eigentlich bleiben von dem ersten Satze nur die Worte μάλα τοι τέϱμα νόσος ὁμότοιχος ἐϱείδει als sicher übrig: denn alle anderen Worte passen nicht zu dem durch die Antistr. festgestellten Metrum. Man sieht, dass γείτων eine Erklärung zu ὁμότοιχος ist; bei dem übrigen weiss man nicht recht, ob man Glosseme oder spärliche Reste der Ueberlieferung vor sich hat. Dagegen bietet der folgende Satz keinen wesentlichen Anstoss und ist vollkommen klar. In V. 1011 hat Blomfield γόμος für δόμος geschrieben, um für ἐπόντιστ σϰάφος das Subject zu gewinnen; aber mit Recht tadelt Hermann den Ausdruck γόμος πημονᾶς γέμων; man könnte auch an πότμος denken, aber man wird *δόμος* im Sinne von *πότμος* „fortunae familiares" nehmen müssen: „geht nicht der ganze Segen des Hauses zu Grunde, begleitet von dem grössten Weh, und zieht mit hinunter das Fahrzeug".

Allgemein fasst man nun folgendes als Gedanken des ersten Satzes: „Ich bin Zeuge hohen Glückes, doch dem droht leicht Unglück" (Schneidewin); „fatendum est choro magnam esse hanc felicitatem, multa videri sana, at scit ille quam prope absit mors" (Klausen); „saepe homines, ubi ad summum fortunae fastigium pervenerunt, ex improviso in summam incidunt calamitatem. Qui si opes tantum perdunt, diis adiuvantibus depelli fames potest; vita vero amissa nulla relinquitur spes" (Enger). Man nimmt also „strotzende Gesundheit" als Bild für volles Glück und findet hier den oft von den Tragikern ausgesprochenen Gedanken wieder, dass die Fülle des Glücks den Keim des Verderbens (die Krankheit) in sich trage. Davon ist V. 750—756 die Rede und der Dichter lässt den Chor dagegen sagen: *δίχα δ' ἄλλων μονόφρων εἰμί· οἴκων δ' ἄρ' εὐθυδίκων καλλίπαις πότμος ἀεί.* Aeschylus ist also nicht solcher Ansicht und wie soll jener Gedanke zu dem folgenden stimmen? Da heisst es: *καὶ πότμος εὐθυπορῶν ἀνδρὸς ἔπαισεν ἄφαντον ἕρμα.* Wie das weitere zeigt, ist hier ein logischer Nebensatz in dichterischer Weise als coordinierter Satz vorausgesetzt für *καὶ πότμου παίσαντος:* „und wenn das Glücksgut eines Mannes auf einer Sandbank aufgefahren ist, braucht man nur einen Theil der Ladung über Bord zu werfen; *der Verlust ist nicht unersetzlich;* eine reiche Ernte macht den Schaden wieder gut". „*Unersetzlich aber ist ein Menschenleben*", führt die Antistrophe fort. Es steht also dem *πότμος ἀνδρός* (= *τινος*) das *αἷμα ἀνδρός* gegenüber; ein Opfer an Gold und Gut ist nicht „irreparabel" wie das Opfer eines Menschenlebens. Gerade so heisst es Eum. 645:

> *πέδας μὲν ἂν λύσειας, ἔστι τοῦδ' ἄχος*
> *καὶ κάρτα πολλὴ μηχανὴ λυτήριος.*
> *ἀνδρὸς δ' ἐπειδὰν αἷμ' ἀνασπάσῃ κόνις*
> *ἅπαξ θανόντος οὔτις ἔστ' ἀνάστασις.*

Ist aber dieses der Inhalt der beiden Sätze, so muss, wie schon die Verbindung καὶ *zeigt und wie nichts anderes zum Vorausgehenden und*

Nachfolgenden paßt, folgender Gedanke vorher gehen: Blühende Gesundheit kann leicht in Krankheit übergehen (entsprechend dem Vordersatze *καὶ πότμος εὐθυπορῶν . . ἔπαισεν*); *aber für die Krankheit gibt es ein Heilmittel.* So dient also die ganze Strophe gleichsam nur als Folie für den Satz *τὸ δ' ἐπὶ γᾶν πεσὸν . . ἐπαείδων;* Man vergleiche damit nebst der oben angeführten vollkommen entsprechenden Stelle der Eum. noch Suppl. 442: *καὶ χρημάτων μὲν ἐκ δόμων πορθουμένων . . γένοιτ' ἂν ἄλλα κτησίου Διὸς χάριν· καὶ γλῶσσα τοξεύσασα μὴ τὰ καίρια . . γένοιτο μύθου μῦθος ἂν θελκτήριος· ὅπως δ' ὅμαιμον αἷμα μὴ γενήσεται, δεῖ κάρτα θύειν κτέ;* ausserdem auch die Worte des Sophocles Ant. 353, welche eine andere Beziehung haben, aber in gewisser Hinsicht ähnlich sind: *καὶ φθέγμα καὶ ἀνεμόεν φρόνημα καὶ ἀστυνόμους ὀργὰς ἐδιδάξατο καὶ δυσαύλων πάγων αἴθρια καὶ δύσομβρα φεύγειν βέλη παντόπορος· ἄπορος ἐπ' οὐδὲν ἔρχεται τὸ μέλλον· Ἄιδα μόνον φεῦξιν οὐ πεπάσεται* (so habe ich *οὐκ ἐπάξεται* corrigiert) *νόσων δ' ἀμηχάνων φυγὰς ξυμπέφρασται.*

Es ist jetzt auch klar, wo die durch die Gegenstrophe angezeigte Lücke, welche man immer mit den jede Ergänzung unnöthig machenden und sogar zurückweisenden Worten *καὶ πότμος εὐθυπορῶν ἀνδρὸς ἔπαισεν ἄφαντον ἕρμα* in Verbindung gebracht hat, anzusetzen ist; die traurigen Reste des Anfangs der Strophe sind demnach folgende:

Μάλα ∪ *τοι* ∪ ∪ — ∪ ∪ ∪ —
∪ ∪ — *τέρμα· νόσος γὰρ* ∪ —
∪ ∪ — *ὁμότοιχος ἐρείδει*
— ∪ ∪ — ∪ ∪ —
καὶ πότμος εὐθυπορῶν
ἀνδρὸς ἔπαισεν ἄφαντον ἕρμα
καὶ τὸ μὲν κτέ

Offenbar war der archetypus in dieser Stelle schlimm mitgenommen und alles unleserlich oder verwischt worden. Zum Ersatz einiger Worte wurden Glosseme, die darüber oder daneben erhalten waren, in den Text gesetzt.

In kurzen Worten ist der einfache, klare Inhalt dieses Chorgesanges folgender:

„*Von dem Augenblicke an, wo die Griechen in Aulis* (nach der Opferung der Iphigenia) *die Anker lichteten, ist jede freudige Hoffnung aus meinem Herzen gewichen und ist trotz der glücklichen Rückkehr des Heeres nicht wiedergekehrt. Vergeblich ist nicht die dem Rechtsgefühl entspringende Besorgniss, welche Sühne für Frevelthat fürchtet; denn wohl ist der Schaden, den man an der Gesundheit nimmt, wieder heilbar und Verlust an Gut ist ersetzlich; aber vergossenes Menschenblut ist unersetzlich; wer todt ist, steht nicht wieder auf. Gerne hätte ich dem König diese Schuld zu Gemüthe geführt; aber die erhabene Würde des Königs gestattet solche Rede nicht und ich muss still meine heilsame Mahnung und meinen Vorwurf und Unmuth im Busen verschliessen.*

18. Ag. 958.

ἔστιν θάλασσα, τίς δέ νιν κατασβέσει;
τρέφουσα πολλῆς πορφύρας ἰσάργυρον
κηκῖδα παγκαίνιστον, εἱμάτων βαφάς.
οἶκος δ' ὕπαρχει τῶνδε σὺν θεοῖς, ἄναξ,
ἔχειν· πένεσθαι δ' οὐκ ἐπίσταται δόμος.

Man hat οἶκος ὕπαρχει ἔχειν vertheidigt mit χεῖρες ἀμύνειν εἰσὶ καὶ ἡμῖν oder εἵως μοι ἀμύνεσθαι πάρ' ὀϊστοί; aber *in diesen Beispielen ist der Infinitiv regiert von dem in dem Substantiv liegenden Begriff des Mittels.* Man hat den Fehler dieser Stelle in ὕπαρχει oder in ἔχειν gesucht und den Zusammenhang der Gedanken nicht gründlich überlegt; der Fehler liegt vielmehr in οἶκος: πένεσθαι δ' οὐκ ἐπίσταται δόμος (= der *Reichthum* hat kein Ende) zusammengehalten mit τίς δέ νιν κατασβέσει; (= das *Meer* hat kein Ende) zeigt, dass *dem* ἔστιν θάλασσα *entsprechend bei* ὕπαρχει *von dem unermesslichen Reichthum des Hauses die Rede ist, welcher die Mittel an die Hand gibt sich von dem unerschöpflichen Purpurstoffe anzuschaffen* (τῶνδε ἔχειν). Die einfache Gedankenfolge ist also: „es gibt ein Meer, welches immer Purpursaft hervorbringt; das Meer bleibt immer; es ist Reichthum vorhanden, mit dem man sich immer von dem Purpurstoffe verschaffen kann; der Reichthum des Hauses ist unerschöpflich".

Es muss demnach οἶκος *verderbt sein aus* ὄλβος; auf ähnliche Weise hat der Flor. in V. 889 κλαβάς für βλαβάς. In

ὄλβος δ' ὑπάρχει τῶνδε σὺν θεοῖς, ἄναξ,
ἔχειν· πένεσθαι δ' οὐκ ἐπίσταται δόμος

ist sowohl der gen. τῶνδε bei ἔχειν als auch der Infinitiv ἔχειν nach ὄλβος ὑπάρχει gerechtfertigt. —

Im gleich darauf folgenden V. 964 verbindet man gewöhnlich δόμοισι mit χρηστηρίοις. Nur Weil bemerkt: δόμοισι, cum χρηστηρίοις iungendum, vocabulum languidum in loco illustri positum, mutavi in θεοῖσι; nachträglich (in den Fleckeisen'schen Jahrb. 89 S. 304) behält er δόμοισι bei und macht es von ηὐξάμην abhängig. *Offenbar ist δόμοισι von προϊνεχθέντος regiert.* Vgl. die von Weil angeführte Stelle Herod. V 62 (τὴν Πυθίην) προφέρειν σφι τὰς Ἀθήνας ἐλευθεροῦν. —

19. Ag. 1050. Ueber die Bildung des fünften Fusses im Trimeter.

ἀλλ' εἴπερ ἐστὶ μὴ χελιδόνος δίκην
ἀγνῶτα φωνὴν βάρβαρον κεκτημένη,
ἔσω φρενῶν λέγουσα πείθω νιν λόγῳ.

Man hat an πείθω νιν Anstoss genommen: Enger bemerkt „incisio post πείθω intolerabilis est". Allein von dem Porson-schen Gesetze über die Bildung des fünften Fusses (Praef. ad Hec. p. 30) sind zwei Ausnahmen festzustellen; die eine ist von Porson selbst wahrgenommen worden; encliticae nämlich und ἄν nach einer Elision stehen in so inniger Verbindung mit dem vorhergehenden Worte, dass sie mit demselben gleichsam zu einem Wort verschmolzen. Unter diese Ausnahme fallen folgende Verse:

Prom. 648. τί παρθενεύει δαρὸν ἔξόν σοι γάμου.

E. Hec. 507. σπεύδωμεν ἐγκονῶμεν· ἡγοῦ μοι, τέκνον.

S. O. C. 982. ἔτικτε γάρ μ' ἔτικτεν, ὤμοι μοι, κακῶν.

E. Hel. 471. πῶς φής; τίν' εἶπας μῦθον; αὖθίς μοι φράσον.

S. Phil. 788. προσέρχεται τόδ' ἐγγύς· οἴμοι μοι τάλας.

S. Phil. 801. ἔμπρησον, ὦ γενναῖε· κἀγώ τοί ποτε.

Eur. frgm. 126 N. ὦ παρθέν', εἰ σώσαιμί σ', εἴσει μοι χάριν.

Eur. frgm. 5 N. εἰ μὴ καθέξεις γλῶσσαν, ἔσται σοι βαρύς.

Cho. 903. κρίνω σε νικᾶν καὶ παραινεῖς μοι καλῶς.

Soph. fr. 467 a D. ὁ πρόσθεν ἐλθὼν ἦν ἀραῖός μοι γένει.

E. Iph. A. 633. ἃ δ' ἐνθάδ' εἶχον ἀγάθ', ἄκουσόν μου, πάτερ.

E. El. 1119. καὶ μὴν ἐκεῖνος οὐκέτ' ἔσται σοι βαρύς.

Rhes. 715. βίον δ' ἐπαιτῶν εἴρπ' ἀγύρτης τις λάτρις.
E. Iph. A. 1212. πείθειν ἐπάδουσ', ὥσθ' ὁμαρτεῖν μοι πέτρας.

S. El. 413. εἴ μοι λέγοις τὴν ὄψιν, εἴποιμ' ἄν τότε.
E. Andr. 935. βλέπουσ' ἄν αὐγὰς τἄμ' ἐκαρποῦτ' ἄν λέχη.
E. Andr. 1184. οὗτός τ' ἄν ὡς ἐκ τῶνδ' ἐτιμᾶτ' ἄν, γέρον.
E. Bacch. 1271. κλύοις ἄν οὖν τι κἀποκρίναι' ἄν σαφῶς.
E. Heracl. 456. μάλιστα δ' Εὐρυσθεύς με βούλοιτ' ἄν λαβών.
E. Iph. A. 523. ὄν μὴ σὺ φράζεις, πῶς ὑπολάβοιμ' ἄν λόγον.
E. frgm. 364, 2 N. φρονεῖς γὰρ ἤδη κἀποσώσαι' ἄν πατρός.
E. Phoen. 1619. ἀλλ' ἔτι νεάζων αὐτὸς εὕροιμ' ἄν βίον.
E. Phoen. 1626. ἐγὼ δὲ ναίειν σ' οὐκ ἐάσαιμ' ἄν χθόνα.

Die zweite Ausnahme habe ich Ars Soph. Em. p. 68 zu Soph. O. C. 664 angedeutet. Die lange Thesis des fünften Fusses gebildet durch die letzte Silbe eines mehrsilbigen Wortes verursacht keine Härte, *wenn die Hauptcäsur in den vierten Fuss fällt.* Darnach sind folgende Verse zu beurtheilen:

Eur. Jon. 1. Ἄτλας ὁ χαλκέοισι νώτοις οὐρανόν.
S. O. C. 1022. εἰ δ' ἐγκρατεῖς φεύγουσιν, οὐδὲν δεῖ πονεῖν.
E. Alc. 671. ἦν δ' ἐγγὺς ἔλθῃ θάνατος, οὐδεὶς βούλεται.
E. Phoen. 747. ἀμφότερον· ἀπολειφθὲν γὰρ οὐδὲν θάτερον.
E. Herc. f. 1338. θεοὶ δ' ὅταν τιμῶσιν, οὐδὲν δεῖ φίλων.
E. frgm. 497 N. τῆς μὲν κακῆς κάκιον οὐδὲν γίγνεται.
Prom. 107. οἷόν τέ μοι τάδ' ἐστί· θνητοῖς γὰρ γέρα.
S. Trach. 932. ἰδὼν δ' ὁ παῖς ᾤμωξεν· ἔγνω γὰρ τάλας.
E. Heracl. 303. τῆς δυσγενείας μᾶλλον· ἡμεῖς γὰρ κακῶν.
E. Hel. 1552. τοὺς σοὺς λόγους σῴζοντες· ἄρχειν γὰρ νεώς.
E. Iph. T. 678 δόξω δὲ τοῖς πολλοῖσι· πολλοὶ γὰρ κακοί.
S. El. 357. σὺ δ' ἡμῖν ἥ μισοῦσα μισεῖς μὲν λόγῳ.
Prom. 820. λέγ', εἰ δὲ πάντ' εἴρηκας, ἡμῖν αὖ χάριν.
S. Tr. 718. πῶς οὐκ ὀλεῖ καὶ τόνδε; δόξῃ γοῦν ἐμῇ.
S. O. R. 142. ἀλλ' ὡς τάχιστα, παῖδες, | ὑμεῖς μὲν βάθρων.
S. O. C. 1543. σφῶν αὖ πέφασμαι καινὸς, ὥσπερ σφὼ πατρί.
S. Phil. 22. ἅ μοι προσελθὼν σῖγα | σήμαιν' εἴτ' ἔχει.
S. O. C. 664. θαρσεῖν μὲν οὖν ἔγωγε κἄνευ τῆς ἐμῆς.
E. Iph. T. 580. κἀμοί· τὸ δ' εὖ μάλιστά γ' οὕτω γίγνεται.
E. Heracl. 640. ὦ φίλταθ', ἥκεις ἄρα | σωτὴρ νῷν βλάβης.

E. Hec. 729. ἡμεῖς μὲν οὖν ἴωμεν οὐδὲ ψαύομεν.

E. Andr. 346. φεύγει τὸ ταύτης σῶφρον; ἀλλὰ ψεύσεται.

E. Iph. A. 530. κἄμ' ὡς ὑπέστην θῦμα | κᾷτα ψεύδομαι.

Auch die acht ersten der oben angeführten Beispiele haben die
Hephthemimeris.

Auf ähnliche Weise lässt sich Eur. Heracl. 529 rechtfertigen;
es ist nämlich zu lesen:

> καὶ στεμματοῦτε καὶ — κατάρχεσθ' εἰ δοκεῖ.

Auch Cycl. 304 (in der Rede des Odysseus) ἅλις δὲ Πριάμου
γαῖ' | ἐχήρωσ' Ἑλλάδα. Phoen. 885 ist nicht zu ändern; denn es
muss εἰ μὴ λόγοισι τοῖς ἐμοῖς | τις πείσεται gelesen werden.
— Aesch. Pers. 321 νωμῶν ὅ τ' ἐσθλὸς Ἀριόμαρδος Σάρδεσιν
können wir nicht mit Porson ebd. p. 36 als lückenhaft oder mit
Weil als anderweitig verderbt betrachten, wenn auch Weil bemerkt: non excusationem habet a nominibus propriis, quippe quae
non per se ipsa, sed iunctura numeris repugnant. So gestatten
sich auch die Tragiker bei Eigennamen solche Formen der Auflösung, welche durch eine andere Stellung vermieden oder doch
geläufiger würde. Suppl. 198 ist von Dindorf emendiert, Soph.
Ai. 1101 von Elmsley, Eur. Iph. A. 1146 von Kirchhoff. Iph.
A. 665 ist corrupt, die V. 1589, (1611, welcher richtig ist, u.)
1612 kommen nicht in Betracht. —

In doppelter Hinsicht ist also die obige Stelle von dieser
Seite geschützt. Nichts destoweniger können die Worte ἔσω
φρενῶν λέγουσα πείθω νιν λόγῳ nicht gesund sein. Die Königin
thut nichts dergleichen und man begreift nicht, wie darauf die
Worte des Chors ἕπου — πιθοῦ — θρόνον folgen sollen. Die
verschiedenen Emendationsversuche εἰ σωφρονεῖ λέγουσα, ἔσω
φρενῶν λαχοῦσα, γεγῶσα, μαθοῦσα, βαλοῦσα, πείθοιτ' ἄν,
ἔσθ' ᾧ φρενῶν λαχοῦσαν ἂν πείθοιν, θιγοῦσι πείθοι ἄν (voraus ἀλλ' εἴπερ εἰ σύ), Versetzung der V. 1061. 1062 nach
V. 1052 oder von 1050—52 nach V. 1059, εἴσω φρενῶν ξυν-
εῖσα (κλύουσα, ἐχοῦσα) δέξεται λόγον haben von vornherein
keinen Anspruch auf Geltung, weil ihnen nicht eine genaue Berücksichtigung des Gedankenzusammenhangs zu Grunde liegt.
Dieser ist folgender:

Da Kasandra keine Miene macht der ersten Aufforderung
der Klytämnestra nachzukommen, bedeutet ihr der Chor, dass

die Königin mit ihrer deutlichen Aufforderung zu Ende sei und
auf die Ausführung warte; während er sich aber ihr Benehmen
noch nicht erklären kann (ἀπειϑοίης δ' ἴσως), lässt er ihr die
leise Andeutung zukommen, sie möge sich in das Unvermeidliche
zu schicken lernen. Aergerlich über die Zögerung der Kasandra
und über die zu zarte Behandlung derselben von Seite des Chors
*verlangt Klytämnestra vom Chore, er möge die Seherin, wenn ihr
anders die griechische Sprache nicht unverständlich sei, durch nach-
drückliche Zurede, die zu Herzen gehe* (ἔσω φρενῶν — λόγῳ
vgl. *Sept. 563* ἱκνεῖται λόγος διὰ στηϑέων) *zum Folge-
leisten bewegen.* Diesem Verlangen kommt der Chor nach mit
den Worten ἕπου — πιϑοῦ λιποῦσα (nicht mehr πείϑοι' ἂν εἰ
πείϑοιο); aber auch diese *direkte* Aufforderung fruchtet nicht und
Klytämnestra wird ungeduldig: οὔτοι ϑυραίαν κτέ. Was sie
darum vorher für möglich gehalten hat (ἀγνῶτα φωνὴν βάρβαρον κεκτημένη), nimmt sie jetzt als gewiss an (ἀξυνήμων οὖσα
und καρβάνῳ, welches in causalem Verhältniss zu φράζε χερί
steht), und fordert nunmehr den Chor auf, der Kasandra nicht
mehr mündlich (λόγῳ voraus, jetzt ἀντὶ φωνῆς), sondern χερί,
mit Zeichen die Sache zu verstehen zu geben. Dies thut der
Chor, *er macht Handbewegungen, aber wieder ohne Erfolg und sagt
desshalb* ἑρμηνέως ἔοικεν ἡ ξένη τοροῦ δεῖσϑαι (d. h. *man
muss sie bei der Hand greifen und herunterholen*). Drohend und
erbittert geht hierauf Klytämnestra in den Palast hinein.

Die Verse ἀλλ' εἴπερ ἐστὶ — λόγῳ (1050—52) haben
also dieselbe Bestimmung wie die V. 1059—61 σὺ δ' εἴ τι δρά-
σεις — καρβάνῳ χερί. An der letzteren Stelle wendet sich
Klytämnestra zuerst an Kasandra mit den Worten: „Wenn du
folgen willst, so mache schnell damit". Da aber Kasandra starr
und unbeweglich bleibt, so nimmt die Königin an von der Seherin
nicht verstanden zu werden. Auf ganz natürliche Weise behält
sie die zweite Person (δέχει) bei, während sie sich an den
Chor wendet (σὺ δέ).

Wenn demnach die Worte ἔσω φρενῶν λέγουσα πεῖϑω νιν
λόγῳ eine Aufforderung an den Chor enthalten müssen, dass er
der Seherin ernstlich zurede, so wird der Gedanke durch die
einfache Aenderung gewonnen:

εἴσω φρενῶν λέγων σὺ πεῖϑέ νιν λόγῳ.

Aber die Verderbniss scheint etwas tiefer zu liegen, wie
schon λέγων — λόγῳ zeigen kann. Dasjenige, was Klytaemnestra
im Gegensatz zu den kraft- und wirkungslosen Worten verlangt,
wird durch ein bezeichnenderes Verbum ausgedrückt, wie es
Eur. Jon 695 τορῶς ἐς οὓς γεγωνήσομεν an die Hand gibt:

> εἴσω φρενῶν γέγωνε πείθων νιν λόγῳ.

„rufe ihr laut ins Herz hinein, wenn du sie mit Worten zur
Nachgiebigkeit zu bringen suchst“. Es scheint zuerst γέγωνε in
λέγωνε verschrieben worden zu sein, die Schreibung πείθω νιν für
πείθων νιν aber die Veranlassung zur Corruptel gegeben zu haben.
Man darf nicht denken, dass es etwa εἴσω γεγωνὼς πεῖθέ νιν λόγῳ
φρενῶν geheissen haben müsse; denn die Worte πείθων νιν
λόγῳ gehören nicht zur Aufforderung, sondern enthalten nur
gleichsam ein Zugeständniss der Klytämnestra, dass der Chor
seine gütliche Ueberredung fortsetze und nicht gleich andere
Mittel gebrauche. — Zuerst wird es also mit leiser Andeutung,
dann mit nachdrücklicher Aufforderung, endlich mit stummen
Zeichen und Gestikulationen versucht; da alles erfolglos ist, so
meint der Chor, es bedürfe einer im eigentlichen Sinne hand-
greiflichen Bedeutung.

20. Ag. 1142.

> οἷα τις ξουθὰ
> ἀκόρετος βοᾷ, φεῦ, ταλαίναις φρεσὶν
> Ἴτυν Ἴτυν στένουσ' ἀμφιθαλῆ κακοῖς
> ἀηδὼν βίον.

Der Mod. bietet ἀκόρεστος βοαῖς φεῦ ταλαινᾶς φρεσίν. Unerträglich ist hier, zumal im Munde des Chors, die Einschiebung von φεῦ. Mit Recht bemerkt K o c k (Agam. S. 385):
„Erstlich wäre es in diesem Zusammenhang ganz unmöglich, dass
der Chor in die völlig objektiv gehaltene Schilderung der Nachti-
gallenklage eine Interjektion einschöbe, die eine Aufregung ver-
riethe wie an keiner anderen Stelle des Kommos; zweitens wäre
ταλαίναις φρεσίν, wenn es heissen sollte 'mit unglücklichem Sinne',
eine nichtssagende wässrige Umschreibung für ,die unglückliche';
sollte es aber bedeuten ,mit Duldersinne', so wäre dieser Ausdruck viel zu hoch gegriffen für die Nachtigall“. Kock benutzt

die Lesart des Flor. *φιλοίκτοις ταλαίναις* und macht aus *φεῦ φιλοίκτοις* das Wort *εὐφιλοίκτοις* (*εὐφιλοίκτοις φρεσίν*). Es ist aber schon von andern bemerkt worden und darf als sicher gelten, dass *φιλοικτος* nur ein Glossem zu *ἀκόρετος βοᾶς* ist (vgl. auch Weil's Bemerkung in den Jahrb. f. Philol. Bd. 89 S. 308). Welcher Begriff in *φεῦ ταλαινας* zu suchen ist, lehrt Suppl. 62 (nach Hermanns und Fr. Martins Emendation):

> *κιρκηλάτας ἀηδόνος,*
> *ἅτ' ἀπὸ χώρων προτέρων εἰργομένα*
> *πενθεῖ νέον οἶκτον ἠθέων,*
> *ξυντίθησι δὲ παιδὸς μόρον κτἐ.*

Es ist zu schreiben

> *ἀκόρετος βοᾶς φ ο ι τ α λ έ α ι σ ι ν φρεσίν.*

In *φοιταλέαισιν* bildet *εαι* eine Silbe wie Pers. 171 *γηραλέα* dreisilbig ist und wie es häufig bei *χρύσεος* stattfindet. Im Med. scheint noch eine Spur des ursprünglichen vorhanden gewesen und erst in *ταλαινᾶς* corrigiert worden zu sein; denn nach der Angabe „prius fuisse videtur *ταλαίναις*" zu schliessen ist *ταλαινᾶς* auf eine andere Lesart corrigiert. Zu der Bedeutung von *φοιταλέος* vgl. Prom. 598 *κέντροις φοιταλέοις*, Eur. Orest. 325 τὸν *Ἀγαμέμνονος γόνον ἐάσατ' ἐκλαθέσθαι λύσσας μανιάδος φοιταλέου.* Diese Bestimmung *φοιταλέαισιν φρεσὶν* erinnert übrigens an *θαμὰ τρωπῶσα* in der homerischen Quelle des Gleichnisses mit der Beziehung (τ 524)

> ὡς καὶ ἐμοὶ δίχα θυμὸς ὀρώρεται ἔνθα καὶ ἔνθα,

sowie an *ὄρνις ἀτυζομένα* („gescheucht, scheu") in der Anwendung des Gleichnisses bei Sophokles (El. 149). —

Der antistrophische Vers 1153 *μελοτυπεῖς ὁμοῦ τ' ὀρθίοις ἐν νόμοις* entspricht zwar dem V. *ἀκόρετος βοᾶς φοιταλέαισιν φρεσίν* vollkommen, ist aber doch corrupt, wie das τ' nach *ὁμοῦ* zeigt. Hermann, welcher im strophischen Verse die interpolierte Lesart des Flor. aufnahm, schrieb hier *ὁμοῦ στένουσ' ὀρθίοις ἐν νόμοις.* Schömann hat *μελοτυπεῖς ἄμουσ'* vermuthet. Sollte hier nicht von *ὄρθιοι νόμοι*, sondern da das zur Vermeidung des Hiatus eingesetzte τ' auf einen Ausfall von Buchstaben hindeutet, von *μ ο ι ρ ί δ ι ο ι νόμοι* (verba fatalia)

... mit K... schreiben.) ... dann auch im letzten Verse ... in ... in gleicher Stelle gestanden hat. Bergard schreibt desshalb *ἐγὼ δὲ θερμὸν ῥοῦν πέδοι βαλῶ τάχα*. Aber da *θερμόνους* corrupt ist, so dürfen wir annehmen, dass die Verstellung von *τάχα* eingetreten ist, als aus einem zweisilbigen Worte das dreisilbige *θερμόνους* entstanden war und der Vers *ἐγὼ δὲ θερμόνους ἐμπέδῳ βαλῶ τάχα* eine Correktur nothwendig machte.

Desshalb glaube ich, dass *θερμόνους* einen ähnlichen Ursprung hat, wie Cho. 319 *ἰσοτίμοιρον*, Sept. 952 die Lesart *πόνοισι γε* $\overset{\text{δόμους}}{\text{δόμους}}$, welche aus *πόνοισι γε νεάν* entstanden ist, oder wie sich Prom. 6 *ἀδαμαντίναις* $\overset{\text{πέδησιν}}{\text{πέδησιν}}$ aus *ἀδαμαντίνων δεσμῶν* und wahrscheinlich Prom. 426 *ἀκμαντοδέτοις λύμαις* aus *ἀκμάτοις* (*ἀκαμάτοις* O. Ribbeck) und dem übergeschriebenen *ἀδαμαντοδέτοις λύμαις* (aus V. 148) gebildet hat. Der V. Eum. 184 *ἐμοῦσα θρόμβους οὓς ἀφείλκυσας φόνου* bringt mich nämlich auf die Vermuthung, *dass θ ε ρ μ ό ν ο υ ς seine Entstehung einem über θρόμβους übergeschriebenen* $\overset{\text{φόνου}}{\text{φ ό ν ο υ}}$ *(θ ρ ό μ β ο υ ς) verdanke*. Darnach hat der V. ursprünglich geheissen:

ἐγὼ δὲ θ ρ ύ μ β ο υ ς ἐ ν π έ δ ῳ β α λ ῶ τ ά χ α.

Man vergleiche *πέμφιγα αἵματος* in der o. a. St., Eum. 264 *ἀντιδοῦναι δεῖ σ' ἀπὸ ζῶντος ῥοφεῖν ἐρυθρὸν ἐκ μελέων πέλανον*, Sept. 736 *καὶ χθονία κόνις πίῃ μελαμπαγὲς αἷμα φοίνιον* (Schol. zu Eum. 184 *θρόμβους*: *τὰς πήξεις τοῦ αἵματος*); mit *αἵματος* steht *θρόμβος* Choeph. 533 *ὥστ' ἐν γάλακτι θρόμβον αἵματος σπάσαι*, 546 *θρόμβῳ τ' ἔμιξεν αἵματος φίλον γάλα*; Plat. Crit. p. 120 A *θρόμβον ἐνέβαλλον αἵματος*. Auch Eurip. Jon 1014, wo von *δισσοὶ σταλαγμοὶ αἵματος* die Rede ist und die Handschriften widersinnig

ὁ δεύτερος δ' ἀριθμὸς ὃν λέγεις τί δρᾷ;

haben, ist von mir (Ars Soph. emend. p. 194)

ὁ δεύτερος δὲ θρόμβος ὃν λέγεις τί δρᾷ;

hergestellt worden.

22. Ag. 1196.

ἐκμαρτύρησον προυμόσας τό μ' εἰδέναι
λόγῳ παλαιὰς τῶνδ' ἁμαρτίας δόμων.

die Rede sei̟, womit auf *ἐμοὶ δὲ μίμνει* („ist mir Verhängniss und Bestimmung") *σχισμὸς ἀμφήκει δορί* V. 1149 zurückgewiesen würde? Vergleicht man die gleiche Zurückweisung mit *νόμον ἄνομον* V. 1140 (*ἀμφὶ δ' αὑτᾶς θροεῖς νόμον ἄνομον*), so kann diese Vermuthung zur Gewissheit werden. Dann würden in beiden Versen, wie in dem darauf folgenden V. 1144. 1154, zwei Dochmien herzustellen sein:

ἀκόρετος βοᾶς φοιταλέαις φρεσίν.
μελοτυπεῖς ὁμοῦ μοιριδίοις νόμοις.

21. Ag. 1172.

ἐγὼ δὲ θερμόνους τάχ' ἐμπέδῳ βαλῶ.

Die gewöhnliche Verschreibung *ἐμπέδῳ* für *ἐν πέδῳ* ist von Casaubonus corrigiert worden. Vgl hiezu meine Curae epigraphicae p. 47.

Das corrupte Wort *θερμόνους* hat verschiedene Besserungen hervorgerufen; was darin enthalten sein muss, ist klar und wird durch fr. 193 II. *μηδ' αἵματος πέμφιγα πρὸς πέδῳ βάλῃς* näher beleuchtet. Unter den vorgebrachten Emendationen ist allein die Aenderung von Musgrave bemerkenswerth *θερμὸν ῥοῦν*. Allein einmal ist dieser Gebrauch von *ῥοῦς* bedenklich; dann wird dadurch der Ursprung der handschriftlichen Lesart nicht erklärt; endlich spricht dagegen noch eine Beobachtung, welche M. Burgard Quaestt. grammat. Aesch. p. 9 nach Westphal Em. Aesch. 1859 p. 7 gemacht hat. Dieser hat nämlich bemerkt, dass hier zwischen Strophe und Antistrophe, wie öfters, eine vollkommene Uebereinstimmung in jeder Beziehung besteht, wie folgende Gegenüberstellung zeigt:

1. *Ἰὼ γάμοι γάμοι Πάριδος ὀλέθριοι φίλων*
   Ἰὼ πόνοι πόνοι πόλεος ὀλομένας τὸ πᾶν.

2. *Ἰὼ Σκαμάνδρου πάτριον ποτόν·*
   Ἰὼ πρόπυργοι θυσίαι πατρός.

3. *τότε μὲν ἀμφὶ σὰς ἀϊόνας τάλαιν' ἠνυτόμαν τροφαῖς,*
   πολυκανεῖς βοτῶν ποιονόμων ἄκος δ' οὐδὲν ἐπήρκεσαν,

(Hier ist entweder mit Kock *ἄκεσμ'* oder *ἄκος γ'* zu schreiben).

Daraus geht hervor, dass auch im letzten Verse *τάχα* in Str. und Antistr. an gleicher Stelle gestanden hat. Burgard schreibt desshalb *ἐγὼ δὲ θερμὸν ῥοῖν πέδοι βαλῶ τάχα*. Aber da *θερμόνους* corrupt ist, so dürfen wir annehmen, dass die Vorstellung von *τάχα* eingetreten ist, als aus einem zweisilbigen Worte das dreisilbige *θερμόνους* entstanden war und der Vers *ἐγὼ δὲ θερμόνους ἐμπέδῳ βαλῶ τάχα* eine Correktur nothwendig machte.

Desshalb glaube ich, dass *θερμόνους* einen ähnlichen Ursprung hat, wie Cho. 319 *ἰσοτίμοιρον*, Sept. 952 die Losart *πόνοισι γε*

δόμους, welche aus πόνοισι γε νεῶν entstanden ist, oder wie sich
$$\overset{\delta \acute{o}\mu o \upsilon \varsigma}{}$$

$$\overset{\pi \acute{\epsilon} \delta \eta \sigma \iota \nu}{}$$
Prom. 6 *ἀδαμαντίναις πέδησιν* aus *ἀδαμαντίνων δεσμῶν* und wahrscheinlich Prom. 426 *ἀκμιαντοδέτοις λίμαις* aus *ἀκμάτοις* (*ἀκαμάτοις* O. Ribbeck) und dem übergeschriebenen *ἀδαμαντοδέτοις λίμαις* (aus V. 148) gebildet hat. Der V. Eum. 184 *ἐμοῦσα θρόμβους οὓς ἀφείλκυσας φόνου* bringt mich nämlich auf die Vermuthung, *dass θερμόνους seine Entstehung einem über θρόμβους*

$$\overset{\varphi \acute{o}\nu o \upsilon}{}$$
übergeschriebenen φόνου (θρόμβους) verdanke. Darnach hat der V. ursprünglich geheissen:

ἐγὼ δὲ θρόμβους ἐν πέδῳ βαλῶ τάχα.

Man vergleiche *πέμφιγα αἵματος* in der o. a. St., Eum. 264 *ἀντιδοῦναι δεῖ σ' ἀπὸ ζῶντος ῥοφεῖν ἐρυθρὸν ἐκ μελέων πέλανον*, Sept. 736 *καὶ χθονία κόνις πίῃ μελαμπαγὲς αἷμα φοίνιον* (Schol. zu Eum. 184 *θρόμβους: τὰς πήξεις τοῦ αἵματος*); mit *αἵματος* steht *θρόμβος* Choeph. 533 *ὥστ' ἐν γάλακτι θρόμβον αἵματος σπάσαι*, 546 *θρόμβῳ τ' ἔμιξεν αἵματος φίλον γάλα*; Plat. Crit. p. 120 A *θρόμβον ἐνέβαλλον αἵματος*. Auch Eurip. Jon 1014, wo von *δισσοὶ σταλαγμοὶ αἵματος* die Rede ist und die Handschriften widersinnig

ὁ δεύτερος δ' ἀριθμὸς ὃν λέγεις τί δρᾷ;

haben, ist von mir (Ars Soph. emend. p. 194)

ὁ δεύτερος δὲ θρόμβος ὃν λέγεις τί δρᾷ;

hergestellt worden.

22. Ag. 1196.

*ἐκμαρτύρησον προυμόσας τό μ' εἰδέναι
λόγῳ παλαιὰς τῶιδ' ἁμαρτίας δόμων.*

Weil τό με εἰδέναι λόγῳ einen falschen Gedanken ergibt („Kasandra weiss nicht fando, sondern durch ihre Sehergabe "
Schneidewin), hat Hermann nach Dobree τὸ μὴ εἰδέναι
geschrieben und „non ut qui ex aliis acceperunt parum, sed ut
qui ipsi viderunt, accurate scire" erklärt. Aber auch dieser
Gedanke gehört nicht hieher, weil der Gegensatz εἰδέναι μὴ
λόγῳ, αλλ' αὐτὸς παρὼν bei der Beziehung auf den Chor un-
denkbar ist (vgl. V. 1240), die Beziehung auf Kasandra aber
den Zusatz des Subjects μέ unbedingt fordert.

Einen andern Weg der Erklärung hat Ahrens eingeschla-
gen. Nachdem nämlich Hermann nur kurz angedeutet „ἐκμαρτυρεῖν proprie de testimonio absentis dicitur", macht Ahrens
nachdrücklichst auf den gerichtlichen Sprachgebrauch von ἐκμαρτυρεῖν aufmerksam und citiert dafür Bekk. Anecd. p. 248, 5 καὶ
ὁμοίως ἐκμαρτυρίαν λέγουσιν, ὅταν τις τὰ παρὰ τοῦ ἀπόν-
τος εἰρημένα ἐκμαρτυρήσῃ, Poll. VIII 36 μαρτυρία δὲ καλεῖται ὅταν τις αὐτὸς ἰδὼν μαρτυρῇ, ἐκμαρτυρία δὲ, ὅταν
τις παρὰ τοῦ ἰδόντος ἀκούσας λέγῃ, Suid. s. v. u. Et. M.
324, 1 ἐκμαρτυρεῖν φασι τὸ λέγειν, οὐχ ἅπερ αὐτὸς εἶδεν,
ἀλλ' ἅπερ ἑτέρων ἤκουσε λεγόντων. Weiter meint Ahrens, dass
diese Aufforderung der Kasandra die Form einer πρόκλησις habe,
durch deren Ablehnung der προκαλῶν einen Beweis für sich
gewinne. „Wenn der Chor die verlangte eidliche ἐκμαρτυρία,
dass er die alten Frevel des Hauses durch Hörensagen nicht
kenne, verweigerte, wie er das ohne Meineid nicht anders
konnte, so räumte er dadurch ein, dass er von ihnen wisse und
dass also Kasandra wahres verkündet habe". Mit Recht bemerkt
Keck gegen diese immerhin scharfsinnige Erklärung: „Was
jene Erklärung vollends vernichtet, ist die Antwort des Chors:
„wie könnte hier ein Eid nützen?" Er hätte nach dem ganzen
Sachverhalt nur erwidern können: „das kann ich nicht beschwö-
ren". Indem er aber sagt: „wie könnte ein noch so feierlicher
Eid hier helfen?", so erwidert er doch ganz unzweideutig, dass
er den verlangten Eid wohl leisten könne, aber für unnöthig
halte".

Die Erklärung von Ahrens ist also unmöglich; dass aber
die gerichtliche Bedeutung von ἐκμαρτυρεῖν festgehalten werden
muss, beweist evident der Zusatz von προὐμόσας, welches auf

die feierlichen Zeugenaussagen vor Gericht, denen ein Eid vorherging, hindeutet. Es ist also ἐκμαρτυρεῖν nicht bloss dem gerichtlichen Sprachgebrauch entnommen, sondern es wird ausdrücklich auf den gerichtlichen Vorgang angespielt. Ganz trefflich passt eine solche Anspielung zu der Rede und den Gedanken der Seherin. Dann aber kann, wie schon Ahrens bemerkt, λόγῳ εἰδέναι nur seinen natürlichen Sinn haben παρὰ λεγόντων εἰδέναι und wird nicht nur jede andere Interpretation von λόγῳ, sondern auch jede Aenderung von λόγῳ (τορῶς, σαφῶς, τρανῶς, νόῳ) ausgeschlossen.

Was bezeugte der ἐκμαρτυρῶν? Offenbar παρά τινος ἀκούσας oder λόγῳ τινὸς εἰδέναι; auf diesen *gewöhnlichen Ausdruck der ἐκμαρτυρία* wird *mit* τὸ hingewiesen. Darnach muss die Ueberlieferung τό μ' εἰδέναι λόγῳ gedeutet werden τύ μου εἰδέναι λόγῳ — τὸ εἰδέναι λόγῳ μου. Es heisst also

ἐκμαρτύρησον προὐμόσας τό μου εἰδέναι
λόγῳ παλαιὰς τῶνδ' ἁμαρτίας δόμων.

„bezeuge nach Ablegung des Zeugeneides, dass du von mir die alten Frevel dieses Hauses vernommen hast".

Solche Fehler der handschriftlichen Ueberlieferung sind häufig und bekannt (vgl. z. B. Soph. Phil. 1037, wo der Laur. ἐπ' οὔποτ' für ἐπεὶ οὔποτ' hat, ebd. V. 585, wo im Laur. ἐγώ εἰμ' durch Rasur in ἐγώ' μ' verwandelt ist). Ueber die Synizesis vgl. Krüger II § 13, 6, 7, Cho. 122 μοῦστίν.

23. Ag. 1299.

— οὐκ ἔστ' ἄλυξις, οὔ, ξένοι, χρόνῳ πλέω.
— ὁ δ' ὕστατός γε τοῦ χρόνου πρεσβεύεται.

Der Gedanke des zweiten Verses steht (nach der Erklärung von Stanley und Elberling vgl. Krüger I § 47, 28, 9) fest: „aber man pflegt die letzten Augenblicke besonders zu schätzen" d. h. „man thut alles, um den Tod wenn auch nur um einige Augenblicke hinauszuschieben". Darnach kann im vorausgehenden Verse der Aufschub nicht verneint werden (χρόνον πλέω hat Hermann geschrieben), sondern es muss *die Möglichkeit kurzen Verschiebens* angezeigt sein. Der erste Vers muss darnach *entweder* den Gedanken „*es gibt kein Entrinnen: es kann nur auf-*

geschoben, nicht aufgehoben werden" oder den Gedanken „*mit Aufschub ist nichts gethan*" enthalten. Alle Aenderungen oder Erklärungen, welche nicht den einen oder andern dieser Gedanken
ergeben, sind von vornherein nichtig. Den zweiten Gedanken
nun „Aufschub kann nichts helfen" sucht R a u c h e n s t e i n
durch die Aenderung οὔ· τί μοι χρόνῳ πλέον, S c h m i t t durch
οὐδέ μοι χρόνῳ πλέον zu gewinnen; E n g e r hält eine Aenderung für überflüssig; nur möchte er lieber πλέον für πλέω lesen
und erklärt οὐ πλέω ἐστί nach der Redensart οὐδὲν πλέον ἐστί
„nil amplius est, nihil fructus percipitur, es wird nichts gewonnen". Aber bei dieser Erklärung ist οὐδέν nothwendig. Zudem
greift der Gedanke „durch Aufschub wird nichts gewonnen"
dem Gedanken σμικρὰ κερδανῶ φυγῇ V. 1301 vor. Dagegen
passt der andere Gedanke „es gibt nichts als Aufschub" in
jeder Beziehung in den Zusammenhang. Der Chor fragt voraus:
„Wenn du deinen Tod so bestimmt voraussiehst, warum gehst
du unerschrocken dem Verhängniss entgegen?" Darauf erwidert
Kasandra: „es gibt kein Entrinnen, keines ausser Verschieben".
Damit sagt Kasandra nichts anderes, als dass sie natürlich an
ein Aufschieben nicht denke, dass sie das vorhergesehene Verderben, das doch nach kurzer Zeit erfolgen müsse, lieber gleich
wolle. Der Chor aber benutzt diesen Zusatz und sagt: „Solchem (γέ) Verschieben legt man sonst grossen Werth bei". Man
könnte darnach auf die Aenderung verfallen: οὐκ ἔστ' ἄλυξις,
οὔ, ξένοι, πλὴν τοῦ χρόνου; aber viel einfacher und sinn-
gemässer ist die ·Emendation:

$$\text{οὐκ ἔστ' ἄλυξις, οὔ, ξένοι, χρόνου πλέον.}$$

„es gibt kein Entrinnen, das mehr wäre als Aufschub, über
Aufschub hinauskäme".

24. Ag. 1302.

— ἀλλ' ἴσθι τλήμων οἶσ' ἀπ' εὐτόλμου φρενός.   1302
— οὐδεὶς ἀκούει ταῦτα τῶν εὐδαιμόνων.   1303
— ἀλλ' εὐκλεῶς τοι κατθανεῖν χάρις βροτῷ.   1304
— ἰὼ πάτερ σοῦ σῶν τε γενναίων τέκνων.   1305.
— τί δ' ἐστὶ χρῆμα; τίς σ' ἀποστρέφει φόβος;   1306
— φεῦ φεῦ.

Bei dieser Aufeinanderfolge der Gedanken hat der V. 1303 keinen Sinn; denn es versteht sich von selbst, dass man von oder zu keinem glücklichen sagt ἀλλ' ἴσθι τλήμων ὤν, und dass sie nicht zu den εὐδαίμονες gehöre, braucht Kasandra nicht hervorzuheben. Ferner enthält der V. 1305 keine Beziehung auf V. 1304, wie man sie erwarten muss. Heath nun hat die V. 1304. 1303 umgestellt und von vielen Herausgebern ist diese Umstellung angenommen worden; aber genau betrachtet liegt dieser neuen Ordnung eine volle Verkennung des Gedankens von V. 1302 zu Grunde. Kasandra ist vom Chore gefragt worden, warum sie dem vorhergesehenen Tode so muthig entgegengehe; sie entgegnet, Flucht könne nichts nützen, die Stunde des Todes habe für sie geschlagen. Darauf kann der Chor nicht erwidern, dass Kasandra sich durch ihre Kühnheit ins Verderben stürze; denn er hat keinen Grund die Worte der Seherin zu bezweifeln. Der Chor kann nur den Muth im Unglück und die Unerschrockenheit der Kasandra anerkennen und seine Anerkennung als Trost aussprechen wollen und das soll ἀλλ' ἴσθι τλήμων οὖσ' ἀπ' εὐτόλμου φρενός sagen, indem ἀπ' εὐτόλμου φρενός den eigentlichen Gedanken des Chors ausdrückt („diese Anerkennung empfange von mir: du zeigst dich muthig und unerschrocken im Unglück"). Daraus folgt, dass V. 1304 ἀλλ' εὐκλεῶς τοι κατθανεῖν χάρις βροτῷ, welcher den zurückgewiesenen Trost erklären und rechtfertigen soll, dem Chor gehört. Wer aber sieht nicht, dass der V. οὐδεὶς ἀκούει ταῦτα τῶν εὐδαιμόνων die Erwiderung der Kasandra auf die Worte des Chors ἀλλ' εὐκλεῶς τοι κατθανεῖν χάρις βροτῷ ist? „Ja, will Kasandra sagen, damit tröstet man gewöhnlich den armen Menschen". Ich begreife nicht, wie Keck in seinem Commentare S. 416 schreiben kann: „Der Gedanke ist in sich unwahr, denn auch der Glückliche hört doch sagen, dass ein ruhmvoller Tod ein Trost und eine Freude für den Menschen sei"; dass ἀκούειν hier nicht ein einfaches „Hören", sondern ein „damit angeredet, getröstet werden" ausdrückt, kann jeder wissen. Die Erklärung Weil's (in den Fleckeisen'schen Jahrbüchern 89 S. 311) „diesen Todesmuth kann kein Glücklicher verstehen" kann unmöglich in den Worten liegen. Demnach kann kein Zweifel sein, *dass 1305 und 1303 ihre Stelle tauschen müssen*; von dem Troste

des Chors ist Kasandra ähnlich berührt, wie Antigone bei Sophocles Ant. 839 von dem Troste *καίτοι φθιμένῳ τοῖς ἰσοθέοις*
ἔγκληρα λαχεῖν μέγ᾽ ἀκοῦσαι, worauf sie *οἴμοι γελῶμαι* erwidert.
Tief ergriffen ruft Kasandra aus *ἰὼ πάτερ σοῦ σῶν τε γενναίων*
τέκνων: die Worte *ἀπ᾽ εὐτόλμου φρενὸς* haben sie an die
γενναιότης des ganzen Geschlechtes und an das Unglück des ganzen Geschlechtes erinnert (vgl. Soph. Ant. 856 *Χο. πατρῷον δ᾽*
ἐκτίνεις τιν᾽ ἆθλον. Αντ. ἔψαυσας ἀλγεινοτάτας ἐμοὶ μερίμνας).
Auf die empfindliche Erwiderung der Kasandra hin gibt der Chor
seine nähere Erklärung ab *ἀλλ᾽ εὐκλεῶς τοι κτέ.* Die ursprüngliche Folge der Sätze ist folgende:

Χο. ἀλλ᾽ ἴσθι τλήμων οὖσ᾽ ἀπ᾽ εὐτόλμου φρενός. 1302.

Κα. ἰὼ πάτερ σοῦ σῶν τε γενναίων τέκνων. 1305.

Χο. ἀλλ᾽ εὐκλεῶς τοι κατθανεῖν χάρις βροτῷ. 1304.

Κα. οὐδεὶς ἀκούει ταῦτα τῶν εὐδαιμόνων. 1303.

Χο. τί δ᾽ ἐστὶ χρῆμα; τίς σ᾽ ἀποστρέφει φόβος; 1306.

Es ist die Veranlassung zur Umstellung klar. Man wusste nicht,
was V. 1306 nach 1303 bedeuten solle, und dachte nicht daran,
dass dem V. 1306 eine äussere Handlung (*ἀποστρέφει*) der Kasandra
vorausgeht; man setzte desshalb den Ausruf *ἰὼ πάτερ σου κτέ*
vor V. 1306 und hielt damit die Frage *τί δ᾽ ἐστὶ χρῆμα*; für
motiviert, während diese Frage mit jenem Ausrufe in gar keiner
Beziehung steht.

25. Ag. 1323.

ἡλίῳ δ᾽ ἐπεύχομαι
πρὸς ὕστατον φῶς τοῖς ἐμοῖς τιμαόροις
ἐχθροῖς φονεῦσι τοῖς ἐμοῖς τίνειν ὁμοῦ
δούλης θανούσης εὐμαροῦς χειρώματος.

Hermann erwartet den Gedanken precari Cassandram ut ambo,
Clytaemnestra atque Aegisthus, una eodem capti dolo ab Oreste
et Electra occiderentur und benutzt bei der Ausfüllung der sta-
tuierten Lücke die Glosse des Hesychius *ἀσκεύοις· ψιλοῖς, ἀπα-*
ρασκεύοις· Αἰσχύλος Ἀγαμέμνονι. Dagegen vindiciert Th. Bergk
(Zeitschr. f. Alterth. 1855 S. 109*), indem er sich auf diese
Glosse des Hesychius beruft, das bei Bekker Anecd. I 445 und

Eustath. Il. 1156, 18 erhaltene Fragment eines ungenannten Dichters (127 b Dind.)

> καὶ μὴν πελάζει καὶ καταψύχει, πνοὴ
> ἄρκειος ὡς ναύταισιν ἀσκεύοις, μολών

dem Aeschylus und nimmt zu dem Behufe an, dass bei Hesych. *Aἰσχύλος Μέμνονι* zu lesen sei. Ein solcher Schluss ist an und für sich sehr bedenklich, da das Wort ἄσκευος sich gewiss nicht in jenen Versen allein wird gefunden haben. Bei näherer Betrachtung aber findet man, dass der Schluss auf ganz falscher Voraussetzung beruht. Wie passt nämlich die Erklärung des Hesych. ψιλοῖς, ἀπαρασκεύοις zu dem Gedanken jenes Fragments? Dort bezieht sich ἀσκεύοις auf die σκεύη, das Takelwerk des Schiffes, und hat nichts gemein mit dem Sinne „unvorbereitet, ungerüstet, waffenlos".

Es bleibt also dabei, dass das Wort ἀσκεύοις in dem Sinne ψιλοῖς, ἀπαρασκεύοις im Agamemnon des Aeschylus gestanden hat. Es gibt nun zwar mehrere Lücken in diesem Stücke; allein dass jenes Wort fast mit Evidenz in unsere Stelle verwiesen werden kann, wird die richtige Erkenntniss des Gedankens lehren, auf die es uns hier allein ankommt.

Hermann bestimmt den Gedanken mit den Worten „una eodem capti dolo" und sucht ihn durch einen Satz von der schwerfälligsten Construction

> βασιλέως τιμαόρους
> ἴσας δίκας φανέντας ἀσκεύοις ὁμοῦ
> ἐχθροῖς φονεῦσι τοῖς ἐμοῖς τίνειν ἐμοῦ
> δούλης θανούσης εὐμαροῦς χειρώματος

zum Ausdruck zu bringen. *Allein durch diesen Gedanken ist der Beisatz* δούλης θανούσης εὐμαροῦς χειρώματος *nicht motiviert und bleibt bedeutungslos.* Dieser Beisatz zeigt vielmehr, dass Kasandra den Fluch ausspricht: „*wie sie mich eine schwache, hülflose Sklavin gemordet haben, so mögen sie wehrlos und schutzlos* (ἀσκεύοις vgl. *V. 1429* ἔτι σὲ χρὴ στερομέναν φίλων τύμμα τύμματι τῖσαι) *zu Grunde gehen.* Das ist die Prophezeiung, die noch fehlt und die in den Choephoren in Erfüllung geht: ἄσκευοι, überrascht und überlistet von Orestes und Elektra, fallen Klytämnestra und Agisthos. — An eine Her-

stellung der heillos verderbten Stelle wird nicht gedacht werden
können: alle bisherigen Emendationsversuche sind werthlos. —
Auch in V. 1316

> οὗτοι δυσοίζω θάμινον ὡς ὄρνις φόβῳ
> ἀλλ' ὡς θανούσῃ μαρτυρεῖτέ μοι τόδε

bedarf die Ansicht Hermanns der Berichtigung. Hermann hat
nämlich ἄλλως geschrieben, was schon dadurch eine Bestätigung
hat, dass die Handschriften μαρτυρεῖτε, nicht μαρτυρῆτε bieten.
Wenn aber Hermann die Erklärung gibt „non ego ut avis vir-
gultum, prae timore frustra metuo: testamini hoc mortuae etc.,
so bemerkt Enger dagegen mit Recht: „ avis non frustra timet".
*Das Gleichniss θάμινον ὡς ὄρνις darf nur auf δυσοίζω
bezogen werden,* wie wenn es hiesse δυσοίζω θάμινον ὡς ὄρνις
— οὗτοι ἄλλως; τόδε aber weist auf dieses οὗτοι ἄλλως zurück;
die Seherin verlangt das Zeugniss vom Chore: οὐχ ἄλλως ἦν
δυσοίζουσα ἢ Κασάνδρα· αὐτή τε ἔθανε (das liegt in θανούσῃ,
welches nicht geändert werden darf) καὶ γυνὴ ἀντὶ γυναικὸς
κτέ.

26. Ag. 1434.

> Οὔ μοι φόβου μέλαθρον ἐλπὶς ἐμπατεῖ.

Die Verbindung φόβου μέλαθρον ist geschmacklos; die Verbindung φόβου ἐλπίς anstössig. Auratus hat zuerst eine Aenderung für nöthig erachtet und φόνον — ἐμπατεῖν vermuthet;
statt dessen will Hermann lieber οὔ μοι φόβον μέλαθρ' ἂν
ἐλπὶς ἐμπατεῖν lesen; darnach schreibt Weil οὔ μοι μελάθρων
ἐλπὶς ἐμπατεῖν φόβον. Andere werfen φόβον als Glossem zu
ἐλπίς aus.

In V. 1309 haben die Handschriften φόβον δόμοι πνέουσιν
αἱματοσταγῆ für φόνον —; *ebenso muss an unserer Stelle* φόνου
für φόβου *geschrieben werden:*

> οὔ μοι φόνου μέλαθρον ἐλπὶς ἐμπατεῖ

„kommt mir nicht die Furcht vor Mord (d. h. vor einem Mörder)
in mein Haus". Eine Bestätigung dieser Emendation liegt darin,
dass φόνον ebenso auf die Drohung des Chors τύμμα τύμματι
τῖσαι (V. 1430) zurückweist, wie die V. 1412 f. auf die Drohung
δημοθρόους . . μῖσος ὄβριμον ἀστοῖς. Die umgekehrte Variante

(φόνος für φόβος) findet sich Prom. 355 u. 1090. Sept. 498
hat Canter φόβον βλέπων in φόνον βλέπων emendiert. Der
Bemerkung Weils, dass μέλαθρον bei Aeschylus sonst nur im
Plural vorkommt, kann ich nicht soviel Gewicht beilegen, dass
ich glaubte, es habe ursprünglich μέλαθρ' ἄν .. ἐμπατοῖ geheissen.

27. Ag. 1455.

ἰὼ παρανόμους Ἑλένα
μία τὰς πολλὰς τὰς πάνυ πολλὰς
ψυχὰς ὀλέσασ' ὑπὸ Τροίᾳ.

Zur Herstellung der Responsion mit V. 1537 ἰὼ γᾶ γᾶ εἴθε
μ' ἐδέξω schreibt man den ersten Vers gewöhnlich nach Blom-
fields und Hermanns Aenderung

ἰὼ ἰὼ παράνους Ἑλένα.

Trefflich bemerkt dagegen Keck, dass wie das Antisystema, so
auch das Systema, nur mit einem einmaligen ἰὼ beginnen dürfe,
dass παράνους einen unpassenden Sinn ergebe, dass Helena hier
als ein Wesen der Vernichtung dargestellt werde und desshalb
auch hier wie V. 687 eine Anspielung auf den verhängnissvollen
Namen der Helena zu erwarten sei. Wenn dagegen Keck glaubt,
dass παρανόμους aus παρ' ὄνομ' οἶσ' entstanden sei, welches
als Scholiastenerklärung für κατ' ἐπωνυμίαν (vgl. Sept. 829) in
den Text gekommen sein soll, und mit Umstellung der Worte
schreibt ˙

ἰὼ Ἑλένα κατ' ἐπωνυμίαν,

so fürchte ich, dass die Unwahrscheinlichkeit der Aenderung den
zu Grunde liegenden guten Gedanken trübe und wieder verloren
gehen lasse.

Offenbar ist *παρανόμους nichts anderes als παρώνυμος οἶσ'*, voraus aber *das durch οὖσα geforderte σὺ* ausgefallen.
So entspricht

ἰὼ σὺ παρώνυμος οὖσ' Ἑλένα

vollkommen dem Sinne und dem Metrum. Man vgl. Eum. 8
Φοίβῳ· τὸ Φοίβης δ' ὄνομ' ἔχει παρώνυμον. Soph. Ai. 914
δυσώνυμος Αἴας nach V. 430 αἲ αἲ τίς ἄν ποτ' ᾤεθ', ὧδ'

ἐπώνυμον τοὐμὸν ξυνοίσειν ὄνομα τοῖς ἐμοῖς κακοῖς; Einen ähnlichen Fehler hat der cod. Flor. in V. 1548, wo σὺν δακρύοιν
in σὺν δακρύοις χεροῖν aufgelöst werden muss (vgl. oben S. 91).

28. Ag. 1594.

τὰ μὲν ποδήρη καὶ χερῶν ἄκρους κτένας
ἔθρυπτ' ἄνωθεν ἀνδρακὰς καθήμενος
ἄσημ'· ὁ δ' αὐτῶν αὐτίκ' ἀγνοίᾳ λαβὼν ἔσθει.

Man hat, um den Vorgang nach der Erzählung bei Hygin fab. 88
qui quum vesceretur, Atreus imperavit brachia et ora puerorum
afferri und Herod. I 119 zu gestalten, ἔθρυπτ' in ἔκρυπτ', ἄνωθεν in ἄνευθεν oder ἄπωθεν, καθήμενος in καθημένοις geändert. Dabei hat man die verschiedenen Bedürfnisse des Geschicht-
schreibers, welcher in pragmatischer Darstellung aller Einzel-
heiten die Sache glaubwürdig ausmalt, und des dramatischen
Dichters, der nur kurz die böse That angibt, wenig in Anschlag
gebracht. Mit Recht bemerkt E n g e r, dass Aeschylus den Vorgang nicht in der Weise des Herodot und Hygin dargestellt hat,
weil einmal keine Rede von dem Hervorholen der geheim gehal-
tenen Stücke ist, besonders aber, weil die Köpfe der Kinder
nicht erwähnt werden, die doch vor allem als Erkennungszeichen
dienen müssten. Nichts destoweniger nimmt Enger die Aenderung von ἔθρυπτε in ἔκρυπτε an mit der Erklärung „videtur
Atreus pedes et manus texisse superpositis (ἄνωθεν) carnibus",
muss aber freilich dazu bemerken „locus nondum est restitutus";
es müsste dann nicht nur καθήμενος, sondern auch ἀνδρακὰς
corrupt sein, was wir nicht glauben werden. Ich bemerke noch,
dass die Bestimmung ἀνδρακὰς καθημένοις, da ἄσημος „unkennt-
lich", nicht „unbemerkt" heisst, nicht mit ἄσημα verbunden werden kann.

Aeschylus stellt die Sache sehr einfach dar: Atreus macht
als Gastgeber den scissor, zerschneidet und zerbröckelt die Vorder-
hände und die Fussspitzen der Kinder, so dass sie nicht mehr
erkenntlich sind (ἄσημα); dann reicht er diese besondere Por-
tion dem Thyestes, welcher ahnungslos zugreift und isst, bald
aber mit Schrecken gewahr wird, wovon er gegessen. Mit
Nothwendigkeit, glaube ich, weist alles darauf hin, *dass für*
κ α θ ή μ ε ν ο ς zu schreiben ist δ α τ ο ύ μ ε ν ο ς. Jetzt erst erhält

ἀνδϱαχὰς die Bedeutung, die ihm gehört: Atreus *vertheilt Mann*
für Mann die Speisen und gibt jedem seinen Theil (viritim);
so ist es ihm möglich, eigens dem Thyestes das absonderliche Gericht
zukommen zu lassen. Jetzt ist auch ἄνωϑεν erklärlich: der scissor steht am Oberende des Tisches; es ist nicht nöthig, ἄνωϑεν
in ἄϱενϑεν (Blomfield) oder ἄπωϑεν (Paley) oder auch ἄϱεϱϑεν
zu verwandeln, da natürlich der Dichter nicht daran denkt, dass
die Gäste vorher in die Schüssel schauen könnten; es kann ja
alles so geschehen, dass es nicht wahrgenommen wird; um wei-
teres kümmert sich der Dichter nicht. So gibt in

$$\text{ἴϑϱυπτ' ἄνωϑεν ἀνδϱαχὰς δατούμενος}$$

ἀνδϱαχὰς δατούμενος die natürliche und nothwendige Bestimmung
zu ἴϑϱυπτι und enthält zugleich ein wesentliches Moment der
Darstellung. Bei der Corruptel scheint das vorausgehende χὰς
von Einfluss gewesen zu sein. —

Zu V. 1608 bemerkt Weil treffend, dass ϑυϱαῖος ὢν
nicht vom Exile des Aegisthus zu verstehen sei, sondern „foris“
„obgleich ich im Palaste bei der Ermordung nicht zugegen war“
bedeute. *Aegisthus spricht nämlich etwas in der Art eines Fal-*
staff als Feigling (vgl. 1625), welcher nicht wagte an der That
Theil zu nehmen (vgl. 1635 δϱᾶσαι τόδ' ἔϱγον οὐκ ἔτλης αὐ-
τοκτόνως u. 1643), hinterher aber sein Verdienst um die That
so hervorhebt, als wenn er allein alles geleistet hätte. Der Dichter aber rechtfertigt damit die Bestrafung und den Untergang
des Aegisthus.

29. Ag. 1612 ff.

Von allen angenommenen Lücken hat die einzige, welche Hermann nach V. 1637 statuiert, eine Berechtigung in der Mangel-
haftigkeit des Gedankens. Nehmen wir nun hier den Ausfall
eines Verses an, so entsprechen sich 5. 8. 3. 5. 3. 8 Verse, während die 6 Schlussverse des Chors, wie gewöhnlich, für sich
stehen, weil darnach Aegisthus, durch die Erwähnung des
Orestes auf das äusserste gereizt, abbricht und von Worten zur
That übergeht. —

In V. 1659

εἰ δέ τοι μόχϑων γένοιτο τῶνδ' ἅλις, γ' ἐχοίμεϑ' ἄν
δαίμονος χολῇ βαϱείᾳ δυστυχῶς πεπληγμένοι.

ist γ' ἐχοίμεθ' ἄν von Hermann in δεχοίμεθ' ἄν emendiert; εἰ δέ τοι μόχθων γένοιτο τῶνδ' ἅλις kann nicht richtig sein nach πημονῆς ἅλις δ' ὑπάρχει. Klytämnestra muss, wie δεχοίμεθ' ἄν (vgl. V. 1653 δεχομένοις λέγεις θανεῖν σε) und der folgende V. zeigt, *positive* Annehmlichkeit, muss *Freude zum Ersatz für die vielen Leiden, die sie bisher erduldet* — das will der Zusatz δαίμονος . . πεπληγμένοι sagen — als *eine willkommene* (δεχοίμεθ' ἄν) Gabe der Götter bezeichnen. Demnach *wird* τ ῶ ν δ' ἅ λ ι ς *unter Einwirkung des vorausgehenden* π η μ ο ν ῆ ς ἅ λ ι ς *verdorben sein aus* τ ο ὔ μ π α λ ι ν:

εἰ δέ τοι μόχθων γένοιτο τ ο ὔ μ π α λ ι ν, δεχοίμεθ' ἄν

„wenn das Gegentheil der Leiden einträte und Leid sich in Freude wandelte, ja wahrhaftig (τοι) das wäre uns willkommen und gebührte uns, die wir so hart gelitten haben". Vgl. Pers. 223 τἄμπαλιν δὲ τῶνδε, Agam. 1424 ἐὰν δὲ τοὔμπαλιν κραίνῃ θεός, Prom. 202 οἱ δὲ τοὐμπαλιν σπεύδοντες, Xen. Cyr. VIII 4, 32 τοὔμπαλιν οὗ βούλονται ἐφέλκεσθαι, Polyb. I 14, 3 τοὔμπαλιν τούτων; Herod. II 19 τὰ ἔμπαλιν πεφυκέναι τῶν ἄλλων ποταμῶν, Pind. Ol. XII 11 ἔμπαλιν τέρψιος. —

In V. 1670

ἴσθι μοι δώσων ἄποινα τῆσδε μωρίας χάριν

scheint χ ρ ό ν ῳ *für* χ ά ρ ι ν gesetzt werden zu müssen. Nicht nur gehört zu ἄποινα der blosse Genetiv τῆσδε μωρίας (vgl. 1420, Pers. 808; Eur. Alc. 7, Bacch. 516, El. 1181 etc.), sondern man erwartet auch eine ähnliche Bestimmung wie in V. 1666 ἀλλ' ἐγώ σ' ἐν ὑστέραισιν ἡμέραις μέτειμ' ἔτι; vgl. Suppl. 732 χρόνῳ τοι κυρίῳ τ' ἐν ἡμέρᾳ . . δώσει δίκην, Cho. 935 ἔμολε μὲν δίκα Πριαμίδαις χρόνῳ, 295 πάντων δ' ἄτιμον κἄφιλον θνήσκειν χρόνῳ, Ag. 702 τραπέζας ἀτίμωσιν ὑστέρῳ χρόνῳ . . πρασσομένα, Eum. 498 μεταῦτις ἐν χρόνῳ. —

In V. 1669 ist die von Hermann zu V. 1249 (1290) gegebene Erklärung von πρᾶσσε beanstandet worden. Vgl. Prom. 939 δράτω, κρατείτω τόνδε τὸν βραχὺν χρόνον ὅπως θέλει.

VIII. Zu *XOH⌀OPOI*.

1. Choeph. 54.

σέβας δ' ἄμαχον ἀδάματον ἀπόλεμον τὸ πρὶν
δι' ὤτων φρενός τε δαμίας
περαῖνον νῦν ἀφίσταται.
φοβεῖται δέ τις τόδ' εὐτυχεῖν·
τὸ δ' ἐν βροτοῖς θεός τε καὶ θεοῦ πλέον.   60
ῥοπὴ δ' ἐπισκοπεῖ δίκας
ταχεῖα τοὺς μὲν ἐν φάει,
τὰ δ' ἐν μεταιχμίῳ σκότου
μένει χρονίζοντας ἄχη·
τοὺς δ' ἄκραντος ἔχει νύξ.   65
δι' αἷματ' ἐκποθένθ' ὑπὸ χθονὸς προφοῦ
τίτας φόνος πέπηγεν οὐ διαρρύδαν·
διαλγὴς ἄτα διαφέρει
τὸν αἴτιον παναρκέτας νόσου βρύειν.   70
θιγόντι δ' οὔτι νυμφικῶν ἐδωλίων
ἄκος κτέ.

In V. 54 ist ἀδάματον für ἀδάμαντον von Hermann, in V. 56 φρενός für φρένες von Victorius, in V. 58 τις τόδ' εὐτυχεῖν· τὸ δ' (der Interpunktion der Strophe entsprechend) für δέ τις· τὸ δ' εὐτυχεῖν τόδ' von Rossbach (de Cho. loc. nonnull. comm. p. 11) emendiert worden (Rossbach erklärt τόδ' εὐτυχεῖν mit τήνδε τὴν εὐτυχίαν; vielmehr ist τόδε Objekt zu · εὐτυχεῖν vgl. Krüger I § 46, 5, 4). V. 62 hat Turnobus τοὺς für τοῖς nach dem Schol. hergestellt. Der V. 64 lautet im Med. μένει χρονίζοντ' ἄχη βρύει. Hermann hat gesehen, dass βρύει aus V. 70 stammt, nach welchem im Med. die Worte von V. 65 τοὺς δ' ἄκραντος ἔχει νύξ wiederholt sind; μένει χρονίζοντας ἄχη für μένει χρονίζοντ' ἄχη hat Dindorf (Paley führt die Aenderung als von Newman herrührend an) emendiert, welcher dazu bemerkt: „quum praecedat τοὺς μὲν et sequatur τοὺς δὲ, hic dicendum erat τοὺς δὲ χρονίζοντας ἐν μεταιχμίῳ σκότου ἄχη μένει, quod quum metrum non ferret, mutata orationis forma dixit τὰ δ' ἐν μ. σκ. μένει χρονίζοντας ἄχη, quod eodem redit".

In V. 66 rührt *ἐκποθένθ'* für *ἐκποθέν* von Schütz,* in V. 71
θιγόντι für *οἴγοντι* von Scaliger, *οὔτι* für *οὔτε* von Bothe
her. —

Der Text ist demnach soweit festgestellt, dass von dieser
Seite dem Verständniss des Sinnes nichts entgegensteht. Aber an
keiner Stelle des Aeschylus ist der Gedankengang noch in solches
Dunkel gehüllt wie an dieser. Ich will die bedeutenderen Versuche der Erklärung aufzählen.

Nach Zurückweisung der gewöhnlichen Erklärung „ultionem
divinam omnes scelestos corripere, alios celerius dum dies adhuc
luceat, alios paullo serius circa crepusculum, alios vero vel media
nocte" gibt Bamberger folgende Interpretation: „*τοὺς ἐν φάει*
intellige Aegisthum et Clytaemnestram, crepusculi imagine Orestes et
Electra, noctis Agamemnon significatur. Discrimen Iustitiae divinae
in eos, qui in ampla luce versantur h. e. qui rerum potiuntur, spe
celerius ingruit; contra res crepusculo obscuratae h. e. eorum qui op-
pressi non extincti sunt, tardos dolores germinant; alios nox infinita
obtinet". Abgesehen von der inneren Zerfahrenheit und Bedeu-
tungslosigkeit dieser Erklärung erweist die Beziehung von *ῥοπὴ*
δ' ἐπισκοπεῖ δίκας, welches dem Gedanken nach zu allen drei
Gliedern gehören muss, zur Genüge, dass nur von Frevlern die
Rede ist, welche der strafenden Gerechtigkeit verfallen sind, also
nicht von Orestes, Elektra und Agamemnon. — Derselbe Grund
gilt gegen Hermanns Aenderung von *χρονίζοντ' ἄχη* in *χρονί-*
ζοντ' ἀτυχῆ und Erklärung „sed conversio iustitiae subita respi-
cit hos in luce (i. e. sed iustitia subito se convertit in hos qui in
luce versantur: Clytaemnestram et Aegisthum intelligit); alii inter
lucem et tenebras infelices morantur (infelix exsilio Orestes); alios
(Agamemnonem) cassa nox tenet". Ausserdem begreift man nicht,
wie der Chor an eine *ταχεῖα ῥοπὴ δίκης* denken kann, wenn er
von Orestes' Abwesenheit und fortdauernder Verbannung spricht;

---

*) Wahrscheinlicher ist mir *δι' αἷμ' ἅπαξ ποθὲν δ' ὑπὸ χθονὸς*
τραφοῦ nach Ag. 1019 *τὸ δ' ἐπὶ γᾶν ἅπαξ πεσὸν θανάσιμον πρόπαρ*
ἀνδρὸς μέλαν αἷμα und Eum. 647 *ἀνδρὸς δ' ἐπειδὰν αἷμ' ἀνα-*
σπάσῃ κόνις ἅπαξ θανόντος. Die Stellung von *δὲ* ist unbedenklich nach
den zusammengehörigen Worten. Falsche Trennung brachte *δι' αἷματ'*
ἐξποθὲν hervor, was in *ἐκποθέν* corrigiert wurde (vgl. Pers. 451 *ἐξσώ-*
ζοιατο mit übergeschriebenem *x*). —

endlich ist, was noch viel deutlicher hervortritt, der Gegensatz
zwischen *ταχεῖα* und *μένει χρονίζοντα* vollkommen verwischt. —
Die Gegensätze sucht die Erklärung von K. O. Müller Zeitsch.
f. Alt. 1836 S. 21 zu wahren. Dieser gibt nach Widerlegung der
Klausen'schen Interpretation „felicitas honore fruitur; sed
omnes manet iustus eventus, aliis claram lucem, aliis dubiam,
aliis noctem assignans" folgendes als Sinn der Stelle an: „Ein
hohes Glück ist freilich nach der Meinung der Sterblichen Gott
und mehr als Gott: aber die einbrechende Wucht der göttlichen
Strafen stellt die im Lichte der Glückseligkeit strahlenden schnell
ins Dunkel (M. schreibt *ῥοπὴ δ' ἐπισκοτεῖ δικᾶν ταχεῖα τοῖς
μὲν ἐν φάει*); ein Loos dagegen im Dämmerlichte erhält sich
länger und lässt die Keime des Verderbens langsam wuchern
(„*τὸ δ' ἐν μ. σκ. μένει χρονίζον τε βρύει*"); andere Menschen
bleiben immer in tiefer endloser Nacht". Man sieht nicht ein,
warum die im Dämmerlicht überhaupt dem Verderben anheim-
fallen müssen; woraus soll man schliessen, dass sie schuldig seien?
Der Begriff der Schuld passt nicht für die dritte Klasse, bei
welcher nach Müller die trojanischen Sklavinnen an ihr eigenes
Loos denken sollen. Den Worten *χρονίζον τε βρύει* ist eine
unrichtige Deutung gegeben und überhaupt ist der Gedanke den
Worten aufgezwungen. — Einen anderen Weg hat Weil ein-
geschlagen. Dieser will unter *τοὺς μὲν, τὰ δέ, τοὺς δέ* nicht
drei Klassen von Menschen verstanden wissen, sondern *τοὺς μὲν*
auf Personen, *τὰ δέ* auf die Strafe die ihrer wartet, *τοὺς δέ*
wieder auf die gleichen Personen beziehen in folgender Weise:
ne mireris improborum prosperitatem. „Iustitiae impressio subita
scelestos invenit in luce versantes, mala (quae illis reservantur)
in tenebrarum confiniis, iamiam eruptura, sed tardantia impetum
suum (Weil schreibt *ἄχη χρονίζοντα βρύειν*): atque horae momento scelesti profunda tenentur nocte". Aber auch diese Erklärung thut den Worten Gewalt an. Warum sollen ferner die
Strafen in tenebrarum confiniis verborgen sein? Wenn die Frevler im Lichte, die Gestraften in der Dunkelheit weilen, warum
sollen die Strafen im Zwielichte zurückbleiben? Man sieht, hier
fehlt der innere Zusammenhang. Wie kann man *ταχεῖα ῥοπή*
verstehen, wenn die Bestrafung lange auf sich warten lässt?
Der in die Erklärung aufgenommene Ausdruck „horae momento"

macht uur das unverständliche verständlich. — Weiter hat
Mohler Mnemosyne VI (1857) S. 91 eino Interpretation
gegebon, welcher auch Dindorf beipflichtct, indem er auf dio-
solbe verweist. Mehler macht zuerst gegen A. v. Jongh's Erklärung „alios statim quum flagrat ctiam facinus, iustitia invadit;
alios serius manet, iam magna vitao parte peracta, quasi cum
crepusculum venit, tarditasquc supplicii gravitate compensatur;*
alii mortui demum in inferis poonas infinitas inveniunt“ dio rich-
tigo Bemerkung „*φάος, μεταίχμιον σκότου* et *νύξ* ciusdem rei
varios gradus necessario debent indicaro“ und gibt dann seinerseits
folgendes als den erforderlichen Gedanken an: omne maleficium
serius ocius poena manet; mature puniuntur, quae in luce sunt
commissa; sed ea quoquo quae clam commissa aliquantisper latent,
quin ctiam quae oblivionis nocte videntur esse involuta, dolores
(h. e. criminis poena) manent“. Mehler überlässt es andoron,
den Toxt nach diesem Gedanken oinzurichten; aber der Versuch
dürfto misslingen; denn der Vers *τοῖς δ' ἄκραντος* (oder wio
Dindorf nach Schütz schreibt *ἄκρατος*) *ἔχει νύξ* kann nicmals
in solcher Weise geändert werden, dass der Sinn herauskommt
ῥοπὴ δίκας ἐπισκοπεῖ καὶ ἐκείνους οἷς ἄκραντος ἔχει νύξ. Uebrigens wird sich bald zeigen, dass auch in dieser Erklärung ein
gegensätzlicher Begriff überschen ist. — Die übrigen Erklärungen will ich nur einfach anführen: Naegolsbach (emend. et
oxplic. Aesch. 1857) „discernit poota tria poenarum tempora:
ῥοπὴ δίκης τοῖς μὲν ἐν φάει (in vita) *ἐπισκοπεῖ ὅταν ᾖ ταχεῖα,
τοῖς δ' ἐν μεταιχμίῳ σκότου* (in tenobrarum et lucis confiniis),
ὅταν χρονίζῃ· τοῖς δ' ἐπισκοπεῖ καὶ ἀποθανόντας.“ Heim-
socth (Wiederh. d. Dr. d. A. S. 120) „Es ist von zwei Fällen dio
Rode: Die Strafe kommt bald schnell, bald langsam, dann abor
um so vernichtender. Im ersten Fallo wird alles kurz ausgedrückt.

*) Aehnlich ist die Erklärung von Paley „the words however in
tho toxt may bavo a general as well as a particular reference. They are
applicablo to crimes which, as it wero, lie dormant till old age, and then
bave their penalty in a miserable and remorseful evening of life“ und
„three periods are spoken of; tho present time, or prime of life, when
the stroke of justice falls most heavily and least expected; the twilight,
or evening of life; and the night, or death, which comes *ἄκραντος*, before
punishement has overtaken its viotim“.

Beim zweiten, worauf es hier überhaupt ankommt, wird zuerst abgesondert gesagt, dass durch den Aufschub die Sache sich verschlimmere: τὰ δ' ἐν μεταιχμίῳ σκότου μένει (τά ist Relativ u. μένει Verbum) schwillt durch die Zögerung an und die trifft dann nicht endend Verderben". **Merkel** (zur Aeschylus-Kritik und Erklärung. 1863 S. 2) „der Richterspruch (ῥοπὴ δικᾶν) bleibt nicht aus, für die einen rasch (δικᾶν, ταχεῖα τοῖς μὲν) am Tage, zu Zeiten auch am Tagesschluss". **Kock** (Symb. Bonn. 1864 S. 185—216) stellt das dritte Strophenpaar vor das zweite und nimmt mit Heimsoeth zwei Fälle an: „Dike gibt Acht auf das Zünglein ihrer Wage (Δίκα δ' ἐπισκοπεῖ ῥοπάν); den einen (τοῖς μὲν) naht sie schnell und in klarem Licht, so dass man ihr Heranschreiten deutlich sehen kann; was dagegen im Schoosse der Nacht noch lauert, das schwillt durch die Zögerung an (mit Heimsoeth τὰ δ' ἐν μεταιχμίῳ σκότον μένει, χρονίζοντα βρύει); jenen aber (Aegisthus und Klytämnestra) verhüllt tiefe Nacht sie (Dike: τοῖς δ' ἄκρατος ἔχει νύξ)". **Westphal** (Prolegomena zu Aesch. Tr. 1869 S. 103) „Dike's Auge trifft zwar die einen schnell und offenkundig; bei anderen lässt sie die Frevelthaten noch eine Zeitlang im Dämmerlichte fortwuchern, um auch sie späterhin zu treffen; Andere aber sind durch ewige Nacht vor ihren Blicken geschützt. Das ist es, was man Angesichts der Frevelthaten des Aegisthus und der Klytämnestra befürchtet; auch sie, so scheint es, würden straflos fortsündigen. Aber — und hiermit beginnt die Strophe γ' — wenn ihnen auch Straflosigkeit zugesichert scheint, es wird sicher ihr Frevel gerächt werden; denn weil die nährende Erde die Tropfen aufsog, so kann das Blut nicht fortfliessen, sondern bleibt zurück als Rächer; auch Agamemnons Blut wird als Rächer auftreten. Wir Menschen mögen an der Gerechtigkeit verzweifeln; aber dennoch wird sie siegen". Auch bei dieser letzten Erklärung, welche den Worten des Dichters noch am nächsten kommt, fehlt der innere Zusammenhang der Gedanken. —

Um zu einer sicheren Beurtheilung des Gedankens zu gelangen, müssen wir von einer vorurtheilsfreien Interpretation des Textes ausgehen; wir dürfen nicht, wie Mehler u. a., den Gedanken uns vorher gestalten und diesen dann dem Texte aufzwingen. Die drei Glieder des Gedankens zeigen deutlich und

sonder Zweifel folgende Abstufung der Begriffe: ἐν φάει, ἐν
μεταιχμίῳ σκότου, ἐν νυκτί „im Licht, im Zwielicht, in
der Dunkelheit“; ταχεῖα, χρονία, ἄκραντος (irritus), was
man kurz mit „schnell, langsam, gar nicht“ wiedergeben kann.
Die ersteren Begriffe ἐν φάει, ἐν μεταιχμίῳ σκότου, ἐν νυκτί
stehen in causalem Verhältniss zu den anderen: „schnell, weil
im Lichte; langsam, weil im Zwielichte; gar nicht, weil in der
Dunkelheit“. Demnach kann der Gedanke kein anderer als folgender sein: „das Richteramt der strafenden Gerechtigkeit erschaut
schnell die offenbaren Verbrecher; diejenigen aber, deren Schuld sich
noch im Zwielicht birgt, erwartet erst mit der Zeit die Strafe;
andere aber deckt nichts zu Ende führende (d. h. keine Bestrafung
bewirkende oder jede Bestrafung ausschliessende) Nacht“. Auf ähnliche und ziemlich richtige Weise erklärt die Stelle der Scholiast:
ἡ δὲ τῆς δίκης ῥοπὴ τοὺς μὲν ἐπισκοπεῖ ταχέως καὶ ἀμύνεται,
ἄλλοις δὲ ἐν ἀμφιβόλῳ ἐᾷ τὴν τιμωρίαν, οὐκ ἀθρόως αὐτοῖς
ἀμυνομένη, ὥστε τοὺς ἠδικημένους ἐπ᾽ αὐτῶν λυπεῖσθαι. (Aus
dieser Interpretation des zweiten Gliedes muss man schliessen,
dass der Schol. ἀχεῖ, wie der Med. von erster Hand hat (ἄχει),
gelesen und wie es eben ging, durch die Beziehung auf die Be-
schädigten zu deuten gesucht hat, während in seiner Erklärung
keine Spur von βρύει zu finden ist). ἄλλους δὲ σκότος καλύπτει,
ὡς μηδ᾽ ὁρᾶσθαι ἐπ᾽ αὐτῆς· ὅμως ὁ φόνος πέπηγεν καὶ οὐ
διαρρεῖ, ἀλλ᾽ ἐπέξεισιν ἑαυτόν. —

Man würde wol diese durch die Worte des Dichters gebo-
tene und ihnen allein entsprechende Erklärung längst anerkannt
haben, wenn der dadurch gewonnene Sinn nicht gerade das
Gegentheil von dem schiene, was man hier erwartet. Der Chor,
welcher auf die Bestrafung des Aegisthus und der Klytämnestra
mit aller Zuversicht hofft, kann nicht die Möglichkeit offen lassen, dass der Frevel nicht geahndet werde. Die Lösung des
Räthsels liegt darin, dass der dargelegte Gedanke und der Gedanke
der nächsten Strophe und Antistrophe einander in folgender Weise
gegenübergestellt sind: „Verbrechen werden theils sofort, theils spät,
theils gar nicht bestraft; der Mord aber wird immer bestraft.“
Dieser Gedanke wird in drei Gliedern ausgeführt, welche den
drei Gliedern des obigen Gedankens genau· entsprechen: Der
Mord ist deutlich und offenbar (ἐν φάει); denn es bleibt ein

unauslöschliches Merkmal zurück. Wenn darum die Bestrafung *aufgeschoben* wird (χρονίζων), so geschieht es nur, um das Mass der Rache voll zu machen und der Aufschub ist mit den Schmerzen der Gewissensbisse verbunden (διαλγὴς ist durchaus passend und nicht zu ändern); *verstecken* (νύξ) kann sich der Mörder nicht, nicht im Brautgemache, und alle Ströme der Erde können das Blutmal an seiner Hand nicht abwaschen. Vgl. Eum. 647

ἀνδρὸς δ' ἐπειδὰν αἷμ' ἀνασπάσῃ κόνις ἅπαξ θανόντος, οὔτις
ἔστ' ἀνάστασις· τούτων ἐπῳδὰς οὐκ ἐποίησεν πατὴρ οὑμός,
τὰ δ' ἄλλα πάντ' ἄνω τε καὶ κάτω στρέφων τίθησιν, οὐδὲν
ἀσθμαίνων μένει.

Nun ist der ganze Gedankenzusammenhang der dritten Antistrophe und der vierten Strophe und Antistrophe klar und in bester Ordnung. Die in V. 49—53 ausgesprochene Klage über das Geschick des königlichen Hauses wird begründet mit folgenden Gedanken: „die alte tiefe und ergebene Ehrfurcht vor der königlichen Würde und Stellung ist dahin; das Glück dieser hohen Stellung, welche sonst als eine göttliche und mehr als göttliche erscheint, fürchtet man jetzt; denn (man hat das Gefühl des lauernden Verderbens;) wenn auch andere Vergehen manchmal der verdienten Züchtigung zu entgehen wissen, der Mord findet immer seinen Rächer; das Blutmal ist unvertilgbar". —

Wir haben oben S. 127 f. dieselbe Gegenüberstellung in Ag. 1001—1024 gefunden. Dort sind noch andere derartige Beispiele angeführt. Man sieht daraus, dass Aeschylus mit Vorliebe durch solchen Contrast das Verbrechen des Mordes als das schwerste und schrecklichste dargestellt hat. Wie es im Ag., in den Eum., in den Suppl. heisst: „der Schaden an andern Gütern lässt sich ersetzen, nur der Schaden, den man am Leben nimmt, nicht" oder „Fesseln lassen sich lösen, der Todte aber kann nicht wieder zum Leben erweckt werden" oder „der Verlust an Gut kann ersetzt, eine Kränkung kann wieder gut gemacht, Mord aber kann nicht gesühnt werden", so ist in der behandelten Stelle der Cho. die Sicherheit der Rache das Motiv der Gegenüberstellung. Dieselbe Form der Darstellung ist Cho. 585 ff. in wirksamster Weise angewendet. —

Man kann nun auch mit aller Bestimmheit sagen, dass βρύει in V. 64 nicht am Platze ist. Man erkennt aber in der

Beischrift βρύει und in dessen Erklärung ἀνθεῖ eine Thätigkeit, welche sich die Stelle zurechtzulegen suchte: μίνει χρονίζοντας ἄχη musste nämlich an V. 1009 μίμνοντι δὲ καὶ πάθος ἀνθεῖ erinnern; man übersah dabei, dass diese Worte nicht auf V. 63 f, sondern auf διαλγὴς ἄτα διαφίρει τὸν αἴτιον παναρκίτας νόσου βρύειν zurückweisen und deren Bestätigung enthalten, nachdem das Strafgericht in schrecklichster Weise über die beiden Frevler hereingebrochen ist.

2. Ueber den θρῆνος Cho. 315 ff.

Das Princip für die Vertheilung der einzelnen Partieen des θρῆνος an Orestes, Elektra und Chor muss in *der psychologischen Charakteristik*, welche in den abwechselnden Gesängen ausgeprägt ist, gesucht werden. Die Stimmung des Orestes offenbart sich in στρ. ά 315 — 22 und στρ. ϑ' (Herm.) 434 — 438, welche unstreitig dem Orestes gehören, als eine *trübselige*, *ungläubige*, *resignierende*. Doch müssen wir vorerst στρ. ά näher untersuchen:

ὦ πάτερ αἰνόπατερ, τί σοι φάμενος ἢ τί ῥέξας
τύχοιμ' ἄγκαθεν οὐρίσας, ἵνα σ' ἔχουσιν εὐναί;
σκότῳ φάος ἀντίμοιρον.
χάριτες δ' ὁμοίως
κέκληνται γόος εὐκλεὴς προσθοδόμοις Ἀτρείδαις.

Der Chor widerspricht den Worten des Orestes: τίκνον, φρόνημα τοῦ θανόντος οὐ δαμάζει πυρὸς μαλερὰ γνάθος, φαίνει δ' ἵστερον ὀργάς κτέ. Orestes muss demnach seinen Unglauben, dass er vom Vater gehört und erhört werde, ausgesprochen haben. Dieser Sinn ist angezeigt durch das Wort ὁμοίως, welches hier wie im antistr. V. 337 und sonst immer die Bedeutung „gleicher Weise" hat, und wird gewonnen durch die Aenderung von κέκληνται in κέκληνται, welche ich Philol. XXIX 707 gemacht habe: „wie Licht und Finsterniss einander ausschliessen, auf gleiche Weise ist meine Liebesbezeugung, ein wohlgerufener Seufzer, abgeschlossen für die Atriden, *ist ihnen verschlossen wie die Dinge im Hause denen die vor dem Hause sind*". So nämlich ist προσθοδόμοις zu erklären, welches ebensowenig als πρόδομος die von einem Schol. gegebene und allgemein angenommene Bedeutung τοῖς πρότερον ἐσχηκόσι δόμον haben kann. Der richtige Gedanke ist angedeutet durch die alte im Med. stehende

Glosse προσθόδομοι ἱκέται. Der Gedanke an das durch κέκληνται nahegelegte Gleichniss hat in kühner Aeschylischer Wendung den Atriden, welchen das Reich des Lichtes verschlossen ist, das Epitheton προσθόδομοι „Leute die vor dem Hause stehen, denen das Haus verschlossen ist" gegeben. — Aus der richtigen Auffassung dieser Verse ergibt sich auch die Berichtigung der Worte, mit welchen der Chor der Ansicht des Orestes in positiver Weise entgegentritt:

πατέρων τε καὶ τεκόντων γόος ἔνδικος ματεύει
τὸ πᾶν ἀμφιλαφὴς ταραχθείς.

Man hat hier alles mögliche geändert, besonders um die Erklärung des Schol. ὅμως οὐκ ἠρεμεῖ ἡ ψυχή· ζητεῖ γὰρ παντελῶς ταρασσομένη τὴν ἐκδίκησιν in den Text zu bringen; aber diese Erklärung, welche nach einem allgemeinen Gefühl für den Sinn die Worte ἔνδικος ματεύει τὸ πᾶν (ὅμως) ἀμφιλαφὴς (παντελῶς) ταραχθείς interpretiert, bezieht sich auf keinen andern Text als denjenigen, der uns vorliegt. Dagegen werden die Worte γόος ἔνδικος durch das vorausgehende γόος εὐκλεής geschützt. Da aber γόος sich nur auf die lebenden beziehen kann, so muss der Gedanke folgender sein: „es ist nicht richtig, dass dein Seufzer nicht zum Vater dringe; nein ein aufrichtiger Jammerruf aus tief erregter Brust weiss auch zur dunkeln (σκότῳ V. 319) Wohnung des Vaters den Weg zu finden". Corrupt ist nur ein Wort τεκόντων, welche Corruptel dem missverstandenen τε καὶ ihre Entstehung verdankt. Es muss heissen:

πατέρων τε καὶ τὸ κεῦθος
γόος ἔνδικος ματεύει
τὸ πᾶν ἀμφιλαφὴς ταραχθείς.

Vgl. Eum. 1036 γᾶς ὑπὸ κεύθεσιν ὠγυγίοισι, Eur. Hec. 1 νεκρῶν κευθμῶνα. —

In seinem trüben Sinne glaubt also Orestes nicht daran, dass der Vater im Hades drunten seine Klage vernehme. Recht deutlich aber zeigt sich die Stimmung des Orestes in den Worten (V. 434):

τὸ πᾶν ἀτίμως ἔλεξας, οἴμοι.
πατρὸς δ' ἀτίμωσιν ἆρα τίσει
ἕκατι μὲν δαιμόνων,

ἕκατι δ' ἁμῶν χερῶν
ἔπειτ' ἐγὼ νοσφίσας ὀλοίμαν.

Orestes ist zur That entschlossen: der Gott hat es geboten; er
wird es vollführen; aber dann wünscht er sich den Tod. Daraus
eben, aus dem entschiedenen Bewusstsein die That vollbringen
zu müssen und der unüberwindlichen Scheu vor der That, ergibt
sich die schwermüthige Stimmung, die wir bei Orestes finden.
Auf diese Weise hat es der Dichter erreicht, dass von der That
des Orestes alle persönliche Schuld der Befriedigung eigener
Leidenschaft ferngehalten wird.   Anders ist es bei Elektra; *sie*
empfindet in vollem Masse die Schmach des Hauses; sie ist empört
und erbittert; in ihr lebt das Rachegefühl; sie ist leidenschaftlich
erregt. Dies zeigen gleich die Worte (V. 336):

τάφος δ' ἱκέτας δέδεκται
φυγάδας θ' ὁμοίως.
τί τῶνδ' εὖ, τί δ' ἄτερ κακῶν;
οὐκ ἀτρίακτος ἄτα;

Zu den V. 363 ff. bemerkt der Schol. richtig: γυναικικῶς οὐδὲ
τούτῳ ἀρίσκεται ἀλλὰ τῷ μηδὲ τὴν ἀρχὴν ἀνῃρῆσθαι. Ebenso
charakteristisch sind die Verse 418 ff., welche durch τά περ
πάθομεν ἄχεα πρός γε τῶν τεκομένων bestimmt der Elektra
zugewiesen werden, sowie die V. 444 ff., deren Zugehörigkeit
sicher steht wegen der Worte μυχῷ δ' ἄφερκτος πολυσίνου
κυνὸς δίκαν, welche nicht für den aus Sklavinnen bestehenden
Chor passen.

    Nach dieser Darlegung kann es keinem Zweifel unterliegen,
dass die trostlosen Worte *V. 405—409* ποῖ ποῖ δὴ νερτέ-
ρων τυραννίδες .. πᾶ τις τράποιτ' ἄν, ὦ Ζεῦ; *dem*
Orestes gegeben werden müssen. Die Worte der Elektra dürfen
nicht der Art sein, dass der Chor darauf erwidert:

πέπαλται δ' αὐτέ μοι φίλον κέαρ
τόνδε κλύουσαν οἶκτον.
καὶ τότε μὲν δύσελπις,
σπλάγχνα δέ μοι κελαινοῦται
πρὸς ἔπος κλυούσᾳ.

Jetzt lassen sich auch die vielbehandelten folgenden Worte des
Chors mit vollständiger Festhaltung der Ueberlieferung herstellen:

ΕΠΑΛΚΕΣΘΡΑΡΕΑΠΕΣΤΑΣΕΝ ist zu lesen *ΕΠΑΛΚΗΣ*
[Ο]Ρ[ΟΤΟ]ΘΑΡΣ[ΟΣ]ΑΠΕΣΤΑΣΕΝ d. i. ὅταν δ' αὐτ'
ἐπαλκῇ σ' ὁρῶ, τὸ θάρσος ἀπέστασεν ἄχος. Nun sieht
man, warum nach κλύουσαν noch einmal πρὸς ἔπος κλύουσᾳ
folgt; diese Wiederholung kann nur den Gegensatz andeuten
„wenn ich deine Worte höre — wenn ich dich aber in deiner Kraft sehe". *Καὶ τότε μὲν .. πρὸς ἔπος κλυούσᾳ* ist
nichts anderes als *καὶ κλυούσᾳ μὲν ..*, dem ein ὁρῶσα δὲ entsprechen muss. — Im verdorbenen letzten Verse könnte die
Erklärung des Schol. πρὸς τὸ καλά μοι ἐννοεῖν auf φράσαι
(πρὸς τό μοι φράσαι καλῶς) gedeutet werden. —

Ferner kann jetzt feststehen, dass die leidenschaftlichen
Worte *V. 394 – 399 der Elektra gehören. Dagegen kommt die
Strophe 380 — 384 dem Orestes zu:*

τοῦτο διαμπερὲς οὖς
ἵκεθ' ὕπερ τι βέλος.

Ζεῦ Ζεῦ, κάτωθεν ἀμπέμπων
ὑστερόποινον ἄταν
βροτῶν τλάμονι καὶ πανούργῳ
χειρὶ, τοκεῦσι δ' ὅμως τελεῖται.

Orestes spricht diese Worte ebenso wie nachher V. 434—438
τὸ πᾶν ἀτίμως ἔλεξας κτέ. Er hat von dem Chore einen Gedanken vernommen, durch den er sich gehoben und ermuntert
fühlt. Bei dem Versuche die Worte Ζεῦ .. τελεῖται zu erklären
hat man das Wort ὑστερόποινον zu wenig berücksichtigt. Schütz
schreibt: nisi haec παρενθέτως posita accipiamus, praestet legere
τελοῖτο. „O Jupiter qui ab inferis sursum immittere solos tarde
punientem vindictam audaci et facinoroso mortalium generi, certe
similiter matri delegabitur". Hermann hat τελοῖτο aufgenommen und erklärt „O Jupiter qui ab inferis poenam mittis hominum malefactis, in patris gratiam pariter haec perficiantur".
Weil interpungiert nach ἄταν und bemerkt: facinus pie impie
obiturus Orestes vindictam dis placitam mortalium manu misera
et atroci exigi dicit, sed tamen pro parente exigi". Niemals
wird Orestes oder Elektra das Rachewerk als die That einer
πανοῦργος χείρ bezeichnen. *Vielmehr stehen* ὑστερόποινον
und τελεῖται *in derselben Beziehung, welche ausgedrückt ist in
den Versen Il. Δ 160:*

εἴπερ γάρ τε καὶ αὐτίχ' Ὀλύμπιος οὐκ ἐτέλεσσεν,
ἔκ τε καὶ ὀψὲ τελεῖ, σύν τε μιγάλῳ ἀπέτισαν,
σὺν σφῆσιν κεφαλῇσι γυναιξί τε καὶ τεκέεσσιν.

Die prosaische Construction des Satzes ist: ἀμπέμπων ὑστερόποινον μὲν ἄταν, τοκεῦσι δ' ὅμως τελουμένην. Nicht ganz klar
ist τοκεῦσι: der homerische Gedanke σύν τε μιγάλῳ ἀπέτισαν
legt dio Vermuthung nahe: τόκοισι δ' ὅμως τελεῖται („mit
Zinsen gezahlt"). Ueber den Dativ vgl. Krüger I § 48, 15, 16. —

Die Abwechselung der Personen bis V. 422 stellt sich also
in folgender Weise dar:

Ch. Or. Ch. El. Ch. Or. Ch. El. Ch. Or. Ch. El.
στρ. ἀντ.   στρ.   ἀντ.   στρ.   ἀντ.
                Ch. Or. Ch. El.
                στρ.   ἀντ.

Die Abwechselung ist demnach eine ganz regelmässige: *Orestes
singt jedesmal die Strophe, Elektra die Antistrophe*. Beide stehen
dem Chore als ihrem Tröster und Belehrer gegenüber. Von
V. 423 an wird das Verhältniss ein anderes: Elektra und der
Chor stehen dem Orestes gegenüber, welchen sie beide wett-
eifernd durch Erinnerung an alle die Gräuel und Schandthaten
der gottlosen Mutter aufstacheln:

Ch.   El.   Or.   Ch.   El.   Ch.
1. στρ. 2. στρ. 3. στρ. 3. ἀντ. 1. ἀντ. 2. ἀντ.

Die Umstellung von Weil, welcher die dritte Strophe an das
Ende gesetzt hat, scheint nicht nöthig zu sein. Orestes hat genug
gehört (τὸ πᾶν ἀτίμως ἔλεξας) und doch hat der Chor das
ärgste noch nicht gesagt (ἴσθ' ὡς τόδ' εἰδῇς). Ein Ueberfluss
im Nützlichen kann nicht schaden.

3. Choeph. 342.

ἀντὶ δὲ θρήνων ἐπιτυμβιδίων
παιὼν μελάθροις ἐν βασιλείοις
νεοκρᾶτα φίλον κομίζει (nach anderer Collation κομίζοι).

Porson hat zur Herstellung des Metrums κομίσειεν geschrieben
und diese Emendation hat allgemein Annahme gefunden; nur
H. L. Ahrens und Meineke (Philol. XIX 216) haben die
Bedenklichkeit einer solchen Aenderung gefühlt; ersterer will
darum κατοπάζοι für κομίζοι, letzterer φίλοισι κομίζοι bessern.

Aber der Text leidet noch in anderer Weise. Die Unerträglichkeit des Epithetons *φίλον* zu *νεοκράτα* hat schon derjenige Scholiast gefühlt, welcher *φίλον* als Substantiv nahm und Ὀρέστην τὸν νεωστὶ συγκραθέντα ἡμῖν erklärte. Es ist ein grosser Unterschied zwischen dem populären elliptischen Ausdrucke *νεοκράτα ποιεῖν* („frische Mischung machen") u. zwischen *νεοκράτα φίλον κομίζειν*. Der Dichter konnte sagen: *νεοκράτα κρατῆρα* (ein Schol. λείπει κρατῆρα) κομίζοι nach Hesych. νεοκράτας· νεωστὶ κεκερασμένας. νεόκρατοί τινες κρατῆρες ἐλέγοντο, ὧν ἡ χρῆσις διττὴ καθειστήκει κτέ oder *νεοκράτας σπονδάς* (Schol oἱ δὲ νεοκράτα τὴν ἐπὶ νεκρῷ σπονδήν) nach Etym. M. 537, 47· καὶ νεοκράτας σπονδὰς Αἰσχύλος, τὰς νεωστὶ ἐγχυθείσας; statt dessen hat er hier *ν ε ο κ ρ ᾶ τ α φ ι ά λ η ν* gesagt und mit *φιάλην νεοκράτα κομίζοι* das homerische (Z. 528) κρητῆρα στήσασθαι ἐλεύθερον ἐν μεγάροισιν wiedergegeben; *φιάλη* ist die Schale, in welche der Wein aus dem Mischkruge geschöpft und aus welcher der Wein getrunken und die *σπονδαί* dargebracht werden (vgl. Pind. Pyth. IV 343 χρυσέαν χείρεσσι λαβὼν φιάλαν ἀρχὸς ἐν πρύμνα — Ζῆνα — ἐκάλει; Plat. Crit. p. 120 A χρυσαῖς φιάλαις ἐκ τοῦ κρατῆρος ἀρυτόμενοι κατὰ τοῦ πυρὸς σπένδοντες ἐπώμνυσαν κτέ). Nachdem also in

φ ι ά λ η ν ν ε ο κ ρ ᾶ τ α κ ο μ ί ζ ο ι

φιάλην in *φίλον* übergegangen war, wurde dem Metrum zu Liebe *φίλον νεοκράτα* in *νεοκράτα φίλον* corrigiert. Vgl. Cho. 291 καὶ τοῖς τοιούτοις οὔτε κρατῆρος μέρος εἶναι μετασχεῖν, οὐ φιλοσπόνδου λιβός.

4. Cho. 698.

νῦν δ' ἥπερ ἐν δόμοισι βακχείας καλῆς
ἰατρὸς ἐλπὶς ἦν, παροῦσαν ἐγγράφει.

Für *καλῆς* hat man *κακῆς, ζάλης, ἄλης* vorgeschlagen; ich selbst habe früher an *καλὴ ἐλπίς* gedacht; aber der Ausdruck *βακχείας καλῆς* ist so bezeichnend und charakteristisch für Klytämnestra, der die Verse gehören, dass an eine Aenderung desselben nicht gedacht werden kann, vgl. frgm. 59 H. ἐνθουσιᾷ δὲ δῶμα, βακχεύει στέγη. Freilich passt dann *ἰατρὸς* nicht; denn wo von einer Heilung die Rede ist, muss eine Krankheit vorausgesetzt werden. Ich wage darum für *ἰατρὸς ἰαντὸς* in Vorschlag zu

bringen. Das Verbum *ἰαίνομαι* ist für den Sprachgebrauch des
Aeschylus durch die treffliche Emendation Weils zu Suppl. 649
ἔχων .. *ἰαίνοιτο* gesichert; die adj. verbalia auf *τός* aber werden von den Tragikern öfters als communia gebraucht z. B.
πλαγκτός Ag. 593, *ἰαλτός* Cho. 22.

Es würde sich nicht der Mühe lohnen, den mannigfaltigen
Versuchen, die corrupten Worte *πυροῖσαν ἐγγράφει* herzustellen
(*ἀποῦσαν ἐγγράφου*, *παρ' οὐδέν*, *πραθεῖσαν*, *προδοῦσαν*, *ποτ'*
οὖσαν, *πεσοῦσαν*, *μήποτ' οὖσαν ἐγγραφε*, *ἄφαντος οἴχεται* von
Iwan Müller u. a.), einen neuen hinzufügen, da sich noch
manche andere Möglichkeiten bieten, bei denen von einer
Sicherheit der Emendation keine Rede sein kann; wenn nicht
die Anmerkung des Scholiasten *τάξον αὐτὴν ἀφανισθεῖσαν*
ἀρᾷ· ὡς πρὸς τὸ ἐλπίς δ' ἀπέδωκεν mit Zuverlässigkeit auf
die ursprüngliche Lesart hinzuleiten schiene. Mit Rücksicht
auf dieses Scholion hat Heimsoeth *ἠφανισμένην γράφεις* geschrieben; aber die Erklärung *ἀφανισθεῖσαν ἀρᾷ* zeigt, dass der
ursprüngliche Ausdruck den Begriff *ἀρά* enthielt; denn niemals
würde der Scholiast hier bei einer genauen Interpretation der
Worte darauf verfallen sein etwa aus der Anrede V. 692 *ὦ δυσ-*
πάλαιστε τῶνδε δωμάτων ἀρά den Beisatz *ἀρᾷ* zu machen.
Diese Beobachtung zeigt uns, dass *πυροῦσαν*, wahrscheinlich
in Folge eines Glossems, *aus ἀραῖον verderbt worden ist;* dieses
Wort *ἀραῖον* erklärte man nach dem ungefähren Sinne mit
ἀφανισθεῖσαν ἀρᾷ, während es in dem Gedankengange des
Dichters eine weit trefflichere und entsprechendere Bedeutung
hat. Nach der Anrede des verkleideten Orestes, welcher die
willkommene Unglücksbotschaft gebracht hat (V. 691), wendet
sich Klytämnestra in vier Versen an den Fluch des Hauses, darauf wieder in vier Versen an den vermeintlichen Boten (*ἐγγραφε*
ist nach dem Schol. *τάξον* von Schneidewin und Ahrens
hergestellt worden); dadurch kommt es, dass der Gedanke „o
Fluch des Hauses, alle meine Freunde triffst du; auch den
Orestes hast du jetzt getroffen" sich in folgender Weise gestaltet:
„o Fluch des Hauses, alle meine Freunde triffst du; auch Orestes, die Hoffnung unseres Hauses, darf man nun als dem Fluche
verfallen betrachten". Vgl. Soph. Ant. 867 *πρὸς οὓς ἀραῖος*
ἄγαμος ἥδ' ἐγὼ μέτοικος ἔρχομαι. *Ἀραῖος* ist auch Ag. 1565

als commune gebraucht; der Scholiast bemerkt desshalb ausdrücklich, dass ἀραῖος sich auf ἐλπίς, nicht auf Ὀρέστης beziehe,
und rechtfertigt damit seine Erklärung αὐτὴν ἀφανισθεῖσαν.

5. Cho. 833.

τοῖς ϑ' ὑπὸ χϑονὸς φίλοις
τοῖς τ' ἄνωϑεν προπράσσων
χάριτος ὀργᾶς λυπρᾶς.

Ohne uns auf eine weitere Behandlung der schwervorderbten
Strophe und Antistrophe einzulassen, können wir als bestimmt
voraussetzen, dass die Worte χάριτος ὀργᾶς λυπρᾶς den Worten
νόμον μεϑήσομεν πόλει V. 823 entsprechen müssen. Weil hat
in dem letzteren V. ἔϑ' ἥσομεν geschrieben, richtiger ist vielleicht ἐν ἥσομεν, welches sehr gut zu πόλει passt. Für χάριτος verlangt der Sinn χάριτας, wie Hermann nach Schütz
hergestellt hat, für λυπρᾶς das Metrum λυγρᾶς, wie Blomfield, Hermann u. a. geschrieben haben. Statt ὀργᾶς aber,
welcher Begriff an und für sich hier nicht sehr treffend ist, verlangt das Metrum ein Wort, welches einen creticus bildet. Weil
hat ἐργάνας geschrieben unter Verweisung auf die Glosse von
Hesych. ἐργάνη· ἐργασία. Aber Aeschylus, welcher Prom. 461
μνήμην ἁπάντων μουσομήτορ' ἐργάνην gesagt hat, wird ἐργάνη
kaum im Sinne von ἔργον gebraucht haben. Zudem ist der Ausdruck ἐργασίας λυγρᾶς ebenso matt, als es der Ausdruck triste opus
oder tristia opera an dieser Stelle sein würde, während das höh-
nische χάριτας προπράσσειν irgend eine bedeutungsvolle Bezeichnung
verlangt, welche eine bittere und schmerzliche Erinnerung weckt.
Desshalb halte ich es für sicher, dass ὀργᾶς aus ὀρκάνας
entstanden ist: ὀρκάνη bedeutet nach dem Medic. Schol. zu Sept.
346 ὀρκάνα πυργῶτις: τὸ ϑηρατικὸν δίκτυον ὃ καὶ σαργάνη
καλεῖται (Schol. zu Eur. Bacch. 611 Πενϑέως ὡς εἰς σκοτεινὰς
ὀρκάνας πεσούμενος: ὀρκάνη κυρίως ἡ ἀγρευτικὴ λίνου); es
bedeutet also „Jägergarn" wie ἄρκυς und nichts ist geeigneter
die ganze Bitterkeit und Schändlichkeit der That ins Gedächt-
niss zurückzurufen als die Erinnerung an das ἀμφίβληστρον und
die πέδαι ἀχάλκευτοι (V. 492), das στέγαστρον (V. 984), an
das δίκτυον Ἅιδου (Ag. 1115) vgl. Cho. 997 τί νιν προσείπω
καὶ τύχω μάλ' εὐστομῶν; ἄγρευμα ϑηρὸς ἢ νεκροῦ ποδέν-

δυτον δροίτης κατασκήνωμα; δίκτυον μὲν οὖν ἄρκυν τ' ἂν εἴ-
ποις καὶ ποδιστῆρας πέδας. — Die Aenderung von προπράσσων
in προπράσσοις oder πρόπραξον (auch der Infinitiv προπράσσειν
mit imperativischer Bedeutung wie Prom. 712, Eum. 1007 wäre
möglich) ist zweifelhaft, weil in V. 832 ein Wort ausgefallen
sein kann, an welches sich das Particip anschloss z. B. καρδίαν
ἄισσ' ἔχων (nachdem αι nach αν ausgefallen, kann σσίχων in
σχίθων übergegangen sein), obwohl allerdings die Aenderung von
Weil σχεδρὰν ἔχων sehr ansprechend ist.

IX. Zu *EYMENIΔEΣ*.

1. Eum. 137. Der Artikel als pronomen demonstrativum bei Aeschylus.
(Suppl. 691, Cho. 1059.)

> οὐδ' αἱματηρὸν πνεῦμ' ἐπουρίσασα τῷ
> ἀτμῷ κατισχναίνουσα, νηδύος πυρί,
> ἵπου μάραινε δευτέροις διώγμασιν.

Hermann bemerkt zu dieser Stelle „in primo versu Stanleii
sive potius Pearsoni emendationem σὺ δ' pro οὐδ' merito recepit
Porsonus. Cetera neque ego olim expedivi neque expediverunt
alii. Τῷ enim de Oreste intellectum, sic in fine versus, prae-
sertim sequente alio dativo ἀτμῷ, prorsus putidum est. Nec
Wakefieldii ἐπουρίσασά τῳ, de Oreste dictum, hic aptum est".
Hermann setzt den dritten Vers vor den zweiten und schreibt
τῷδ' für τῷ. Für die Elision am Ende des Verses vergleicht
er Suppl. 769, wo er φιλεῖ δ' für φιλεῖ geschrieben hat. So
ungerechtfertigt das letztere ist, so wenig kann bei Aeschylus
nach dem bestimmten Zeugniss, welches wir über die Elision
am Ende des Verses haben (Athen. X 453 E vgl. Schol. A zu
Hephaest. c. 4 p. 144 Westph.) an die Apostrophierung von τῷδ'
am Ende des Verses gedacht werden. Dindorf hat die Umstellung von Hermann angenommen. Die ganze Schwierigkeit
fällt weg, wenn οὐδ' nicht in σὺ δ', sondern in [Σ]OYΔ d. h.
in σοῦ δ' geändert und nach ἐπουρίσασα τῷ interpungiert wird.
Die Glosse von Hesych. σοῦ · ἴθι, τρέχε, ὅρμα kann sich gerade
auf unsere Stelle beziehen. Vergl. Sept. 31 ὁρμᾶσθε πάντες,
σοῦσθε, Soph. Ai. 1414 ἀλλ' ἄγε πᾶς, φίλος ὅστις ἀνὴρ φησὶ
παρεῖναι, σούσθω, βάτω. —

Der Artikel aber hat bei Aeschylus, welcher auch sonst der epischen Sprache und deren Formen grösseren Einfluss auf seine Diktion gestattet, in ausgedehnterer Weise die demonstrative Bedeutung beibehalten als bei den übrigen Tragikern. Diese Thatsache muss anerkannt werden, damit man nicht an den einzelnen Stellen eine Nachbesserung für nöthig erachte. Den Beweis gibt allein schon Sept. 509

$$ \dot{\epsilon}\chi\vartheta\varrho\grave{o}\varsigma \; \gamma\grave{\alpha}\varrho \; \dot{\alpha}\nu\dot{\eta}\varrho \; \dot{\alpha}\nu\delta\varrho\grave{\iota} \; \tau\tilde{\omega} \; \xi\upsilon\sigma\tau\dot{\eta}\sigma\epsilon\tau\alpha\iota, $$

wie sich kein Beispiel bei einem andern Tragiker findet. Stellt man aber die Stellen zusammen:

Sept. 197 ἀνὴρ γυνή τε χᾦτι τῶν (τοῖν?) μεταίχμιον,

Sept. 385 σείει, κράνους χαίτωμ', ὑπ' ἀσπίδος δὲ τῷ
χαλκήλατοι κλάζουσι κώδωνες φόβον,

wo freilich der Med. δ' ἐσώ bietet,

Sept. 912 σιδαρόπλακτοι δὲ τοὺς μένουσι.

Eum. 7 *Φοίβη· δίδωσι δ' ἦ γενέθλιον δόσιν.*

Eum. 255 λεῖσσε τὸν παντᾶ.

Eum. 355 ὅταν Ἄρης τιθασὸς ὢν φίλον ἕλῃ, ἐπὶ τὸν ὦ διό-
μεναι κτέ.

Suppl. 1055 τὸ μὲν ἂν βέλτιστον εἴη.

Suppl. 1047 ὅ τί τοι μόρσιμόν ἐστι, τὸ γένοιτ' ἄν.

Eum. 336 τοῖσιν αὐτουργίαι ξυμπέσωσιν μάταιοι, τοῖς ὁμαρτεῖν,

Eum. 174 κἀμοί τε λυπρὸς καὶ τὸν οὐκ ἐκλύσεται,

welcher Fall nicht mit dem weit gewöhnlicheren

Prom. 234 καὶ τοῖσιν οὐδεὶς ἀντέβαινε πλὴν ἐμοῦ

auf eine Linie gestellt werden darf, (vgl. Eum. 849 καὶ τῷ μὲν — d. h. τῷ γεραιτέρᾳ εἶναι — εἰ σὺ κἄρτ' ἐμοῦ σοφωτέρᾳ nach Wieselers Emendation),

Suppl. 439 ἢ τοῖσιν ἢ τοῖς πόλεμον αἴρεσθαι μέγαν,

Ag. 7 ἀστέρας ὅταν φθίνωσιν ἀντολάς τε τῶν,

betrachtet man diese Stellen im Zusammenhang, so wird man den obigen Satz anerkennen müssen. Es verhält sich ja ebenso mit dem Gebrauche von ὥστε für ὅς (Pers. 297, Eum. 1024), von ἵμμι (Eum. 620). —

Für den Unterschied, welcher zwischen Eum. 7 *Φοίβη· δίδωσι δ' ἦ* κτέ und Eum. 660 *τίκτει δ' ὁ θρώσκων, ἣ δ' ἅπερ* ξένῳ ξένῃ ἔσωσεν ἔρνος besteht, ist zu bemerken, dass ein ähnlicher Unterschied zwischen τοὶ δέ (Pers. 424, 568, 584) und οἱ δέ (z. B. Pers. 374) zu machen ist. — Suppl. 691 ist die Lesart des Med. βρότατος nicht in βοτὰ τώς (Herm. βοτὰ γᾶς), sondern in βοτὰ τοῖς zu ändern:

> πρόνομα δὲ βοτὰ τοῖς πολύγονα τελέθοι,

denn erst so erhält das Subject des folgenden Satzes τὸ πᾶν δ' ἐκ δαιμόνων λάχοιεν seine Beziehung. —

Bemerkenswerth ist der Gebrauch des Artikels in Cho. 710.

> ἀλλ' ἴσθ' ὁ καιρὸς ἡμερεύοντας ξένους
> μακρᾶς κελεύθου τυγχάνειν τὰ πρόσφορα.

Vgl. Aristoph. Thesm. 661 ὡς ὁ καιρὸς μὴ μέλλειν ἔτι, Plut. 255 ἴτ' ἐγκονεῖτε, σπεύδεθ', ὡς ὁ καιρὸς οὐχὶ μέλλειν. — Cho. 1059, wo Med. εἰσσ' ὁ καθαρμὸς gibt, ist εἶσ' οἱ καθαρμοί herzustellen.

2. Eum. 186 (χλοῦνις, χλούνης).

> ἀλλ' οὐ καρανιστῆρες ὀφθαλμωρύχοι
> δίκαι σφαγαί τε σπέρματός τ' ἀποφθορᾷ
> παίδων κακοῦται χλοῦνις ἠδ' ἀκρωνία
> λευσμός τε καὶ μύζουσιν οἰκτισμὸν πολὺν
> ὑπὸ ῥάχιν παγέντες.

Die vielbestrittene Bedeutung des Wortes χλοῦνις kann aus dieser Stelle mit Bestimmtheit festgestellt werden. Vor allem muss die Ueberlieferung σπέρματός τ' ἀποφθορᾷ παίδων κακοῦται als unbedingt sicher gelten; dass für ἀποφθορᾷ, wie Erfurdt hergestellt hat, in den Handschriften ἀποφθοραί steht, indem das überlieferte ἀποφθοραι wegen des vorausgehenden δίκαι σφαγαί τε als ἀποφθοραί statt ἀποφθορᾶι gelesen wurde, ist von keinem Belang. Zudem ist ein allgemeiner Ausdruck wie κακοῦ τε χλοῦνις ἠδ' ἀκρωνία in der Lesart des T u r n e b u s (vgl. Herm. opusc. VI, 2 p. 41) oder ἀκρωνία κακοῦ in der von H e r m a n n aufgenommenen Aenderung F r i t z s c h e's (σπέρματός τ' ἀποφθοραί, παίδων τε χλοῦνις, ἠδ' ἀκρωνία κακοῦ) bei der Aufzählung der grässlichsten Menschenquälereien oder wenn *ἀκρωνία κακοῦ* appositionell stehen soll, die Stellung dieser Apposition geradezu unerträglich. Ebenso untauglich ist *κακή τε χλοῦνις*, wie Stanley schreiben wollte. Wenn nun *σπέρματός τ' ἀποφθορᾷ παίδων κακοῦται χλοῦνις* die richtige Lesart ist, so kann *χλοῦνις* nimmermehr castratio bedeuten. Aber auch *παίδων χλοῦνις* wird unrichtig mit „der Knaben Blüthe", „puerorum viridis aetas", „puerorum flos" erklärt: *es kann hier nicht von Knaben die Rede sein;* das bedarf, denke ich, keiner näheren Begründung. Die Entmannung wird als eine grausame Strafart wie die Verstümmelung an Händen u. Füssen, die Steinigung, Pfählung aufgezählt, welche an Grossen, nicht an Kindern vollzogen wurde. Natürlicher Weise *bedeutet π α ί - δ ω ν nicht „puerorum", sondern „liberorum" und π α ί δ ω ν χ λ ο ῦ ν ι ς gestattet bei dem Ausdruck σ π έ ρ μ α τ ο ς ἀ π ο φ θ ο ρ ᾷ κ α κ ο ῦ τ α ι keine andere Erklärung als „Kraft und Saft der Kinderzeugung".*

Dadurch gewinnen wir den sicheren Zusammenhang von *χλοῦνις* mit *χλόη*, *χλόος* und mit dem vom Schol. zu Il. I 539 überlieferten und durch *ἀφρίζειν* erläuterten *χλουδεῖν*, sowie mit *χλουνάζειν*, welches Hesychius mit *κινύρεσθαι* erklärt. Man könnte zwar bei *χλοῦνις* an den metaphorischen Gebrauch von *λειμών, κῆπος, πόα* denken, aber allen jenen Wörtern ist der Begriff des Saftigen gemeinsam, welcher allein zu *παίδων* passt. Demnach kommt auch für das homerische *χλούνην (σῦν ἄγριον* a. O.) von den Erklärungen des vorher genannten Scholiasten *ἀφριστήν, κακοῦργον* und des Aristoteles hist. an. VI 28 (vgl. Eustathius p. 772, 53) *τομίαν* die erste dem wahren am nächsten. Die schon von dem Grammatiker Aristophanes verworfene Erklärung des Aristoteles ist mit Recht von Nauck Aristoph. Byz. frgm. p. 120 zurückgewiesen worden. Naucks Vermuthung, dass *χλούνης* eines Stammes mit *κλόνος* sei, kann nicht richtig sein. Leicht denkbar ist es, dass *χλούνης* bei der nachgewiesenen Abstammung die Bedeutung von „Grashüpfer" annahm; denn man kann kaum zweifeln, dass das bei dem Homerscholiasten erhaltene Bruchstück der Edonoi von Hermann (frgm. 60) mit Recht so geschrieben:

A. *Μακροσκελὴς μέν.* B. *Ἆρα μὴ χλούνης τις ἦν;*

und darin χλούνης richtig und trefflich mit locusta erklärt ist.
Nur ist vielleicht in den Worten des Scholiasten Ξενοφῶντα δὲ
γένος τι Ἰνδῶν φάναι τὸν χλούνην εἶναι nicht mit Hermann
γένος τι ἀκρίδων, sondern indem τι als π gelesen wird, γένος
ἐμπίδων zu bessern. Die merkwürdige Bedeutung von χλούνης, welche ausserdem noch von Hesych. und Suidas erwähnt
wird, λωποδύτης, muss *eine komische Uebertragung* von dem
langbeinigen, plötzlich aus seinem Versteck auf seine Beute los-
hüpfenden Grashüpfer sein. Dies zeigt das bei demselben Scholiasten angeführte Fragment eines alten Jambendichters ἀνὴρ
ὅδ' ἑσπέρης καθεύδοντα ἄπουν ἔθησε χλούνην; denn ἄπουν weist
eben auf den μακροσκελὴς χλούνης hin und deutet als eine Art
Oxymoron an, dass es nicht ein wirklicher, langbeiniger, sondern
ein kurzbeiniger (vgl. ἄπους κύψελος bei Aristot. h. an. IX 30)
Grashüpfer war (vgl. Ag. 1258 δίπους λέαινα von Klytämnestra,
Suppl. 895 δίπους ὄφις von dem ägyptischen Herold). Das
Wort ist also nicht mit Hermann in ἄπ' οὖν zu verwandeln.

3. Eum. 299 (u. 802).

> οὗτοι σ' Ἀπόλλων οὐδ' Ἀθηναίας σθένος
> ῥύσαιτ' ἂν ὥστε μὴ οὐ παρημελημένον
> ἔρρειν τὸ χαίρειν μὴ μαθόνθ' ὕπου φρενῶν
> ἀναίματον βόσκημα δαιμόνων σκιά
> οὐδ' ἀντιφωνεῖς ἀλλ' ἀποπτύεις λόγους.

Allgemein schreibt man seit Heath σκιάν und verbindet den V.
ἀναίματον βόσκημα δαιμόνων σκιάν mit dem vorhergehenden.
Unerklärlich ist das Wort δαιμόνων. Verbindet man es mit
βόσκημα, so schleppt σκιάν in unerträglicher Weise nach. Die
Verbindung ἀναίματον βόσκημα, δαιμόνων σκιάν ist sinnlos.
Weil glaubt in einer dritten Verbindung ἀναίματον, βόσκημα
δαιμόνων, σκιάν die Heilung gefunden zu haben: βόσκημα δαιμόνων soll als Begründung von ἀναίματον σκιάν dazwischen gesetzt sein, als wenn es hiesse: ἀναίματον (δαίμονες γάρ σε
βοσκήσονται) σκιάν. Aber einmal ist eine solche Construction
hier sehr hart und kann durch die verdorbene Stelle Ag. 119
nicht gerechtfertigt werden; dann gilt für alle diese Verbindun-
gen die Bemerkung Hermanns „accuratius definiendum erat

illud *δαιμόνων "*, zu welchem Zwecke Hermann *ἀναίματον βόσκημα τῶνδε δαιμόνων* schreibt.

Auf diese Weise kann also unsere Stelle nicht zum Verständniss gebracht werden; *δαιμόνων* ist und bleibt in solcher
Verbindung ein Räthsel. Noch an zwei Stellen der Eum. ist
das in dem Stücke oft vorkommende und dem Abschreiber nahe
liegende Wort aus einem anderen Worte verderbt. In V. 727
ist *διανομάς* in *δαίμονας* übergegangen. In V. 802 ist *δαιμόνων*
(*σταλάγματα*) ebenso unerklärlich wie an unserer Stelle und hat
bis jetzt keine ansprechende Verbesserung gefunden. Wenn man
die Stellen Pers. 816 *τόσος γὰρ ἔσται πέλανος αἱματοσταγής*,
Eum. 264 *ῥοφεῖν ἐρυθρὸν ἐκ μελέων πέλανον* mit der Glosse
des Hesychius *λαίγματα· πέμματα ἱερά, ἀπάργματα*, Zonar.
p. 1288 *λαῖγμα· ἱερὸν θῦμα** vergleicht, so gibt der Ausdruck
λαιγμάτων σταλάγματα den Begriff *πέλανος αἱματοσταγής* wieder. Man vergleiche übrigens damit Aristoph. Av. 1560
*ἀμνόν τιν', ἧς λαιμοὺς τεμὼν ὥσπερ ποθ' οὐδυσσεὺς ἀπῆλθε,
κᾆτ' ἀνῆλθ' αὐτῷ κάτωθεν πρὸς τὸ λαῖγμα τῆς καμήλου Χαι-
ρεφῶν ἡ νυκτερίς*, wo Bentley *λαῖγμα* für *λαῖμα* hergestellt
hat und wo *πρὸς τὸ λαῖγμα* dem homerischen *αἵματος ἆσσον*
λ 50 entspricht. Jedenfalls gewinnen wir mit *λαιγμάτων σταλάγματα* den Sinn von V. 183 *ἀνῆς ὑπ' ἄλγους μέλαν' ἀπ' ἀνθρώπων ἀφρὸν, ἐμοῦσα θρόμβους οὓς ἀφείλκυσας φόνου.* —
Am einfachsten aber und ohne jede Aenderung lässt sich
δαιμόνων an unserer Stelle verbessern, wenn wir die Heath'-
sche Correktur aufgeben und den V. nicht mit dem vorhergehenden, sondern mit dem folgenden Verse in dieser Weise
verbinden:

*ἀναίματον βόσκημα δ', αἱμόνων σκιά,
οὐδ' ἀντιφωνεῖς, ἀλλ' ἀποπτύεις λόγους;*

Ebenso leicht jedoch und dem V. 265 ff. entsprechender lässt sich
ἀναίματον βόσκημά θ', αἱμόνων σκιάν· schreiben. Aeschylus liebt es einen besonders hervorzuhebenden Begriff in doppelter
Weise, positiv und negativ, auszudrücken: solcher Art ist die Ver-

---

*) Darnach ist auch Suppl. 363 *λήματ'* nicht mit Turneb. in *λήμ-
ματ'*, sondern in *λαίγματ'* zu verwandeln.

bindung ἀναίματον βόσκημα, αἱμόνων σκιά. Das Adjectiv αἵμων ist mit ziemlicher Sicherheit Suppl. 847 hergestellt und wird bezeugt durch Eur. Hec. 90 λύκου αἵμονι χαλᾷ.

4. Eum. 352.

πανλεύκων δὲ πέπλων ἄμοιρος ἄκληρος ἐτύχθην.

In ausgezeichneter Weise hat W e i l gestützt auf das Scholion οὐδαμοῦ ὅπου ἑορτὴ καὶ ἀμπεχόνη καθαρὰ πάρειμι das unmetrische ἄμοιρος in ἀνέορτος verbessert mit Verweisung auf Eur. El. 310 ἀνέορτος ἱερῶν καὶ χορῶν τητωμένη. Man wird aber einsehen, dass nach dem speziellen Begriff ἀνέορτος der allgemeine ἄκληρος keine Stelle mehr hat. Es ist auch dieses Wort leicht verderbt und wie Soph. Ant. 414 ἀκηδήσοι in ἀφειδήσοι, im Schol. zu Ai. 204 κηδόμενοι in φειδόμενοι übergegangen ist, wie ich Cho. 624 ἀκαίρως richtig in ἀφαιρῶ emendiert zu haben glaube (Philol. XXVIII 721), so muss hier *AKΛHPOΣ* aus *AΦAPOΣ* entstanden sein. Vgl. Hesych. ἄφαροι· ἀνείματοι, ἀνένδυτοι, Eur. Phoen. 324 ἄπεπλος φαρέων λευκῶν. Φᾶρος hat bei Aeschylus langes α vgl. Cho. 11, Sept. 329, Herodian. περὶ μονήρους λέξεως p. 36, 19. — Der Scholiast hat demnach mit καὶ ἀμπεχόνη καθαρά nicht bloss πανλεύκων πέπλων, sondern auch ἄφαρος, wie ἀνέορτος mit ἑορτή, berücksichtigt.

5. Eum. 938.

δενδροπήμων δὲ μὴ πνέοι βλάβα,
τὰν ἐμὰν χάριν λέγω,
φλογμός τ' ὀμματοστερὴς φυτῶν, τὸ μὴ περᾶν ὅρον τόπων,
μηδ' ἄκαρπος αἰανὴς ἐφερπέτω νόσος.

Suppl. 689 erflehen die Schutzflehenden dem Argivischen Lande den göttlichen Segen für das Gedeihen der Früchte (καρποτελῆ δέ τοι Ζεὺς ἐπικραινέτω φέρματι γᾶν πανώρῳ) und die Vermehrung der Heerden (πρόνομα δὲ βοτὰ τοῖς πολύγονα τελέθοι). Den Wohlstand des attischen Landes bildete ausser dem Fruchtbau und der Viehzucht (μῆλα 944) noch der Ertrag der Silberbergwerke von Laurion (γόνος πλουτόχθων vgl. Pers. 238 ἀργύρου πηγή τις αὐτοῖς ἐστι, θησαυρὸς χθονός). Zuerst

sprechen die Eumeniden ihren Segen aus über die Früchte des
Landes; obwohl die Segensworte allgemein gehalten sind, so
erkennt man doch leicht, dass vorzugsweise an das Gedeihen
der Olivenpflanzungen gedacht ist, denen das athenische Volk
einen Haupttheil seines Reichthums verdankte (vgl. Soph. O. C.
700 ὃ τᾷδε θάλλει μέγιστα χώρᾳ, γλαυκᾶς παιδοτρόφου φύλ-
λον ἐλαίας). In dreierlei Weise aber kann das Gedeihen der
Baumzucht geschädigt werden: der Baum selbst kann Schaden
nehmen (δενδροπήμων); die Knospe kann (erfrieren oder) ver-
dorren und nicht zur Entfaltung kommen (ὀμματοστερὴς φυτῶν);
die Frucht kann verderben und ohne reif zu werden abfallen
(ἄκαρπος αἰανὴς νόσος). Es ist, wie sich hieraus ergibt, keine
andere Erklärung der Worte φλογμός — τόπων möglich als
die von Hermann gegebene „ardor oculos sive germina plantarum perdens, ut ne terminum locorum suorum transgrediantur,
nihil aliud est quam ardor qui oculos plantarum impedit quominus progerminent et efflorescant". Unmöglich ist es nur den
Worten „ut ne terminum locorum suorum transgrediantur" oder
dem griechischen Text τὸ μὴ περᾶν ὅρον τόπων einen Sinn
abzugewinnen. Verständlich ist Eur. Phoen. 670 ἔνθεν ἐξανῆκε
γᾶ πάνοπλον ὄψιν ὑπὲρ ἄκρων ὅρων χθονός, nicht aber περᾶν
ὅρον τόπων. Wenn der „Gothaer Herausgeber der Eumeniden" ὅρον schreibt und τόπων mit Bezug auf Poll. VII 150 καὶ
τὸ μὲν ξύλον ᾧ τοὔλαιον πιέζεται, ὅρος· τὸ δὲ σχοινίον ᾧ τὰ
ξύλα καταδεῖται, τοπίον für nichts anderes hält als τόπιον, was
ein Glossem für ein Wort wie κάλω sei, so lässt sich auch nicht
im geringsten einsehen, wie der Gedanke „ut olivitas nulla sit,
prelum cesset" herauskommen oder ein Sinn hineinkommen soll.
Weil schreibt für φυτῶν τὸ: ἔφοιτο, aber gegen diese Aenderung wie gegen andere Erklärungen muss, wenn auch Weil auf
V. 858 ἐν τόποισι τοῖς ἐμοῖσι und V. 703 Πέλοπος ἐν τόποις
verweist, ein für allemal die Bemerkung Hermanns Geltung haben: Schoemanno περᾶν in πέραν mutandum videtur, quae etiam
Musgravii opinio fuit, atque sic scribendum φλογμός τ᾽ ὀμματοστερὴς φυτῶν μόνοι πέραν ὅρου τόπων, ut τόπων idem sit quod
τῶνδε τόπων. Id fieri nequit. Nam si γῆ, χθών, χώρα nullo
alio verbo addito de ea terra dicuntur, de qua sermo est, non
continuo putandum est etiam τόπους ita dici posse". Der Infi-

nitiv mit dem Artikel kann niemals zum Ausdruck eines Wunsches dienen; τὸ μὴ περᾶν kann nur von ὀμματοστερὴς φυτῶν
abhängig sein (vgl. oben S. 19); τὸ μὴ περᾶν ὅρον τόπων muss
eine Folge von ὀμματοστερὴς φυτῶν angeben; dieses geschieht
durch τὸ μὴ περᾶν ὅρον λόπων. Das ist eine Folge des φλογ-
μὸς ὀμματοστερὴς φυτῶν, dass die Knospe die Hülse nicht
sprengt und nicht zur Blüthe sich entfaltet. — Wenn aber Hermann noch bemerkt „intelligendum est autem μὴ ἰφερπέτω ex
eo quod sequitur μηδ' ἰφερπέτω", so ist diese Erklärung eine
künstliche. *Vielmehr steht* τ ὰ ν ἐ μ ὰ ν χ ά ρ ι ν λ έ γ ω *epenthetisch*
und φ λ ο γ μ ό ς τ' *schliesst sich an* μ ὴ π ν έ ο ι β λ ά β α an, vgl.
Sept. 399, Eur. Iph. T. 1367 κεῖνοί τε γὰρ σίδηρον οὐκ εἶχον
χεροῖν ἡμεῖς τε, Hom. Γ 54 οὐκ ἄν τοι χραίσμῃ κίθαρις τά τε
δῶρ' Ἀφροδίτης. —

Inhaltsverzeichniss.

Berichtigungen und Nachträge.

S. 28 Z. 1 v. u. fehlt als vor was.

S. 34. Die Verbesserung προυσελούμενος ist nach dem Druck des obigen auch von M. Schmidt im Rhein. Mus. 1871 S. 223 veröffentlicht worden.

S. 112 Z. 11 v. u. lies ἀδυνάτου für ἀδυνάτου.